U0905210

鼎才电商学院

速卖通运营手册

SUMAITONGYUNYINGSHOUCE

—电商学院运营手册系列—

李士代　袁　野◎编著

中国财富出版社

图书在版编目（CIP）数据

速卖通运营手册 / 李士代，袁野编著．—北京：中国财富出版社，2017.3

（电商学院运营手册系列）

ISBN 978－7－5047－6395－2

Ⅰ.①速…　Ⅱ.①李…　②袁…　Ⅲ.①对外贸易—电子商务—手册　Ⅳ.①F740.4－39

中国版本图书馆 CIP 数据核字（2017）第 026842 号

策划编辑	杜　鹏	**责任编辑**	杜　鹏		
责任印制	方朋远	**责任校对**	杨小静	**责任发行**	王新业

出版发行	中国财富出版社		
社　　址	北京市丰台区南四环西路 188 号 5 区 20 楼	**邮政编码**	100070
电　　话	010－52227588 转 2048/2028（发行部）		010－52227588 转 307（总编室）
	010－68589540（读者服务部）		010－52227588 转 305（质检部）
网　　址	http://www.cfpress.com.cn		
经　　销	新华书店		
印　　刷	北京京都六环印刷厂		
书　　号	ISBN 978－7－5047－6395－2/F·2730		
开　　本	787mm×1092mm　1/16	**版　　次**	2017 年 9 月第 1 版
印　　张	17.25	**印　　次**	2017 年 9 月第 1 次印刷
字　　数	368 千字	**定　　价**	39.80 元

版权所有·侵权必究·印装差错·负责调换

前　言

电子商务在中国虽然只有短短十余年的历史，但已经经历了 B2B（企业对企业）、C2C（个人对个人）两次创业浪潮：第一次，让许多外贸公司、外贸工厂如虎添翼；第二次，淘江湖应运而生，淘宝、天猫成为网购的代名词；而现在，跨境 B2C（商对客电子商务模式）来了。

在全球贸易新形势下，全球买家的采购方式正在发生剧烈变化，小批量、多批次正在形成一种新的潮流，在这种大形势下，速卖通应运而生，旨在帮助更多的消费者直接上网采购，直接在线支付货款，通过跨境物流拿到商品，让买家和卖家实现了双赢。

速卖通于 2010 年 4 月上线，经过 5 年左右的发展，目前覆盖约 220 个国家和地区的海外买家，每天海外买家流量超过 5000 万，最高峰值达到 1 亿，已经成为全球最大跨境交易平台之一。

几年来，速卖通平台的发展大家有目共睹，各类卖家源源不断地加入。但是跨境 B2C 在语言、物流、支付、产品等多方面，相比其他的电商模式有更高的要求。这样就使得很多的卖家想加入却苦于不知如何操作，或已经加入却陷入想提升又不知从哪些方面着手的困境。

基于此，我们以最大的诚意推出本书，作为速卖通平台的普通卖家，我们本着一颗助人为乐的心，将自己的经验总结分享出来，奉献给更多的卖家，同时，通过对知识经验的汇总及交流，使自身也获得了提升。

需要说明的是，本教材会系统性地按照平台的操作流程先后来写，但不会严格地写成一篇教程，硬生生的教程你读了会觉得没意思，编者也同样会觉得别扭。不好为人师，也不愿太过教条。所以，整体的写法会更多地从实操的层面来写，也会夹杂一些感慨和提醒，在写作的过程中，肯定会出现某些盲点，某些偏差，欢迎广大读者批评和指正。

本书共分十四章。第一章是跨境电商及速卖通简介，通过本章的学习，读者朋友们可以对跨境电商及速卖通平台有一个全面的认识，并学会如何开通速卖通店铺。第二章详细介绍了速卖通前台及后台各项功能，可以让大家系统地掌握速卖通前台及后台的各项操作。第三章通过实例全面介绍了速卖通平台入驻、禁限售、产品发布、交易、放款等各项规则，俗话说无规矩不成方圆，我们要遵守规则安全出海，所以本章是速卖通初学者重要的必修课。通过第四章的学习可以帮助读者系统地了解站内选品的思路，对什么是行业选品，什么是类目选品，什么是产品选品等问题有新的认识。第五章详细介绍了在速卖通平台上传产品的步骤，以及上传产品时的注意事项，读完本章，即使是完全没接触过速卖通平台的新手也可以发布高质量的产品 listing（列表）。第六章是关于跨境物流及速卖通平台运费模板的设置，充分掌握跨境物流知识有助于卖家适时地选择恰当的物流方式，相反，若选择不当很可能造成财货两空，还影响了账号的健康经营；好的运费模板可以吸引买家购买，提高店铺转化率，如果运费模板设置不当则很可能让你错过订单，或导致一些不必要的纠纷发生。第七章是速卖通如何进行店铺装修，速卖通是一个重店铺的平台，好的店铺首页以及产品详情页面，有助于提高店铺点击率与转化率。第八章讲述如何进行店铺诊断，当我们操作店铺一段时间之后，通过店铺诊断，可以让我们及时发现店铺运营过程中的一些问题，我们可以根据问题制订方案，然后查漏补缺完善店铺，从而能够让店铺健康运营得到良好的收益。第九章介绍速卖通店铺综合营销，产品是基础，运营是关键，本章详细介绍了如何通过数据分析，进行店铺综合营销。第十章介绍了速卖通平台活动全攻略，平台活动是速卖通平台向卖家推出的免费推广服务，是速卖通效果最明显的营销利器之一，它能快速实现店铺的高曝光率、高点击率、高转化率等一系列目标。第十一章全面深入地剖析了如何操作速卖通直通车，通过开车，我们可以实现快速提升店铺流量、测试新品，打造爆款。第十二章速卖通 SNS（社交网络服务）推广，详细介绍了全球主流的 SNS 玩法，带领读者深入了解利用 SNS 进行速卖通店铺推广和营销的步骤。第十三章提供了多名外贸销售达人在线询盘模板，全属干货，让跨境沟通零障碍，让差评纠纷无影踪，习读本章，读者将迈出提升服务第一步。第十四章介绍速卖通爆款的打造，如果想要玩转速卖通，我们就需要引流，而引流最为重要的一个方法，就是打造爆款。

本书是一本关于速卖通平台运营的实战书籍，它系统地介绍了平台各项操作，详细地介绍了店铺运营过程中需要注意的方方面面，文中穿插了大量实例，可令读者一边学习理论，一边通过实际案例来印证，最终实现熟练的掌握及运用。

由于电子商务时时刻刻都在高速进化，永远是 Beta（测试）版本，本书的内容只是对应截稿时的速卖通页面、规则、数据和经验之谈。另外，由于水平有限，时间仓促，难免有不足之处，请各位同行及读者不吝指教，提出宝贵意见和建议。

最后，愿此书能帮助所有想从事跨境电商的朋友们取得更好的业绩！

编　者

2017 年 1 月

目　录

第一章　跨境电商及速卖通简介

第一节　跨境电商

一、跨境电商的简介

1. 跨境电商的定义及核心部分

跨境电商（跨境电子商务）是指分属不同关境的交易主体，通过电子商务平台达成交易、进行支付结算，并通过跨境物流送达商品、完成交易的一种国际商业活动。

跨境电商的核心有三个方面：跨境电商平台、跨境支付平台、跨境物流公司。

2. 跨境电商的模式及发展形式

目前跨境电商主要有四种模式，如图 1－1 所示。

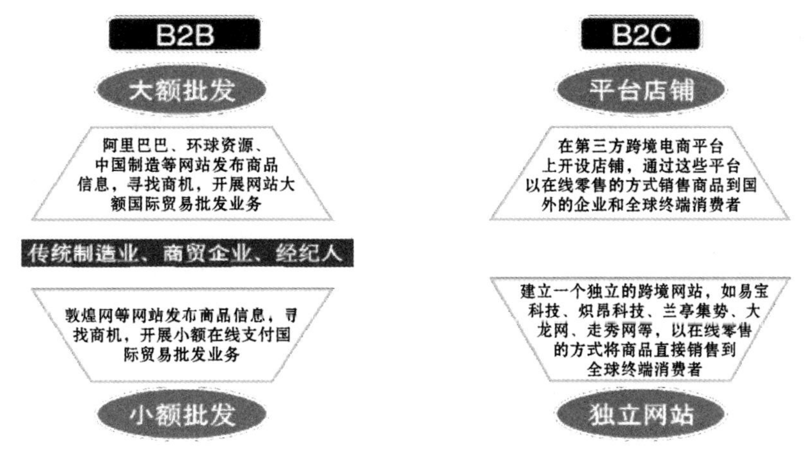

图 1－1　跨境电商的四种模式

跨境支付平台主要有 Paypal（贝宝）、信用卡、T/T 银行转账、Western Union（西联汇款）等。

主流的跨境物流有邮政物流、国际快递、专线物流、海外仓以及国内物流的跨境业务。

跨境电商分跨境进口电商和跨境出口电商，进口商品主要包括奶粉等食品和化妆品等奢侈品，规模较小；出口商品主要包括服装、饰品、小家电、数码产品等日用消费品，规模较大，每年增速很快。

二、跨境电商的发展趋势

当下，中国的电子商务在世界上已居于领先地位，预计2017年，我国B2C的规模将超过美国，成为世界第一。在全球贸易持续低迷的态势下，跨境电商已成为当下电商中的重头戏。

近些年来，随着互联网的不断发展，跨境电商从无到有，并且在人们的生活中扮演的角色也越来越重要。我们通过一组数据（中国跨境电商交易额）来看跨境电商的飞速发展：2011年，1.6万亿元；2012年，2.0万亿元；2013年，3.1万亿元；2014年，3.7万亿元；2015年，5.4万亿元（4.5万亿元，0.9万亿元）；预计2020年中国跨境电商交易规模将达12万亿元。

跨境电商正搭建起一个自由、开放、通用、普惠的全球贸易平台。在这个平台上，亿万消费者可以买全球，中小企业可以卖全球，真正实现了全球连接、全球联动。可以预见，跨境电商将连接世界，成为未来全球贸易的主要形式。

我国跨境电商正保持年均约30%的增速快速发展，近年来国家相关的支持鼓励政策也在密集出台。跨境电商作为一条重要的“网上丝绸之路”对于全世界联动式发展起着不可或缺的作用，G20峰会有望为跨境电商产业带来新的利好，跨境电商将继续升温。

据统计，2016年我国跨境电商交易规模将增长到6.5万亿元，占整个外贸规模的19%，年均增速近30%。在此背景下，跨境电商在迅猛发展，2016年出口跨境电商趋势如下：

1. 两级分化

目前中国跨境电商行业呈现两级分化的马太效应。强者越强，弱者越弱。据海贸会调查，各大电商依然获得了高速增长，有不少跨境电商获得超过300%的增长，销售额高达20亿元，这在很多人看来是不可思议的。但另一方面，中小卖家却不尽如人意，无论是销售额和利润，都远远不及往年。

这几年速卖通快速扩张，对这个行业影响很大。但现在看来，对中小卖家的影响更大。大卖家能够对跨境电商有更加深刻的理解，能够有效地利用各种电商营销工具，采用多种电商营销方案，在供应链和团队管理上能够更加精细和高效，因而能够充分享受跨境电商发展所带来的红利。

例如，大卖家都有比价功能，能够及时跟踪市场价格，根据价格变动快速做出调整，在采用同样的网络营销方式的时候，大卖家的效率是一般中小电商的 5 ~ 10 倍，大卖家对网络营销工具（Facebook、Twitter 等）使用熟练，而且出手比较快，当然还有更多其他的原因。而小卖家很多只是开个店，卖卖货而已，在价格战和同质化竞争当中，很难有所突破。

2. 品牌争夺战

2015 年是中国跨境电商品牌元年。不仅各大电商平台开始盯上有限的品牌资源，中小电商也在激烈的价格战中意识到品牌的重要性。亚马逊这两年来的优异表现，刺激了速卖通、京东和敦煌网。未来速卖通肯定会发生类似天猫的裂变；京东则直接宣布，不是品牌商不能参与；最近敦煌网提倡 OBM（工厂经营自有品牌），寻找全球梦想合伙人，很煽情，其实就是鼓励跨境创牌。

利用亚马逊创建品牌是2016 年跨境电商行业的热门话题。因此可以看到2016 年有关亚马逊的活动很火热，相比之下 eBay（国际贸易全球门户）就显得有些沉默了。但是品牌不是那么容易创建的，冰冻三尺非一日之寒。品牌建立需要一定的历史背景、市场条件和有能力的创始人等多种因素。对年轻的创业者来说，与其说是一个机会，倒不如说更多的是一个陷阱。这是一个不缺品牌的时代，甚至可以说这是一个品牌过剩的时代。在传统服装、食品等行业，面对强势欧美同类品牌，中国跨境电商创建品牌之路会异常艰辛。

当然并不是完全没有机会，比如在新兴市场国家创建品牌就相对容易一些。特别是在技术层面日新月异的电子产品、智能产品方面，中国和发达国家处于同一起跑线。如 Anker 移动电源品牌的成功，就是及时抓住了市场机遇。说到这里，我们开始意识到中国跨境电商的发展其实已经到了一个非常关键的转折点。如果本应该发力的传统企业或品牌商不能够顺利接棒，主要来自草根的中小电商企业一时很难有大的作为，那么中国跨境电商行业就会出现青黄不接，想要保持快速健康发展是不可能的。

3. 仓储迅猛发展

经过五年左右的发展，海外仓终于在 2015 年浮出水面，并迎来疯狂增长。深圳大卖家纷纷在海外建仓。各种物流公司海外实体公司都纷纷转向海外仓项目。最早做海外仓的出口易和递四方都陆续扩大了海外仓的规模。受亚马逊良好业绩的影响，eBay、速卖通也开始加大布局海外仓的力度。

浙江省更是推出扶持百家海外仓计划。无论从哪个方面来看，海外仓无疑成为了 2016 年年初跨境电商行业最热门的话题，海外仓能够扩展跨境电商的品类，通过海外仓，原来笨重、泡货（轻货）、易碎的商品也可以进行跨境交易，实现当地发货。另外，海外仓离消费者很近，可以实施退换货，能够极大地提高客户的体验，进而提高销售额。但海外仓并不是完美的，海外仓需要巨大的投入和精细化管理，国外的人力成本相当高昂。

很多人眼中的海外仓，认为只是在海外租个仓库，采用很简单的WMS（Warehouse Management System，仓库管理系统），但想要达到亚马逊仓储运营中心那样的效率差距还是很大的。正所谓，让专业的人做专业的事，并不是所有的人都适合海外建仓。建议更多的卖家使用专业高效的海外仓，本身做好选品和运营。国外真正需要和适合开展海外仓的地方非常集中，大部分集中在美国、德国、英国、日本、澳大利亚、俄罗斯等国家。由于德国和英国的租金和运营成本很高，很多人开始考虑在波兰、捷克等国家建仓。

从总体来看，目前说海外仓发展到了拐点有点言之过早，但无疑海外仓已经有点过火。在德国法兰克福，就有六七家做海外仓的公司。最新信息显示，早期做海外仓的公司都在进行收缩调整。

4. 整合分销异军突起

从2015年下半年开始，整合分销就成为了中国跨境电商的新亮点。各种整合分销项目陆续登台亮相。中国好东西网上线为深圳卖家提供分销和融资服务；俄优选平台以俄语为突破口，开拓俄罗斯和北欧市场；慈溪家电馆则以小家电为主线，进行全球海外仓铺货；ERP（Enterprise Resource Planning，企业资源规划）服务商赛兔也推出云仓分销；中国好服饰网则专注于外贸服装分销；速通云库则是利用仓储和物流优势为跨境卖家服务等。

应该说，整合分销是跨境电商发展到一定时期的产物。正是跨境电商发展到一定规模，不再像以前那么零散，才会出现为提高效率更为专业分工的分销系统。但整合分销还是存在不少的问题，比如谁都可以卖，同质化竞争不可避免。销售无计划性会导致库存积压，某些产品甚至会变成死货。这和定产定销相比，风险很大。还有个重要的信任问题，当某个产品热销的时候，供应商面临被出卖的风险。

国内某个平台是最早采用整合分销模式的。在投资了几千万元以后却改变了看法，不看好分销模式。他们认为整合分销没有价值。一方面，大卖家不需要，大卖家供应链甚至做得更好；另一方面，赚小卖家钱也很困难，同时量也走不起来。所谓对供应商融资、出口货物质量和死库存又是一个大问题。

如果说，第三方平台是个大卖场，那么整合分销就是发动各个零售商发挥蚂蚁雄兵的威力。这两种方式未来的发展趋势如何，谁将战胜谁，还是说两者同时并存，或者正如上面所说的，整合分销本身就是一种错误？让我们拭目以待。

5. 小语种市场变热

2015年跨境平台商开始激烈争夺小语种市场。在小语种地区提供本土化服务的平台并不鲜见，如速卖通专门针对巴西市场推出葡萄牙语网站，在物流和支付上也加强与巴西本土服务商的合作。又如，跨境电商B2C独立站兰亭集势（Lightin The Box）有

27 种语言，利用北京多语言优势，找到留学生、海归、兼职翻译人员等，实现了小语种的市场突破。

目前最有价值的小语种市场为俄语、日语、德语、西班牙语和法语。

（1）俄语：人多地大，无可争议，国内大龙网这两年都在深度开发俄罗斯市场。

（2）日语：世界第三大经济体，身处亚洲却自认为是西方世界一员，创办乐天和阿里巴巴、亚马逊一较高下。

（3）德语：欧洲经济实力最强的国家，金融危机之后成为一枝独秀。

（4）西班牙语：西班牙随着当年殖民扩张，还在广大的拉丁美洲，甚至北美、欧洲都有很大的影响和受众，西班牙语是开拓南美电商市场的通用语言。

（5）法语：在拿破仑时期，法国是欧洲最强大的国家，但随着英国崛起，法语受到英语一统天下发展趋势的威胁，至今影响力还不如西班牙语。

2014 年俄罗斯市场大爆发。金砖国家（特指新兴市场投资代表，目前成员国包括中国、巴西、俄罗斯、印度和南非）受到国际大电商平台的高度关注。但是到了 2015 年，俄罗斯市场由于乌克兰危机卢布大幅度贬值，购买力严重下降。其他金砖国家表现也开始趋于疲软。环顾全球只剩下中东、非洲和东南亚未受到影响，还对中国价廉物美的商品有着巨大的需求。

6. 多渠道经营

这两年来，得益于注重品牌和自有仓储运营系统，亚马逊保持两位数的高速增长，令人刮目相看。今年亚马逊中国团队更是扩大三倍，大力培养中国卖家。可以说 2015 年是亚马逊年。而作为跨境电商鼻祖的 eBay（易贝）开始进入单位数爬行增长意味着 eBay 平台日益走向成熟和稳定。速卖通发展更加迅猛，特别是阿里巴巴在纳斯达克上市之后。

根据报告，亚马逊销售开始超越 eBay 平台。其中，亚马逊和新兴平台增长最快，超越平均水平 13%。正在快速抢夺线上市场。自 2014 年以来，跟之前很多的单一集中在某个平台销售的电商相比，更多的电商企业选择了多平台运营，也有很多的企业通过分销的方式实现全网平台的铺货。而所谓多平台运营其实就是不把所有鸡蛋放到一个篮子里的策略。

另外，不同平台不同时期此消彼长的发展状态，以及各个平台不同的客户群和目标细分市场，都在推动着跨境电商采用多平台运营策略。合理分配资源，布局高速增长平台，自建网站，开展多渠道运营是一种主流趋势。

7. 本土化运营

从 2015 年开始，跨境电商都在尝试开展本土化运营，尽可能靠近消费者，做好最后一公里服务。比如，深圳大卖家纷纷在海外建仓，米兰、兰亭都在国外开设体验店。京东也在俄罗斯建立仓储运营中心，实施本土化经营。大龙网在国外建立体验店，邀请国外电商到国内开对接会，都是尝试的各种本土化策略。

本土化运营主要包括本土化服务和本土化营销。跨境电商要想做大做强，最终必须走出国门，提供本土化服务，才能和国外同行同台竞技。能否本土化是跨境电商实现可持续发展的关键。但是目前本土化尝试都带有较大的局限性，进展缓慢，效果甚微。

中国跨境电商发展依然处于初级发展阶段，依然是小众市场，还没有进入主流渠道和主流媒体。以中国服装为例，由于缺乏供应商配合，跨境电商很难找到国外合适的尺码，而是根据中国人的尺寸，做国外人的生意。中国跨境电商主要是做低端产品，缺少自主品牌和设计。由此可见，服装虽然是中国跨境电商一个很大的品类，但依然是任重道远，发展空间和潜力巨大。

8. 2016 **年热点创新**

移动端增长势头迅猛。Wish 去年的整体交易额约为 100 亿美元，并获得 DST 的 5 亿美元投资，估值高达 30 亿美元。这匹黑马的成功无疑让更多创业型跨境电商瞄准了移动端这个风口。如定位细分品类的 Patat、Bellabuy 和转型的 Allbuy。

新兴国家（如东南亚、非洲等国家和地区）的机遇与挑战。亚马逊平台的跨境电商龙头地位虽无人能撼，但其进入新兴国家却仍会遭遇水土不服。东南亚的 Lazada、拉美地区的 Linio、非洲地区的 Jumia 则借着本土优势在各自区域形成一定竞争力。因而，除了厮杀激烈的欧美等地区，中国跨境电商可尝试进军新兴国家。

综合来看，进口跨境电商正在风口，出口跨境电商代表未来。可以说，出口跨境面对全球市场，机遇无限，一片蓝海。

我国跨境电商行业当前体现出三个特征：

（1）交易规模持续扩大，在我国进出口贸易中所占比重越来越高。

（2）以出口为主，有望延续快速发展态势。

（3）以 B2B 为主，B2C 跨境模式逐渐兴起且有扩大的趋势。

三、四大主流跨境电商出口 B2C（Business To Customer）平台对比

四大 B2C 跨境平台为 eBay、Amazon（亚马逊）、AliExpress（全球速卖通）、Wish。下面分别简单介绍一下四大平台的情况：

1. eBay

平台优势如下：

（1）eBay 平台上的排名相对公平，并有专业的客服支持。

（2）在 eBay 平台上。新卖家可以靠拍卖提升产品曝光。

（3）eBay 平台的开店门槛比较低，无论是个人，还是企业都可入驻。

（4）eBay 平台是跨境电商鼻祖，所占市场份额大。

平台劣势如下：

（1）买家保护政策强，遇到争议时多偏向买家。

（2）eBay 平台英文界面不友好，新手上手操作不容易。

（3）在 eBay 平台上架产品要收费，成交费和刊登共 17%。

（4）严苛的卖家标准，账号评分低于 98%，账号在 eBay 平台易被限制。

（5）在 eBay 平台中对店铺产品总金额有限制，需要积累信誉才能申请提升额度。

影响平台排名的因素如下：

（1）卖家账号表现。

（2）店铺内产品数量和产品更新速度。

（3）产品价格。

eBay 平台适用对象为贸易商；有一定 B2C 经验的工厂和品牌经销商。

总结：eBay 平台的核心成熟市场在美国和欧洲；想要在 eBay 上获得成功的关键是选品；如果产品目标市场在欧洲和美国，则比较适合 eBay；和 Amazon 相比，它的操作相对简单，投入不大，适合有一定外贸基础和货源的人操作。

2. Amazon

平台优势如下：

（1）Amazon 为电子商务的鼻祖，拥有庞大的客户群和流量优势。

（2）平台产品质量好，并以优质的服务著称。

（3）Amazon 平台具有强大的仓储物流系统和服务，尤其是北美、欧洲、日本地区（FBA）。

（4）Amazon 平台可以提供站点联动，比如亚马逊欧洲站点，只需要有一个欧洲国家的账户就可以面向全欧洲市场进行销售。

（5）Amazon 平台提供中文注册界面。

平台劣势如下：

（1）Amazon 平台对产品品质要求高，必须要有企业资质和品牌。

（2）Amazon 平台上交易手续费比较高，占订单金额的 15% 以上。

（3）在 Amazon 上注册账号较其他平台略复杂。

（4）同一台电脑只能登录一个 Amazon 账号。

（5）上传产品收费（UPC 码），店铺租金每月 40 美元左右。

（6）收款银行账号必须是国外银行账号（比如美国、英国等国家的银行账号）。

影响平台排名的因素主要有：

（1）卖家账号表现。

（2）产品销量。

（3）产品评论。

Amazon 平台适用对象为对跨境电商比较了解的老卖家；有一定 B2C 经验的工厂；品牌经销商。

总结：选择亚马逊平台，需要供应商有稳定可靠的产品资源，一定的资金实力，并且有长期投入钻研的心态。

新人注册成为亚马逊的供应商最好能接受专业的培训，了解开店政策和知识，亚马逊的开店比较复杂并且有非常严格的审核制度，如果违规或者不了解规则，不仅会封店铺甚至会有法律上的风险。

3. AliExpress

平台优势如下：

（1）AliExpress 属于阿里系列，后台为中文操作界面，适合新人上手。

（2）AliExpress 平台交易手续费较低（大部分类目 5%，个别类目 8%）。

（3）在 AliExpress 平台中上传产品免费，并且没有数量限制。

（4）AliExpress 平台覆盖 220 多个国家和地区的海外买家。

（5）AliExpress 平台独创提前放款模式，方便卖家资金周转。

平台劣势如下：

（1）AliExpress 平台上产品价格竞争比较激烈。

（2）在平台上宣传推广产品费用较高。

（3）AliExpress 平台各项政策偏向大卖家和品牌商。

（4）买家对于 AliExpress 平台的忠诚度不高。

（5）入驻 AliExpress 平台需要一定的企业资质，部分类目产品需要有品牌。

（6）在 AliExpress 平台开店需要交纳类目年费，但只要类目销售额达到一定标准即可返还。

平台排名影响因素包括卖家评级、产品价格、产品销量和产品评级。适用商户类型为跨境电商新手、垂直类贸易商、工厂转型 B2C 和传统批发商。

总结：AliExpress 平台整个页面操作分为中英文两种语言，简单整洁，非常适合新人上手；平台适合产品主推新兴市场（俄罗斯、巴西等）的卖家和产品有供应链优势且价格优势明显的卖家，最好是工厂直接销售。

4. Wish

平台优势如下：

（1）Wish 平台能够得到良好的本土化支持。

（2）在 Wish 平台上传产品的方式简单，主要运用标签进行匹配。

（3）在 Wish 平台中商家的竞争相对公平。

（4）Wish 平台进行精准营销，并进行点对点个性化推送产品。

（5）平台对卖家的物流时效要求很严格，客户满意率较高。

（6）Wish 平台利用 Facebook 引流，营销定位清晰。

平台劣势如下：

（1）Wish 平台对商品审核时间过长（一般为 2 周至 2 个月）。

（2）平台费用较高，15% 成交费和 1.2% 的提现费。

（3）Wish 平台的物流解决方案不够成熟。

（4）Wish 平台中的买卖纠纷规则模糊。

（5）Wish 平台中卖家无法跟买家进行沟通。

影响平台排名的因素包括产品标签准确性、产品数量、产品描述、图片以及产品价格。

适用对象为贸易商、工厂转型 B2C、品牌经销商、产品和物流渠道有优势的卖家。

总结：Wish 平台是一个基于 APP 的跨境电商平台。其通过数据分析起家，主要针对的是移动端买家。Wish 平台主要靠价廉物美吸引客户，在美国市场有非常高的人气和市场追随者，主要竞争力就是价格特别便宜以及精准化营销模式，客户的满意率非常高，这也是平台短短几年发展起来的原因。

第二节　速卖通简介

速卖通属于阿里巴巴旗下的平台，有着国际版淘宝之称，全中文操作界面，后台操作及账号注册简单，比较适合刚接触跨境电商的新手卖家，这一节我们将详细介绍一下速卖通。

速卖通是阿里巴巴集团帮助中小企业直接与全球的个人消费者在线交易的跨境电商平台，集合商品展示、客户下单、在线支付、跨境物流等多种功能于一体，实现了小批量、多批次快速销售，拓展利润空间。

在全球贸易新形势下，全球买家的采购方式正在发生剧烈变化，小批量、多批次正在形成一种新的潮流。在这种大形势下，速卖通应运而生，帮助更多的个人消费者直接上网采购，直接在线支付货款，通过跨境物流拿到商品，让买家和卖家实现了双赢。

速卖通产品覆盖 3C（中国强制性产品认证）、服装、家居等 30 个一级行业类目，优势行业有服装服饰、手机通信、鞋包、美容健康、珠宝手表、家居、汽摩配件、灯具等。速卖通的客户群主要有俄罗斯、巴西、美国、西班牙、以色列、乌克兰、白俄罗斯、法国、智利等国家和地区。

时至今日，AliExpress 每年成交额保持在 300% ~500% 的增长速度，在线商品数量已达到亿级，每天有来自近220多个国家和地区的订单，每天海外买家流量超过5000万，最高峰值可达1亿人，已经成为全球最大跨境交易平台之一。速卖通平台已经培育了大量优秀卖家，目前正处在高速发展时期：2014年“双十一”，速卖通单日684万笔交易订单；2015年“双十一”，速卖通单日2124万笔订单，创下中国跨境订单历史最高纪录。

速卖通在过去的时间里是免费的，无论是个人还是企业都可以入驻，商品成功出售后只收取5%的手续费。2016年速卖通重新定位平台使命，提高入驻门槛：企业资质+年费+品牌，“货通天下”的口号升级为“好货通，天下乐”，让买家在速卖通上有好的购物体验；同时速卖通希望成为广大卖家品牌出海的首选平台，让更多中国优质的好货品真正地货通天下，并实现品牌国际化！

为了帮助平台卖家在全球市场完成转型升级，平台对入驻提出如下要求：

（1）2016年，速卖通启动了全平台招商准入制度，速卖通平台各行业划分为八大经营范围，每个经营范围分设不同经营大类，每个速卖通账号只允许选取一个经营范围，并可在该经营范围下跨经营大类经营。其中“共享类（Special Category）”不单独实施招商准入，只要卖家获准加入任一经营大类的，即可获得“共享类”商品发布权限。

速卖通独创年费返还政策，只要卖家年销售额达到一定标准，速卖通将返还部分或全部年费。2016年各类目技术服务年费及年费返还标准一览表，如表1－1所示。

（2）从2016年4月1日开始，新卖家在入驻时需要提供企业身份证明，不再允许个人（包括个体工商户）卖家入驻。同时，类目准入也需要企业身份的账号才能申请。

（3）截至2016年8月15日，若之前以个人身份认证的卖家无法完成升级企业身份认证，卖家的在线商品将被下架并退还未提供服务期间的年费，同时，将不再拥有类目的经营权限。

（4）从2016年4月开始，速卖通会分行业逐步对卖家售卖的商品有品牌资质要求，虽然速卖通入驻门槛提高了，但是这却意味着另一个方面，也就是说速卖通在全球做得很成功，如果没有这个把握，速卖通平台也是不敢轻易收费的。

不管怎么说，平台一系列政策都旨在提高产品和服务质量，将一些恶意标低价，服务质量差的卖家淘汰出局，让经营回归利润。以往出现的低价竞争以及仿牌抄袭问题也将得到控制，并且会减少过多铺货开店的行为。平台转型升级是顺应市场趋势，优胜劣汰的自然法则，无论是哪个平台都会经历这样的阶段，阵痛是必然的，但阵痛过后将会迎来新生。

表 1－1　　**2016 年各类目技术服务年费及年费返还标准一览表**

单店经营范围	18 个经营大类	类目	类目范围		技术服务费年费（元）	返 50% 年费对应年销售额（美元）	返 100% 年费对应年销售额（美元）
A	服装配饰 & 珠宝饰品	Apparel & Accessories Jewelry			10000	30000	60000
	手表	Watch			10000	30000	60000
	鞋包	Luggage & Bags Shoes			5000	24000	48000
	美容健康	Beauty & Health	其他（剔除特殊类目）	其他	5000	24000	43000
			Sex Products（特殊类目）	情趣	10000	30000	60000
	假发及周边配件	Hair & Accessories	其他（剔除特殊类目）	其他	5000	18000	36000
			Centified Human Hair（特殊类目）	真人发	50000	60000	120000
	孕婴	Mother & Kids			3000	120000	24000
	玩具	Toys & Hobbies			5000	120000	240000
B	婚纱	Weddings & Events			10000	30000	60000
C	汽摩配	Automobiles & Motorcycles			5000	36000	72000

续 表

单店经营范围	18 个经营大类	类目	类目范围		技术服务费年费（元）	返 50% 年费对应年销售额（美元）	返 100% 年费对应年销售额（美元）
D	电脑 & 办公	Computer & Office	其他（剔除特殊类目）	其他	5000	18000	36000
			laptop（特殊类目）	电脑	20000	18000	36000
			Memary Card（特殊类目）	存储卡	10000	18000	36000
			Extemal Hard Drives（特殊类目）	外置机械移动硬盘	5000	18000	36000
			USB Flash Drives（特殊类目）	U 盘	10000	18000	36000
	消费电子	Consumer Electronice	其他（剔除特殊类目）	其他	5000	18000	36000
			Electronic Cigarettes（特殊类目）	电子烟	30000	60000	120000
			Sports & Action Video Cameras（特殊类目）	运动相机	10000	12000	24000
	手机 & 通信	Phones & Telecommunications	其他（剔除特殊类目）	其他	5000	18000	36000
			Mobile Phones（特殊类目）	手机整机	30000	45000	90000

续 表

单店经营范围	18 个经营大类	类目	类目范围		技术服务费年费（元）	返 50% 年费对应年销售额（美元）	返 100% 年费对应年销售额（美元）
D	手机 & 通信	Phones & Telecommunications	Mobile Phones Accessories & Parts（特殊类目）	手机配件	5000	18000	36000
	安防	Security & Protection			5000	18000	36000
E	运动 & 休闲	Sports & Entertainment	其他（剔除特殊类目）	其他	5000	18000	36000
			Sneakers（特殊类目）	运动鞋	10000	24000	48000
			Cycling（特殊类目）	骑行	10000	240000	48000
			self balance scooter（特殊类目）	平衡车	10000	18000	36000
F	家居生活 & 家装	Fumiture Home & Garden Food Home Improvement Tools	其他（剔除特殊类目）	其他	5000	30000	60000
		Lights & Lighting	其他（剔除特殊类目）	其他			
			Downlight + Spotlight（特殊类目）	简灯 + 射灯（含支架、非灯泡类）	10000	30000	60000
			LED Lighting + Lighting Bulbs & Tubes（特殊类目）	LES 照明和灯泡、灯管	10000	60000	120000

续 表

单店经营范围	18 个经营大类	类目	类目范围		技术服务费年费（元）	返 50% 年费对应年销售额（美元）	返 100% 年费对应年销售额（美元）
G	家电	Home Appliances			5000	30000	60000
H	电子元器件	Electronic Components & Supplies			5000	60000	
I	共享类	Special Category					
J	办公文教用品	Office & School Supplies			5000	12000	24000
K	旅游及代金券	Travel and Coupon Services			5000	12000	24000

第三节 速卖通账号注册及认证流程

速卖通账号注册及认证流程如下：

（1）登录速卖通官网（百度搜索或输入网址 seller. aliexpress. com）会看到如图 1－2 所示的注册页面。

图 1－2 速卖通的首页

（2）点击“立即入驻”链接，进入如图 1－3 所示的界面。

图 1－3 填写电子邮箱

注意：邮箱必须是没有注册过任何阿里旗下平台（如淘宝、1688、阿里巴巴国际站等）的邮箱，要填写常用邮箱，方便登录以及接收平台重要通知（订单信息、处罚信息等）。

（3）点击“下一步”按钮，进入邮箱验证，如图 1－4 所示。

AliExpress全球速卖通
1 设置用户名 2 填写账号信息 注册成功
验证邮件已送达
请登录邮箱，点击激活链接完成注册，激活链接在24小时内有效。
请查收邮件 没有收到邮件？

图 1－4　发送验证邮箱界面

（4）登录邮箱，界面如图 1－5 所示。

图 1－5　邮箱验证界面

（5）点击“完成注册”按钮，进入如图 1－6 所示的界面。

注意：英文名只能输入英文字母，与买家沟通时，将会显示输入的英文名信息；填写真实的手机号码，收到的验证码必须在 30 分钟内输入才有效。经营模式有个人、贸易公司、工厂及其他可以选择，在线经验根据自己的实际情况选择，以便平台后期为用户量身订制培养方案。

AliExpress 全球速卖通

1 设置用户名　2 填写账号信息　注册成功

登录名

设置登录密码

登录密码 ··············· 强度：中

密码确认 ···············

英文姓名

手机号码

联系地址 北京 北京 北京市

经营模式 贸易公司（大于10人）

在线经验 淘宝等国内在线零售平台 eBay等国际在线零售平台 阿里巴巴中国站等内贸平台 阿里巴巴国际站等外贸平台

确认

图 1－6　“填写账号信息”界面

（6）点击“确认”按钮，进入手机验证，如图 1－7 所示。

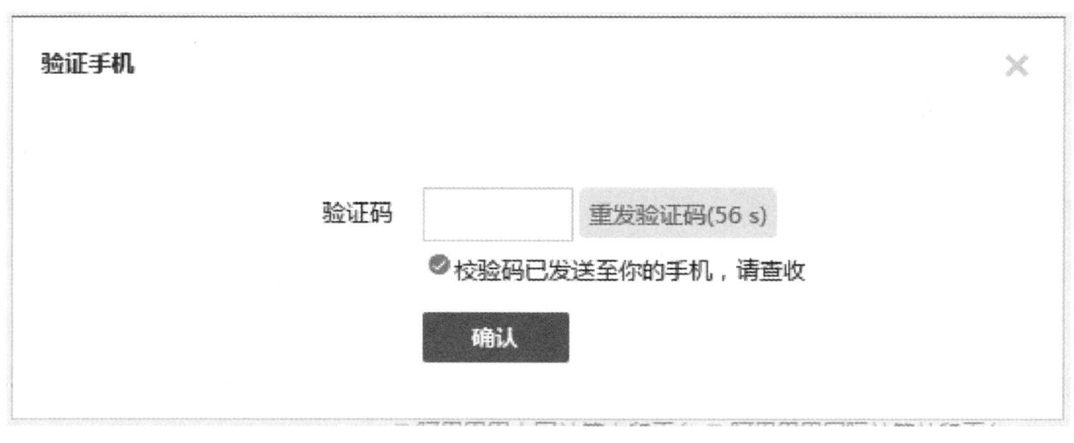

图 1－7　手机验证界面

（7）点击“确认”按钮后，进入实名认证界面，如图 1－8 所示。

速卖通现在不允许个人入驻，所以我们只能选择“企业认证”，要具备已经完成实名认证的企业支付宝账号。

（8）点击“企业认证”按钮，进入支付宝登录页面，如图 1－9 所示。

图 1－8 实名认证界面

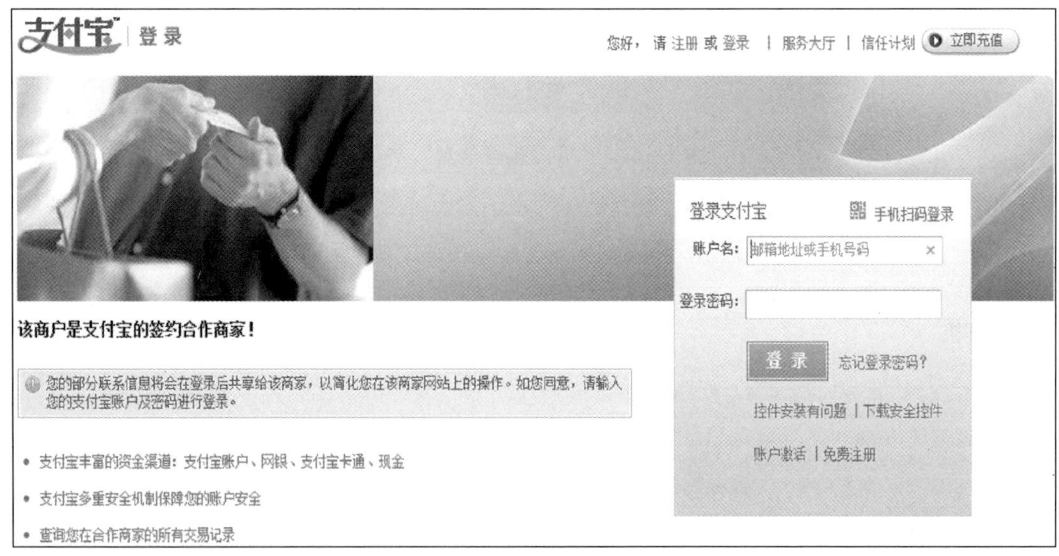

图 1－9 支付宝登录界面

（9）输入账号名称密码，登录企业支付宝，在界面中点击“授权”按钮，即可完成实名认证，如图1－10和图 1－11 所示。

实名认证完成后，还要通过考试才能开通店铺，速卖通考试共有 50 道题，考试类型为不定项选择，每道题 2 分，满分 100 分，及格分数为 90 分。当不会答题的时候可以参考相关知识，在每道题目的右下角有一个相关知识点，点击链接即可学习查看，当然最快捷的方法是去百度搜索。速卖通开店考试题库及答案网址为 http：//www. smtali. com/1839，通过考试后，卖家只需要再发布 10 个以上产品就可以开启速卖通之旅了。

图 1－10　授权界面

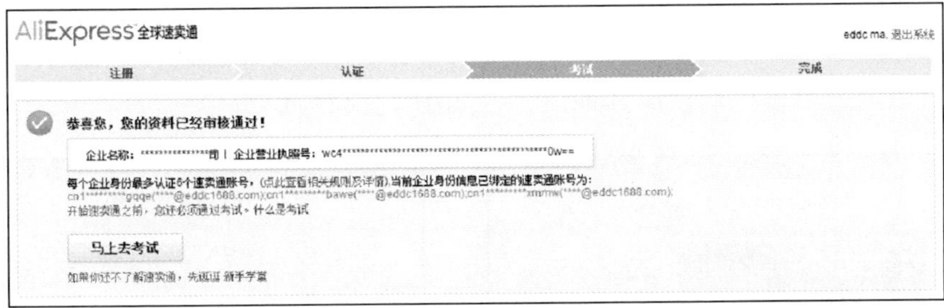

图 1－11　完成实名认证界面

第二章　速卖通前台及后台各项功能

第一节　速卖通前台

打开速卖通的官方网站 http：//www. aliexpress. com/，官方网站界面如图 2－1 所示。

速卖通主站默认语言为英语，其他语言包含俄语、葡萄牙语、西班牙语、印尼语和法语，可以通过语言栏切换成其他语言，如图 2－2 所示。

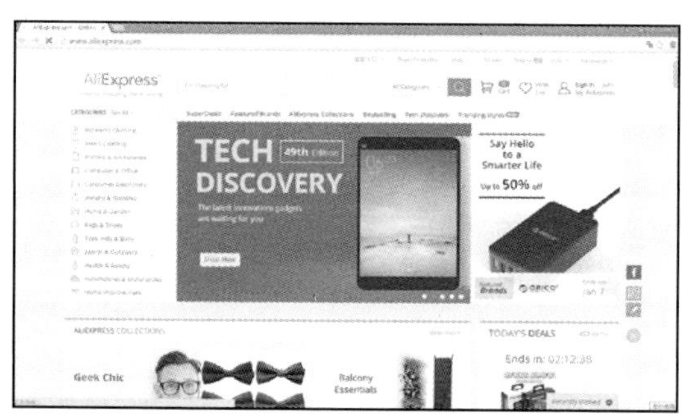

图 2－1　速卖通官方网站首页

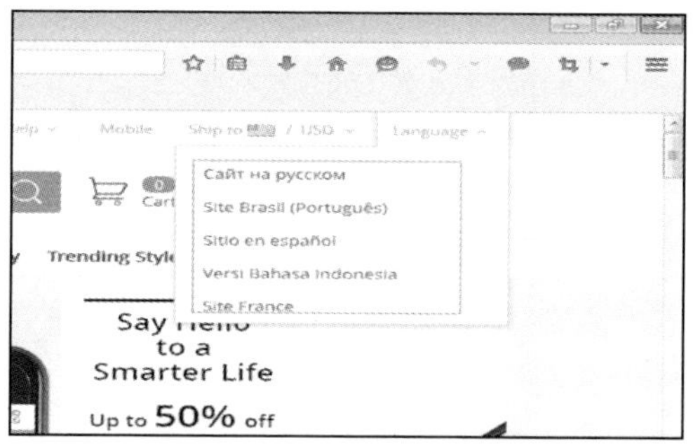

图 2－2　语言选择界面

网站整体和淘宝界面类似，界面左侧上部分为商品类目列表，如图 2－3 所示。

图 2－3　商品类目列表

除了在商品类目列表中选择商品，还可以在搜索栏中输入商品的关键词，点击搜索按钮进行搜索，搜索栏如图 2－4 所示。

图 2－4 搜索栏

当将页面向下滚动的时候，会出现导航条，点击感兴趣的导航条中的图标会进入对应类目商品展示图片。导航条中的图标如图 2－5 所示。

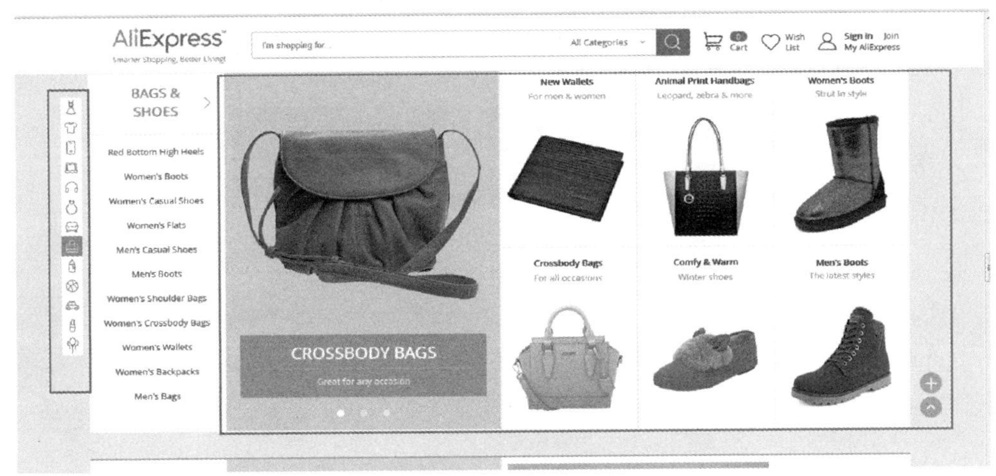

图 2－5 导航条中的图标

如果英文能力有限的话，可以用浏览器自带的翻译功能或翻译软件将网页上的英文翻译成中文即可，由于笔者用的是谷歌浏览器，这里仅将谷歌浏览器翻译方法作为演示。进入速卖通前台，网页自动弹出如图 2－6 的小窗口，点击“翻译”按钮即可翻译整个页面，如图 2－6 所示。

图 2－6 翻译小窗口

第二节　速卖通后台

读者朋友们是不是以为像淘宝一样，在速卖通主站登录速卖通账号就能看见速卖通后台了呢？其实不然，要登录速卖通卖家网址 http：//seller. aliexpress. com/，才可以正确进入速卖通后台。速卖通卖家后台为中文版，打开的界面如图 2 –7 所示。

图 2 –7　速卖通卖家后台界面

点击页面右上角的“登录”按钮，会出现如图 2 –8 所示的界面。

图 2 –8　登录界面

输入用户名及密码，后台显示如图 2 –9 所示。

页面顶部为平台广告，往下可以设置页面的语言，这里分为简体中文、繁体中文和英文三种语言。右侧为卖家频道、网站首页、移动端、联系客服和 Go to My Alibaba

图 2－9　登录后的后台界面

五个导航选项，这里由于卖家频道具有更大的意义，所以我们只说明卖家频道部分。当鼠标放在卖家频道上即可出现一个下拉菜单，如图 2－10 所示。

图 2－10　“卖家频道”菜单

下拉菜单包含了三个选项，分别是速卖通规则、速卖通大学和卖家论坛。

速卖通规则即为速卖通平台的规则；速卖通大学包含了速卖通相关的学习视频；卖家论坛是为广大卖家提供交流沟通的论坛板块，这三个选项淘宝也有相同的部分，在此不做过多的阐述。

左侧的导航栏分为我的速卖通、产品管理、交易、消息中心、店铺、账号及认证、营销活动、数据纵横和经营表现共九个选项。

一、我的速卖通

“我的速卖通”包含下列模块：快速入口、卖家表现中心、新手入门必读、通知、最新公告、新手必知、店铺动态中心、店铺数据最近 30 天趋势概览。快速入口即为一些常用选项的快速入口。卖家表现中心展现了卖家的基本信息、店铺健康情况、违规情况及店铺类目情况的信息。新手入门必读即为新手对平台应该了解的知识。通知为速卖通平台对平台重要通知的展现。“最新公告”为速卖通平台对平台重要消息的推送。新手必知为速卖通平台基础操作方法应该知道的知识信息展示。店铺动态中心为店铺运营情况的展示。店铺数据为店铺最近 30 天的运营数据表现情况。

二、产品管理

产品管理是较为重要的部分之一。当我们点击“产品管理”标签后出现如图 2－11 所示界面。

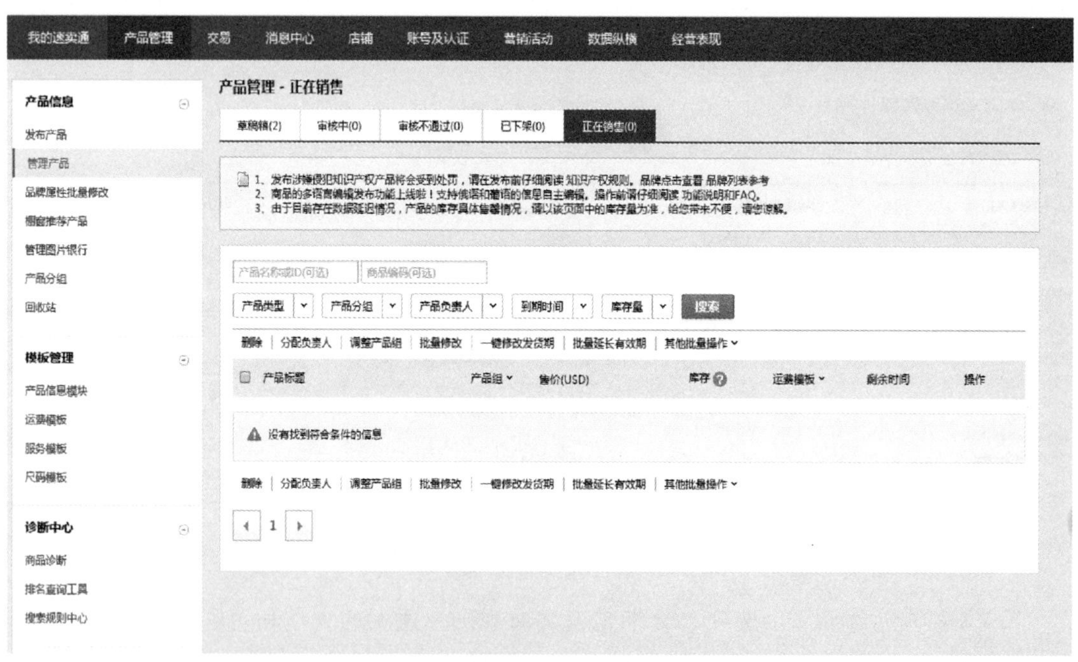

图 2－11　“产品管理－正在销售”界面

产品管理左侧分为产品信息、模板管理、诊断中心、淘宝产品代销、人工翻译平台、货源中心、管理订单通知七个部分。这里我们重点讲解几个部分。

（一）产品信息

1. 产品信息－发布产品

点击“产品信息”区域中的“发布产品”链接，打开相应的界面。

选择符合我们商品的类目，如图 2－12 所示，并遵守速卖通规则进行发布即可。

图 2－12 “选择类目”界面

如果产品不知道属于什么类目，可以在搜索框中输入产品关键词，点击“查找类目”按钮，选择符合我们产品的类目。这里需要注意的是速卖通是不能发布虚拟产品的，如服务类的产品。

这里笔者选择服装类目发布产品作为演示：选好类目点击“我已阅读以下规则，现在发布产品”按钮即可，这里可根据习惯选择类目的展示语言，有中英文两种语言展示方式，如图 2－13 所示。

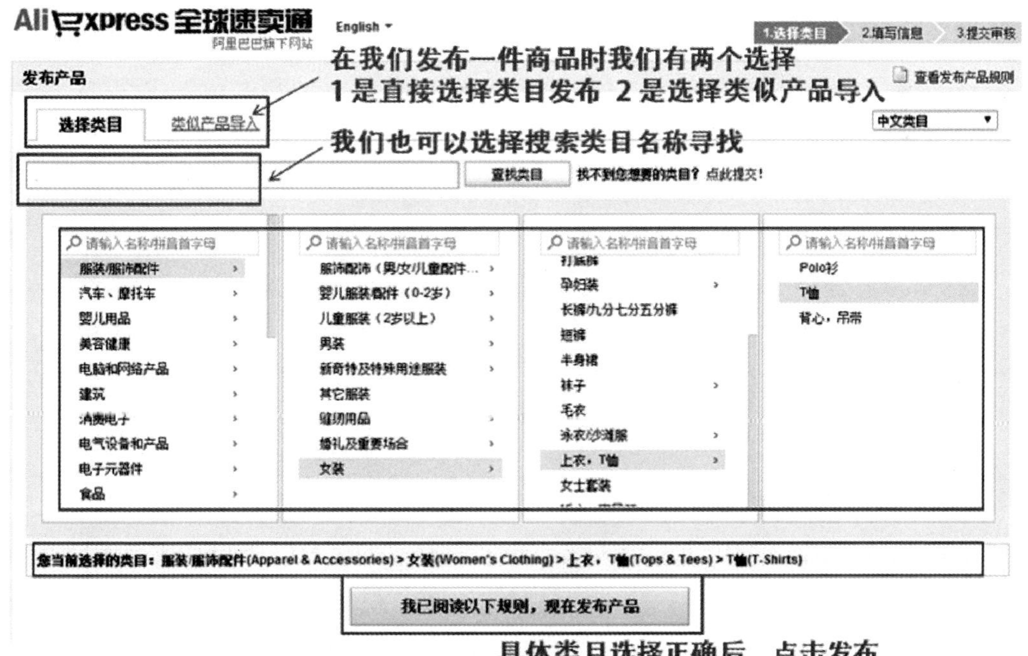

图 2－13 选择服装类目界面

每个产品的发布页面会有些不同，大体是一样的，这里以珠宝产品举例，点击“发布”按钮后的界面主要包含产品基本信息、包装信息、物流设置、服务模板和其他信息几部分。产品基本信息填写界面，如图 2－14、图 2－15 所示。产品包装信息、物流设置、服务模板填写界面如图 2－16 所示。其他信息填写界面如图 2－17 所示。

重点介绍下产品基本信息和其他信息的填写。

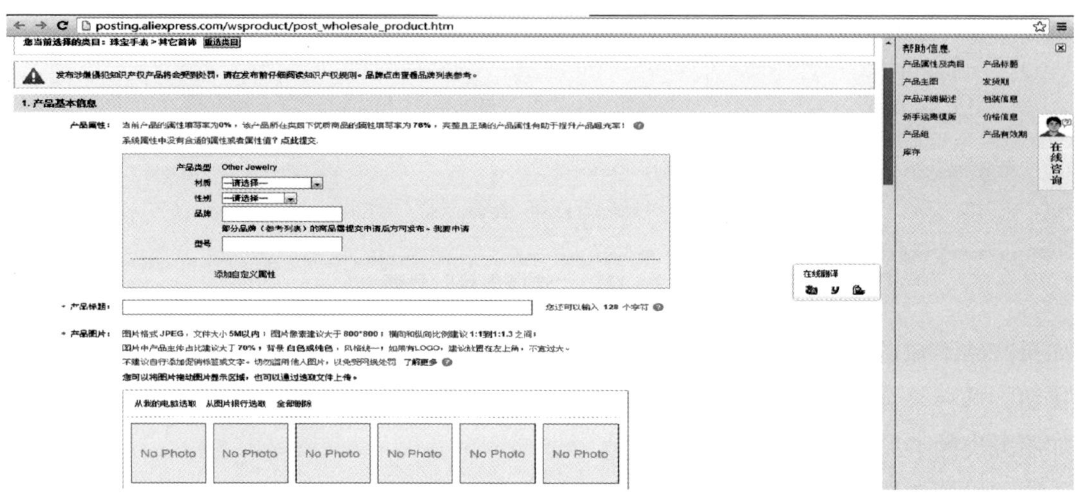

图 2－14　产品基本信息 1

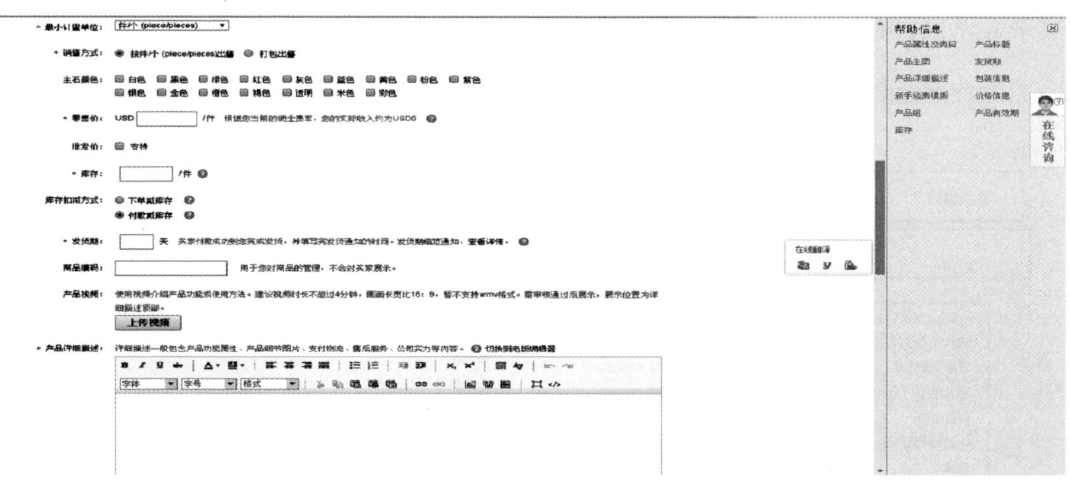

图 2－15　产品基本信息 2

填写产品的属性，包括了材质、性别、品牌、型号等信息，北京时间 2016 年 6 月 30 日起，平台启动了“2016 年不允许无商标产品存在的类目”新发产品“品牌属性”校验功能，即在这几个类目下，新发产品时，发布产品页面“品牌（brand name）属性”没有选择商标将不能发布（如果品牌属性选择为“None”将发布不成功）。“2016 年不允许无商标产品存在的类目”为：3C（部分行业）及运动球服类目，包括箱包、

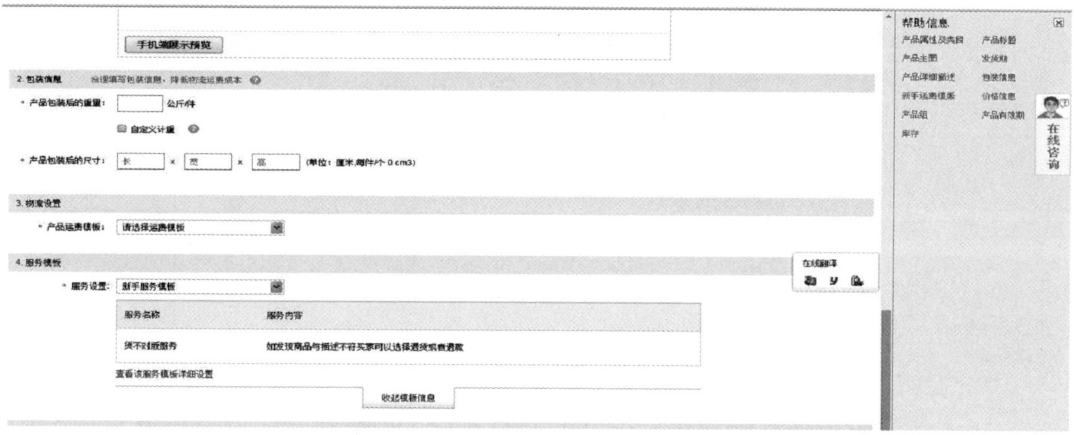

图 2-16 包装、物流、服务设置

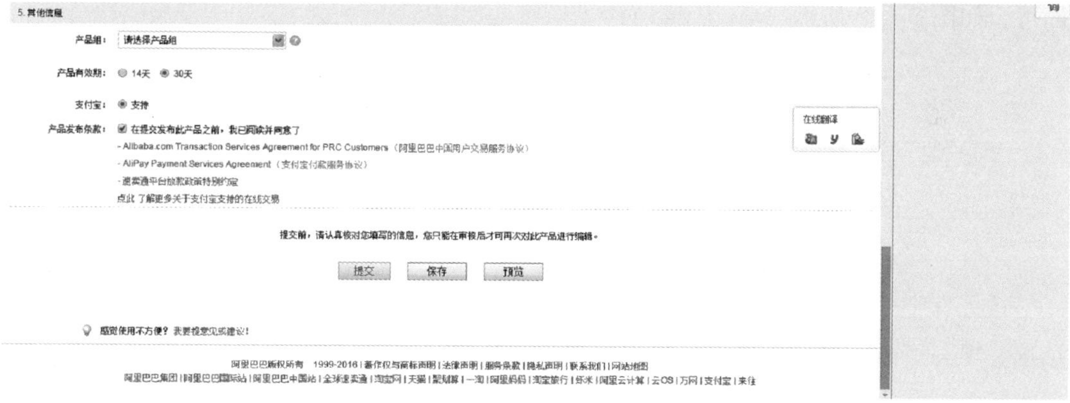

图 2-17 其他信息界面

鞋、运动包、婚纱礼服、贵珠宝、眼镜、手表这几类。

产品的标题：速卖通的产品标题可以发布 128 个字符，但是产品在被搜索展现的时候只能展现 70 个字符左右，所以产品卖点、核心关键词尽量前置。标题可以参考标题发布的示例：销售方式 + 产品材质/特点 + 商品名称。当然还可包含商品的其他信息，如品牌、状态、颜色、类型等文字信息的描述。

速卖通的主图有 6 个，比淘宝多一个，当然大小还是一样的，依然是图片建议大于 800 像素 ×800 像素。这里要注意的是，速卖通的主图背景尽量是白色、浅色或纯色，外国人更喜好简洁大方的表现形式，所以要避免出现像淘宝主图那样花哨、烦琐的图片，尤其是图片上出现很多文字的主图。这里面插入主图的时候可以从本地电脑中选取也可以从图片银行中选取，图片银行就等于淘宝的图片空间。关于图片银行的使用将在稍后讲解。

在发布产品的时候我们还要设置最小计量单位，下拉菜单中包含了很多单位，我们选择适合的即可，最小计量单位下拉菜单如图 2-18 所示。

图 2－18　最小计量单位的下拉菜单

我们的产品可以按个数销售，也可以打包销售，打包就是同时销售多个该产品，当选择打包出售的时候，会弹出一个选项，就是打包的件数，这个按照实际需求填写即可，如图 2－19 所示。

图 2－19　打包件数的填写界面

选择珠宝产品的颜色，当勾选了银色和金色选项的时候，系统就会弹出两个填写选项，填写产品相关颜色即可，界面如图 2－20 所示。

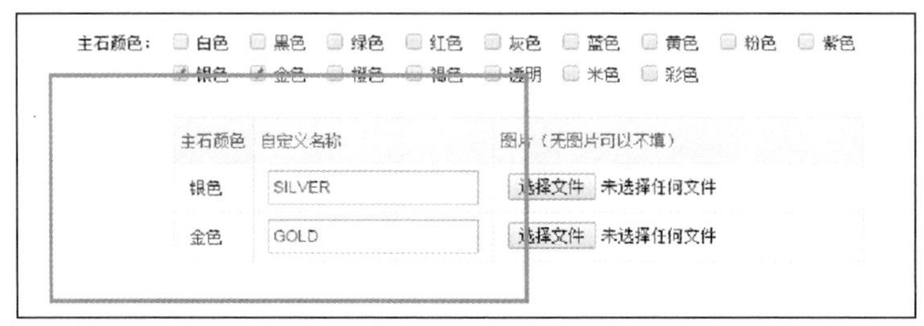

图 2－20　颜色选择界面

需要注意的是，产品发布界面是中文的，但是可以填写的地方都不能用中文，因为用中文是不能发布的。

库存扣减方式分为拍下减库存和付款减库存，当然为了防止恶意拍下造成没有产品没有库存而下架，所以我们通常选择付款减库存，如图 2－21 所示。在发货期的天数设置填写方面，从用户角度体验上看，肯定是越快越好，当然这样做的前提也要考虑我们自身是否能达到，否则是要违规扣分的。通常情况下是 7 天内可以完成发货，个别类目无法完成 7 天内发货，这里官方给出了不能在 7 天内发货的类目情况，如表 2－1 所示。

图 2-21 库存扣减方式界面

表 2-1 发货期限设定限制表

* PHPWIND. NET	二级类目	三级类目	中文翻译	发货期设定限制
Apparel & Accessories	Weddings & Events		婚礼及重要场合	30 天
Home & Garden	Home Textile		家纺成品	15 天
Home & Appliances			家用电器	30 天
Lights & Lighting	Indoor Lighting		室内灯饰灯具	15 天
Phones & Telecommuni	Mobile Phones		手机	30 天
Sports & Entertainment	Bicycle & Accessories	Bicycle	自行车	30 天
Tools			工具	30 天
除上述类目外				7 天

注：除表中类目外其他所有类目发货期最长设定限制为 7 天（备注此处 7 天为工作日，遇节假日顺延）。

发布产品的时候我们可以根据需要选择上传视频进行对产品更好的描述，官方给出的视频发布的要求是：建议视频时长不超过 4 分钟，画面长宽比 16∶9，暂不支持 wmv 格式。需审核通过后展示，展示位置为详细描述顶部。

产品详细描述部分界面如图 2-22 所示。

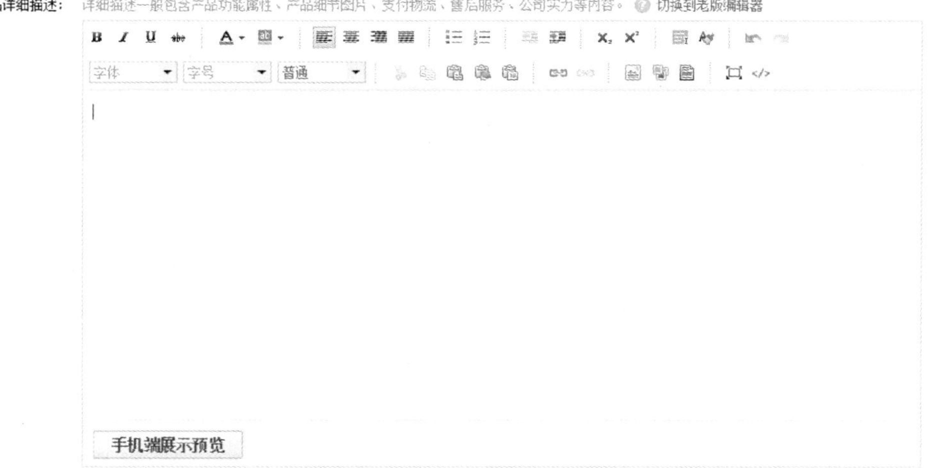

图 2-22 产品详细描述界面

发布过淘宝宝贝的卖家应该知道淘宝有手机详情页的设置，而速卖通是没有的，但是有“手机端展示预览”功能，所以当我们设置详情页的时候，要点击“手机端展示预览”按钮，查看手机端展现的效果。之所以要注意手机端的详情页展现效果，是为了满足无线端用户越来越多的需求。

“包装信息”的填写，这里依据产品的情况填写即可，物流设置是速卖通的重中之重，我们将在后面的章节中重点讲解。

其他信息的填写，这里重点介绍设置产品有效期，也就是相当于淘宝网上架时间的意思，默认的有 14 天和 30 天，我们要选择 14 天，这对日后的产品排名更有优势（平台对快到期下架的产品有流量倾斜）。值得一提的是，在淘宝网是 7 天的上架时间，当产品下架之后会自动再次上架，而速卖通产品到了下架时间后需要我们手动上架。其他信息设置如图 2－23 所示。

最后我们点击“提交”按钮即可进行发布产品的操作，如图 2－23 所示。和淘宝网一样，发布后需要审核通过才会正常显示。

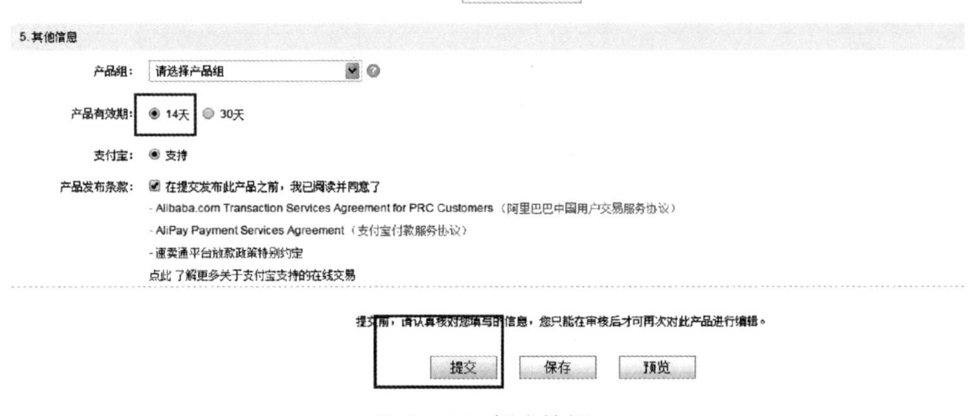

图 2－23　提交按钮

2. 产品信息－管理产品

产品管理模块分为草稿箱、审核中、审核不通过、已下架和正在销售五个部分。草稿箱就是还没有编辑完详情页面就关闭的产品资料，其会自动保存到草稿箱里。审核指的是发布的商品，审核的通过情况会在这里显示。已下架就是卖家自已下架或商品到期自动下架的商品。正在销售就是正在出售的商品。“草稿箱”的界面如图 2－24 所示。

图 2－24　“草稿箱”界面

3. 产品信息－橱窗推荐商品

橱窗推荐功能和淘宝网类似，区别如下：速卖通的橱窗有效期为7天，这里不像淘宝会一直有效，“橱窗推荐”界面如图2－25所示。具体的橱窗推荐商品的数量是根据卖家服务等级决定的，具体如表2－2所示。

图2－25 “橱窗推荐”界面

表2－2 橱窗推荐商品数量与卖家服务等级的关系

服务等级	调整前		调整后	
	奖励橱窗数	有效期	奖励橱窗数	有效期
优秀	10个	依据服务等级的有效时间	3个	7天
良好	5个	依据服务等级的有效时间	1个	7天
及格	2个	依据服务等级的有效时间	无	—
不及格	无	—	无	—

在设置橱窗产品的时候，我们选择需要推荐的产品设置推荐即可，这里要注意的是，由于速卖通改版问题，现在橱窗推荐的商品已经不能取消推荐了。

4. 产品信息－管理图片银行

点击“管理图片银行”链接出现如图2－26所示的界面。

图片银行的作用与淘宝网的图片空间一样，都是存放我们店铺图片素材的。为了养成良好的习惯，我们要先分组，然后再将图片存放于图片空间内。点击“新建分组”按钮即可建立我们所需的图片素材组。点击右上角的“上传图片”按钮，选择合适的图片即可上传图片，也可以删除和移动图片。

5. 产品信息－产品分组

产品分组功能在淘宝网的店铺装修里面也有，并且功能一样，将产品分类管理，这样方便买家浏览找到自己需要的产品进行购买。编辑产品组的界面如图2－27所示。

图 2－26　图片银行界面

图 2－27　“编辑产品组”界面

点击“新建分组”按钮，输入组的名字，也能输入英文名字。输入好之后点击“保存”按钮即可，然后我们可以用同样的方式继续添加分组，全部添加好之后我们可以点击“前往店铺预览效果”按钮进行效果的预览。

6. 产品信息－回收站

回收站功能与我们电脑桌面上的回收站一样，我们删除的产品都会被存放在这里，当然我们也可以清空回收站。“回收站”界面如图 2－28 所示。

图 2－28　“回收站”界面

（二）模板管理

1. 模板管理－产品信息模块

如图 2－29 所示为产品信息模块的界面。

图 2－29　“产品信息模块”界面

由于暂时没有模块，所以这里显示可使用模块是 0，点击“创建产品信息模块”链接，即可进入如图 2－30 所示的“模块类型”对话框。

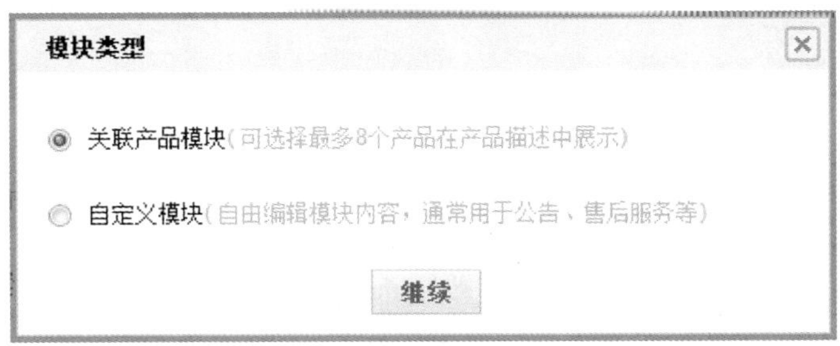

图 2－30　“模块类型”对话框

模块类型分为“关联产品模块”和“自定义模块”两个选项。这里选择“关联产品模块”选项，是最重要的部分之一，点击“继续”按钮后出现了如图 2－31 所示的界面。

图 2－31　“新建模块”界面

输入模块名称，然后通过搜索条件进行筛选搜索想要关联的产品，然后进行关联产品的设置。前面 3 个选项很好理解，到期时间我们可以根据自身的情况设置天数。选项包括剩余 3 天内、剩余 7 天内、剩余 30 天内三个选项。当我们设置好以后点击“提交”按钮即可。

在“模块类型”界面中选择“自定义模块”选项，点击“继续”按钮后出现了如图 2－32 所示的界面。

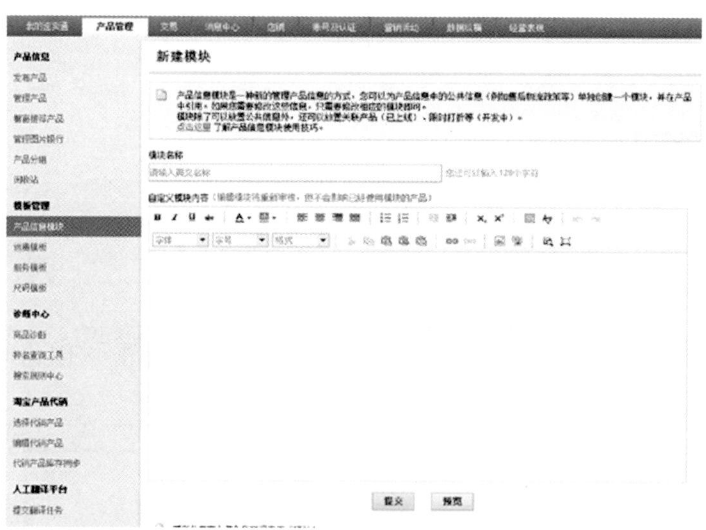

图 2－32　选择“自定义模块”选项后的界面

图中分为“自定义模块名称”和“自定义模板内容”两部分，“模块名称”文本框中输入一个自己喜欢的名称，“自定义模块内容”文本框中根据自己需求输入相应的内容，比如希望在详情页中出现公告，或者出现其他信息等。

2. 模板管理－运费模板

2016 年全球速卖通对物流政策进行了升级：根据平台对消费者行为的研究发现，高效、稳定的物流服务及可追踪的物流信息，有助于提高消费者的购买体验及再次购买意愿，同时也减少卖家在物流问题处理上的成本。为提高卖家在国际市场上的竞争力，速卖通将对物流政策进行整体升级，具体如下：

升级后的物流政策：

（1）美国：根据订单的支付金额制定物流政策。支付金额≥5 美元的订单：允许使用标准类物流服务中的“E 邮宝”“AliExpress 无忧物流－标准”及快速类物流服务，其他标准类物流服务及经济类物流服务将不被允许（特殊类目商品除外）。

支付金额 <5 美元的订单：允许使用标准类、快速类物流服务及线上经济类物流服务，线下经济类物流服务（无追踪平邮）将不被允许。

（2）除美国外的其他国家和地区的物流政策允许使用标准类、快速类物流服务及线上经济类物流服务，线下经济类物流服务（无追踪平邮）将不被允许。

综上，各个国家的物流政策如表 2－3 所示。

表 2－3　各个国家的物流政策

<table>
<tr><th rowspan="3">收货国家</th><th rowspan="3">商品类目</th><th rowspan="3">订单实际支付金额</th><th colspan="6">物流服务等级</th></tr>
<tr><th colspan="2">经济类</th><th colspan="2">标准类</th><th colspan="2">快速类</th></tr>
<tr><th>线下发货</th><th>线上发货</th><th>线下发货</th><th>线上发货</th><th>线下发货</th><th>线上发货</th></tr>
<tr><td rowspan="3">美国</td><td rowspan="2">普通类目</td><td>≥5 美元</td><td>不可用</td><td>不可用</td><td colspan="2">E 邮宝、AliExpress 无忧物流标准可用，其他不可用</td><td>可用</td><td>可用</td></tr>
<tr><td><5 美元</td><td>不可用</td><td>可用</td><td>可用</td><td>可用</td><td>可用</td><td>可用</td></tr>
<tr><td>特殊类目</td><td>所有订单</td><td>不可用</td><td>可用</td><td>可用</td><td>可用</td><td>可用</td><td>可用</td></tr>
<tr><td>除美国外的其他国家和地区</td><td>所有类目</td><td>所有订单</td><td>不可用</td><td>可用</td><td>可用</td><td>可用</td><td>可用</td><td>可用</td></tr>
</table>

物流政策实施时间：2016 年 7 月 1 日（美国太平洋时间）开始支付成功的订单，需要按照上述物流方案政策发货。

卖家可以根据物流政策及时调整运费模板设置，升级发货物流渠道。具体操作流程如下：

（1）可以在卖家后台“产品管理→诊断中心→商品诊断→物流设置优化”查看需要调整运费模板的商品。

（2）为避免影响店铺的考核，在填写发货通知时需准确选择“物流服务名称”并填写“货运跟踪号”。表 2－4 给出了发货时间、阶段与平台建议。

表 2－4　物流政策的实施时间、阶段与平台建设

<table>
<tr><th rowspan="2">时间</th><th rowspan="2">阶段</th><th colspan="3">平台建议</th></tr>
<tr><th>运费模板设置</th><th>发货</th><th>填写发货通知</th></tr>
<tr><td>2016 年 6 月 30 日前</td><td>物流政策生效前</td><td>请按升级后的物流政策调整运费模板设置。
【特别提醒】发在美国的商品上运费模板需要至少设置“E 邮宝”，“AliExpress 无忧物流－标准”，快速类物流服务中的一种（特列类目商品除外）</td><td>根据新的物流政策调整发货渠道，确保新政策生效后，能按照平台要求进行发货</td><td rowspan="2">务必准确选择“物流服务名称”并填写“货运跟踪号”</td></tr>
<tr><td>2016 年 7 月 1 日起</td><td>物流政策生效后</td><td>买家下单时，仅展示运费模板中符合物流政策的物流方式：
发往美国自预估成交金额≥5 美元的商品：买家下单时，将不展示运费模板中的经济类物流方式及标准物流中除了“E 邮宝”，“AliExpress 无忧物流－标准”之外的其他物流方式（特殊类目商品除外）</td><td></td></tr>
</table>

在“模板管理”列表中点击“运费模板”链接出现如图 2－33 所示的界面。

图 2－33　“管理运费模块”界面

点击“新增运费模板”按钮，出现了如图 2-34 所示的界面。

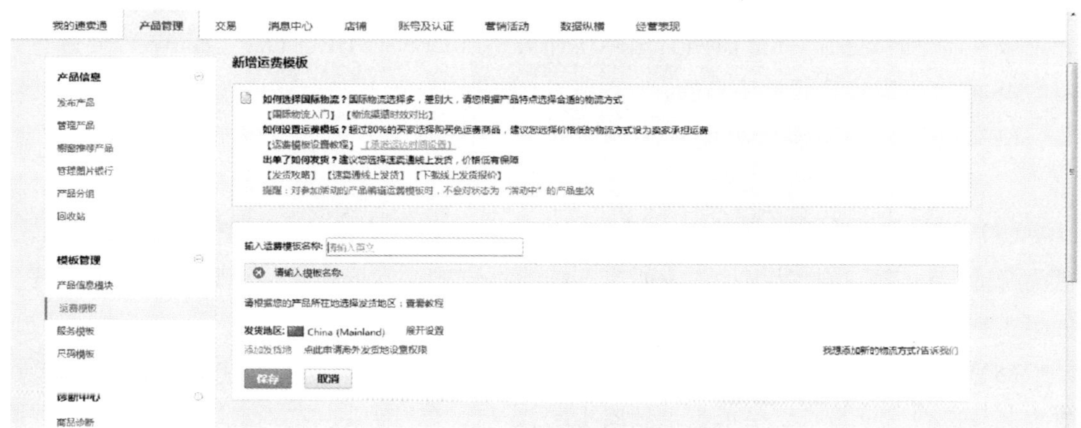

图 2-34 “新增运费模板”界面

这里需要注意运费模板的名称也是不能输入中文的。名称输入好之后点击“展开设置”链接，进入如图 2-35 所示的界面。

经济类物流 标准类物流 快速类物流 其他物流 物流分类升级啦！查看详情

经济类物流运费优惠，但不提供目的国包裹妥投信息，仅适合货值低、重量轻的商品使用。查看详情

选择物流	运费设置	运达时间设置
China Post Ordinary Small Packet Plus 中国邮政平常小包+	标准运费 减免 0 % 即全折 卖家承担运费 自定义运费	承诺运达时间 天 自定义运达时间
4PX Singapore Post OM Pro 4PX新邮经济小包	标准运费 减免 0 % 即全折 卖家承担运费 自定义运费	承诺运达时间 天 自定义运达时间
Posti Finland Economy 速优宝芬邮经济小包	标准运费 减免 0 % 即全折 卖家承担运费 自定义运费	承诺运达时间 45 天 自定义运达时间
Correos Economy 中外运-西邮经济小包	标准运费 减免 0 % 即全折 卖家承担运费 自定义运费	承诺运达时间 60 天
Royal Mail Economy 中外运-英邮经济小包	标准运费 减免 0 % 即全折 卖家承担运费 自定义运费	承诺运达时间 35 天

图 2-35 发货地区的选择设置界面

这里分为经济类物流、标准类物流、快速类物流和其他物流四种情况，卖家可以根据自己的实际情况选择合适的国际物流方式（后面的章节将会详细讲解）。

在选择国际物流方式的时候，我们可以从以下角度进行思考：

(1) 从买家的角度出发，卖家应该为买家所购买的货物做全方面的考虑，包括运

费、安全度、运送速度和是否有关税等。

（2）尽量在满足物品安全度和速度的情况下，为买家选择运费低廉的服务。EMS无论服务还是时效性都比其他四大国际快递公司（UPS、DHL、TNT、FedEx）要逊色，但EMS的价格优势是非常明显的。

（3）商品运输无须精美的外包装，重点是安全快速地将售出的商品送达买家手中。

（4）即使拥有再多的经验，也无法估计所有买家的情况，所以把选择权交给买家更为合适，只需要在物品描述中表明所支持的物流方式，再确定一种默认的物流方式，如果买家有别的需要自会联系卖家。

（5）有的买家可能适合多种物流方式，卖家可以写出常用的方式及折扣，为买家省去部分运费，也为卖家挣得更多的回头客。

在运费设置的时候，我们可以对运费进行打折，也可以设置成Free Shipping（包邮），这里重点要提到承诺运达的时间，平台对大部分国家和地区限定最长时间为60天，若对俄罗斯、巴西、阿根廷货运能力不足需要更长的运达时间，可单独选择该国家进行设置，最长可设置为90天，此外的其他国家和地区都不能设置为90天，当我们全部设置好以后点击“保存”按钮保存即可完成运费模板的设置。

3. 模板管理－服务模板

服务模板是卖家能为买家购买的这个产品提供哪些服务，不同产品可能会有不同的服务，所以这里有了服务模板的设置，如图2－36所示。

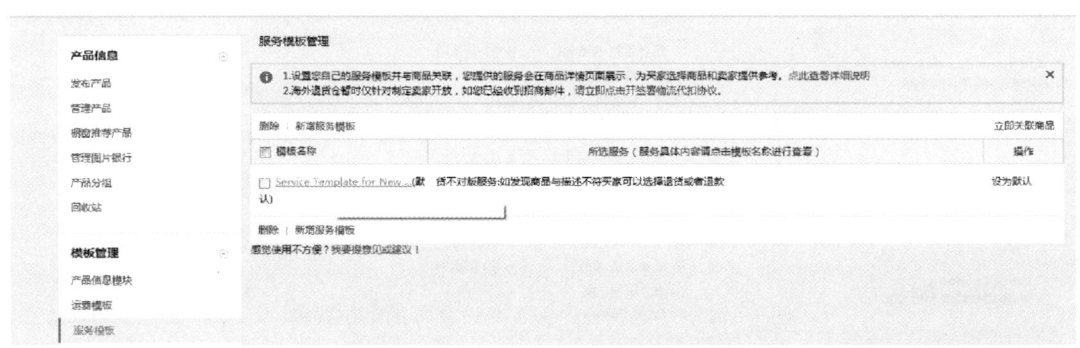

图2－36 “服务模块管理”界面

点击“新增服务模板”链接，打开如图2－37所示的界面，首先需要卖家设定一个模板名称（只能输入英文）。

输入好模板名称后点击“创建模板”按钮，在打开的“服务规则设置”界面编辑规则，如图2－38所示。

可以在“退货及退回运费设置”的下拉菜单中选择所需要的条件进行设置，如图2－39所示。

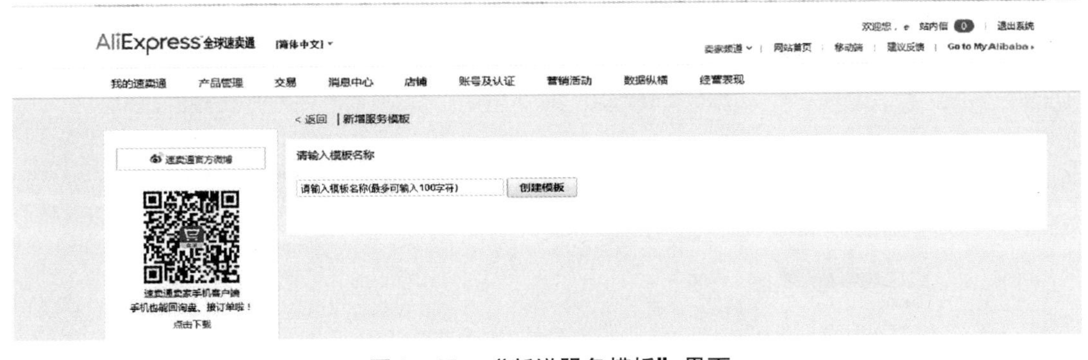

图 2－37 “新增服务模板”界面

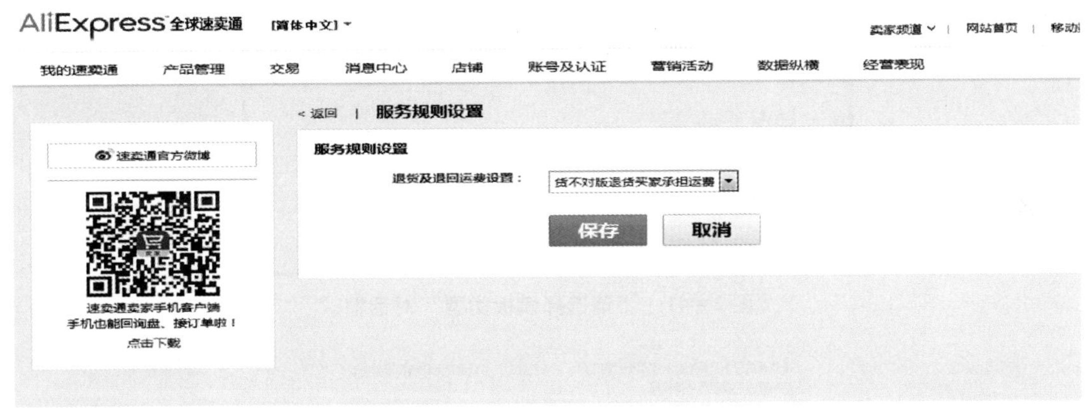

图 2－38 “服务规则设置”界面

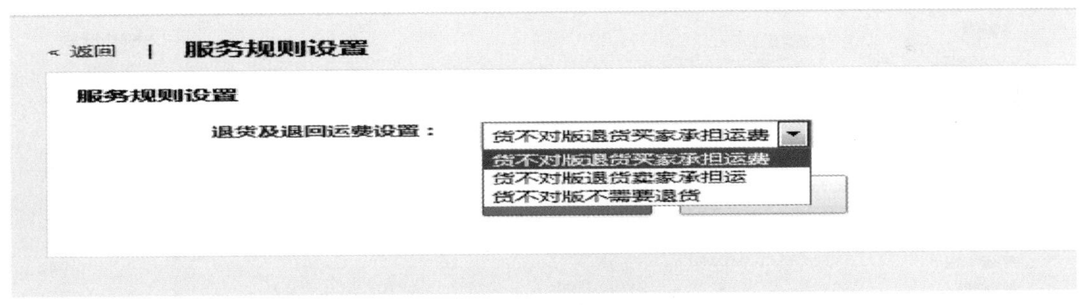

图 2－39 “退货及退回运费设置”的下拉菜单

设置完成后点击“保存”按钮即可。

4. 模板管理－尺码模板

这里针对服装、珠宝和鞋子这三类产品进行尺码的模板设置，点击“尺码模板”链接后进入如图 2－40 所示的界面。

这里笔者以珠宝尺码为案例演示，其他两项类似。在“尺码表”界面点击“珠宝尺码”标签，再点击“新增模板”按钮，弹出如图 2－41 所示的对话框。

选择“戒指”选项，点击“下一步”按钮，打开如图 2－42 所示的界面。

图 2－40 “尺码表”界面

图 2－41 “请选择模板类型”对话框

衡亩推荐产品
管理图片银行
产品分组
回收站
模板管理
产品信息模块
运费模板
服务模板
尺码模板
诊断中心
商品诊断
排名查询工具
搜索规则中心
淘宝产品代销
选择代销产品
编辑代销产品
代销产品库存同步
人工翻译平台
提交翻译任务
管理所有订单
管理翻译任务
翻译众包平台
发票服务

【最新信息】尺码表在买家页面的展示已经发布上线啦！赶紧去商品详情页面查看吧！
点击查看尺码模版使用教程

模板名称

请输入模板名称，最多可输入128个字符

尺码信息

表格填写说明

	美国和加拿大	英国&欧洲和澳大利亚	中国&新加坡&日本	中国香港	瑞士	周长(毫米)
	4	H	7	9		
	4.25	0.5H			7.75	
	4.5	I	8	10		
	4.75	J			9	
	5	0.5J	9	11		
	5.25	K			10	
	5.5	0.5K	10	12		
	5.75	L			11.75	
	6	0.5L	11	13	12.75	
	6.25	M	12			
	6.5	0.5M	13	14.5	14	
	6.75	N				
	7	0.5N	14	16	15.25	
	7.25	O				

图 2－42 戒指的尺码表

选择适合我们产品的型号的选项即可，设置好之后点击“保存”按钮即可成功设置尺码模板。

（三）诊断中心

1. 诊断中心 - 商品诊断

点击“商品诊断”链接后进入如图 2 - 43 所示的界面。

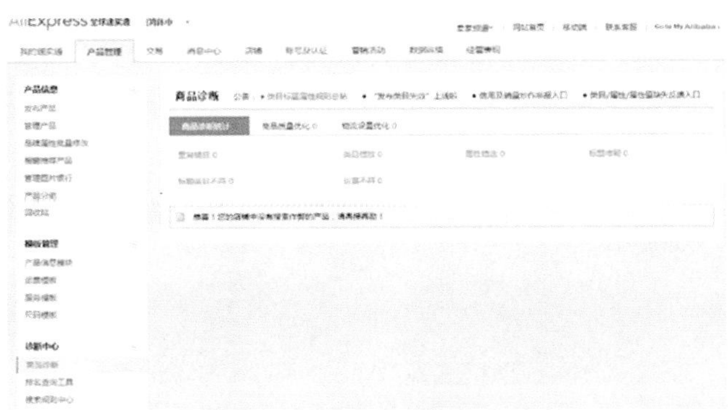

图 2 - 43 “商品诊断”的界面

这里是对商品的一个诊断情况，例如：类目是不是错放，标题类目是不是不符，标题是否堆砌等指标的检测展示。

2. 诊断中心 - 排名查询工具

速卖通具有排名查询工具的功能，第三方的排名查询工具及网站不少，但是极少有排名准确的工具或网站。点击“排名查询工具”链接进入如图 2 - 44 所示的界面。

图 2 - 44 排名查询工具界面

在“关键词”文本框中输入关键词，点击“马上查询”按钮，默认的类目是所有类目、所有国家和地区，可根据实际需求选择类目、国家和地区。

3. 诊断中心－搜索规则中心

点击“搜索规则中心”链接出现了如图 2－45 所示的界面。

图 2－45　“搜索规则中心”界面

这里介绍了排序的规则、因素与搜索作弊规则汇总的信息和教程等内容，感兴趣的读者可以了解一下。

（四）淘宝产品代销

“淘宝产品代销”简称为淘代销，简单地说我们不需要库存也能卖货。就是把淘宝网上的产品发布到速卖通上来，买家从速卖通拍下产品的时候，卖家再从淘宝网上拍下买家所选的产品发货给速卖通买家，没有库存和资金的压力。下面来讲解操作的过程。

（1）选择淘代销产品，在速卖通界面淘宝产品代销列表中点击“淘代销产品”链接，打开的界面如图 2－46 所示。

阅读协议后，选中“我已经阅读并接受该协议”选项，然后点击“同意协议内容”按钮，进入如图 2－47 所示的界面。

（2）复制一款淘宝宝贝链接，粘贴到输入框里。

产品认领数可以说明一个产品进行淘宝网代销的次数，我们一般选择较少被别

图 2－46　“淘代销使用协议”的界面

图 2－47　“粘贴淘宝链接查询”界面

的卖家代销的商品，系统默认查询展示的是已认领数少于等于 50 的商品，如果直接点击“马上查询”的话，不是很容易查询到商品，所以这里我们要设置为只展示已认领人数小于等于 50 的商品，然后点击“马上查询”按钮，出现如图 2－48 所示的界面。

图 2-48　查询产品后的界面

（3）点击“认领”按钮即可认领该产品，只有认领了才完成对该产品淘代销的行为。这里要说明下，这个功能还可以测试淘宝店内宝贝是否违规和侵权，笔者测试的宝贝就违规了。界面如图 2-49 所示。

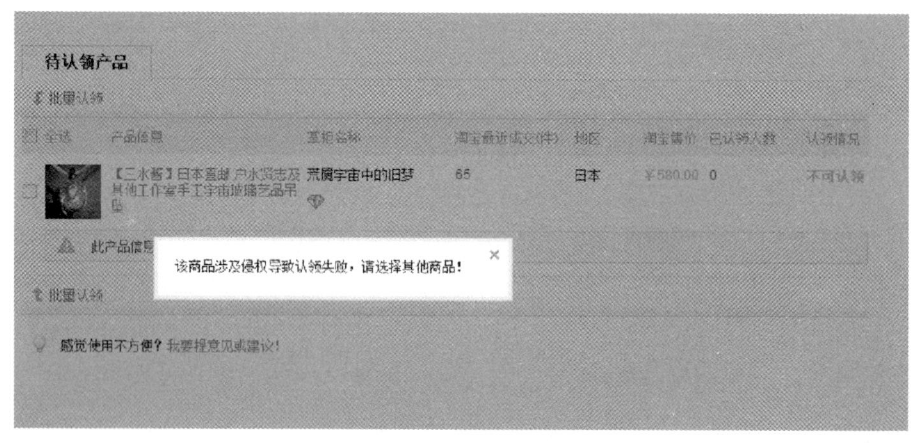

图 2-49　认领失败提示框

要选择其他不违规和侵权的产品。当我们找到不违规的产品后，右下角会出现这样的提示框，如图 2-50 所示。

（4）点击“编辑代销产品”链接，系统会自动进入到淘宝产品代销－编辑代销产品的界面，如图 2-51 所示。

点击“编辑发布”按钮，这里面系统会自动帮我们把淘宝网上宝贝的中文翻译成英文，但不要直接发布，因为系统翻译的标题可能会有语法错误，或是关键词翻译错

图 2－50 操作成功提示框

图 2－51 编辑代销产品界面

误，会导致排名靠后等不利的方面，所以我们要重新编辑信息，然后再进行发布，对于系统没有的属性按照淘宝商品的信息填写成英文的就可以了。编辑界面如图 2－52 和图 2－53 所示。

由于页面跟产品发布页面相同，后面会详细讲解如何发布产品，所以这里不做过多截图，当我们设置好后点击“提交”按钮即可。

速卖通的产品管理中有淘宝产品代销－代销产品同步功能，这里指的是淘宝网的库存和我们代销淘宝产品到速卖通页面同步的库存页面，需要同步进入页面进行操作即可，界面如图 2－54 所示。

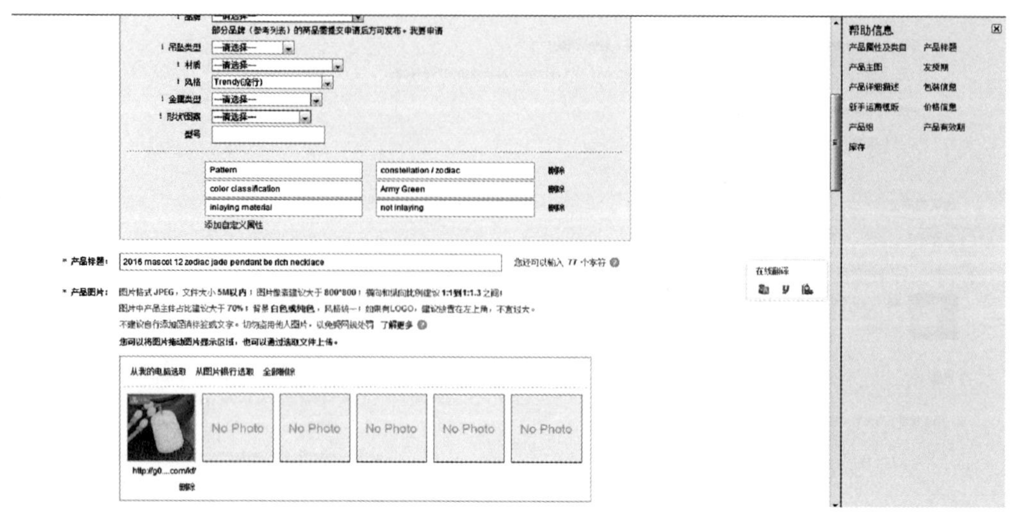

图 2-52 产品标题编辑界面

* 最小计量单位： 件/个 (piece/pieces)

* 销售方式： 按件/个 (piece/pieces)出售 打包出售

金属颜色： 镀14K金 镀18K金 镀铑 镀银 仿白金 镀10K金 镀24K金 镀玫瑰金 镀黑枪 镀古青铜 镀古红铜 镀黑锌 镀蓝锌 镀蓝白锌 镀白金 镀钛 镀古金 镀古银 香槟金

主石颜色：

下表的零售价是最终展示给买家的产品价格。

批量设置零售价：USD 确定 批量设置库存： 确定

主石颜色	* 零售价	实际收入	* 库存	商品编码
■	USD 82.22 /件	USD 78.11	999	

总库存：999 / 件

批发价： 支持

库存扣减方式： 下单减库存 付款减库存

* 发货期： 7 天 买家付款成功到您完成发货，并填写完发货通知的时间。发货期缩短通知，查看详情。

产品视频： 使用视频介绍产品功能或使用方法。建议视频时长不超过4分钟，画面长宽比16：9，暂不支持wmv格式。需审核通过后展示，展示位置为详

在线翻译

图 2-53 产品颜色、库存方式编辑界面

（五）人工翻译平台

人工翻译平台是针对不方便或不擅长外语的卖家们准备的一个平台，是翻译的有偿服务。卖家可针对自己的实际需求选择是否需要该服务即可。

（六）货源中心

货源中心：也许我们很多卖家会出现店铺开好了，蠢蠢欲动了，但是却苦于没有货源的现象，我们可以进入货源中心 - 外贸货源，从阿里巴巴网站批发我们需要的产

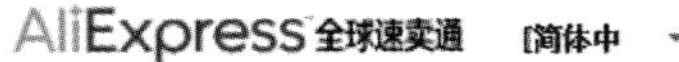

图 2－54 “代销库存同步”界面

品在速卖通上进行销售。

三、交易

产品管理模块的介绍之后，接下来我们进行交易模块各项功能的介绍。

（一）管理订单

通过管理订单可以查看店铺所有订单的情况，如图 2－55 所示。

图 2－55 中显示了每日新订单数、待发货订单数量、待付款订单数量、取消订单数量、纠纷订单等订单信息，当店铺订单过多的时候也可以通过查询搜索功能来搜索所需要的订单。

1. 管理订单－退款 & 纠纷

这里顾名思义，展示了退款和有纠纷的订单，点击链接进入如图 2－56 所示的界面。

2. 管理订单－订单批量导出

在这里，我们可以将我们所需要的订单信息导出成 xls 文件，该文件可以用 Excel

图 2－55 “我的订单”界面

图 2－56 退款 & 纠纷界面

打开。点击链接进入“订单批量导出”界面，如图 2－57 所示。

勾选好需要的订单选项后，点击“订单批量导出”按钮，成功导出订单文件，此时可以下载刚刚导出的文件，如图 2－58 所示。

（二）物流服务

物流服务中的国际小包订单、国际快递订单、E 邮宝订单这三个是按国际物流方式分的订单类别。

接下来看一下地址管理，在这里可以管理地址信息，最多保存 20 个地址信息，如图 2－59 所示。

图 2－57 “订单批量导出”界面

图 2－58 订单导出成功界面

图 2－59 “地址管理”界面

点击“添加地址”链接，弹出如图2－60所示的对话框。

图2－60 “添加地址”界面

如果有海外仓的卖家填写海外仓卖家地址，点击“提交”按钮即可。

如果需要投诉管理、咨询管理、我有海外仓这三个选项的话是需要在线申请的，点击在线申请，按流程操作即可，如图2－61所示。

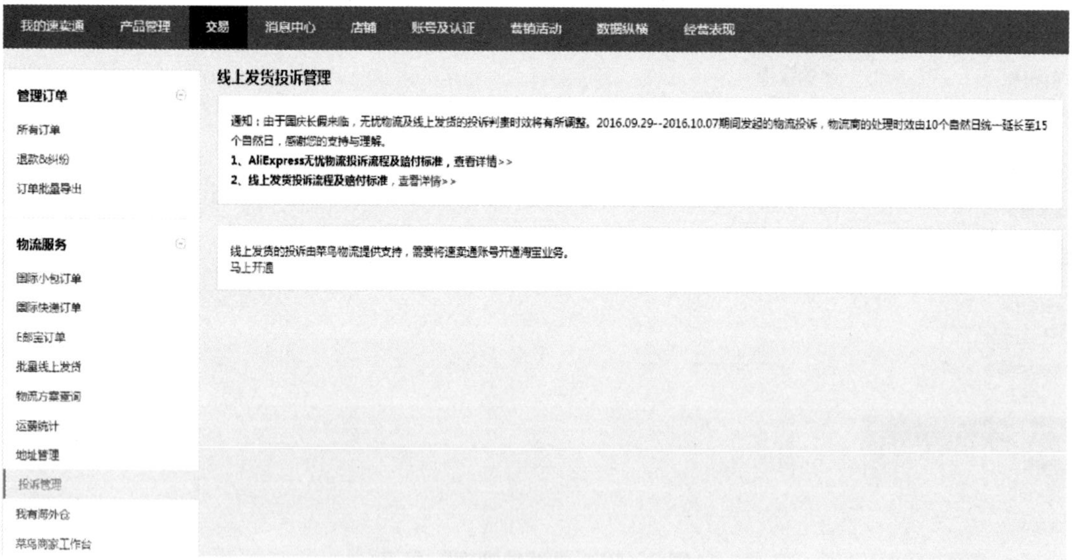

图2－61 “线上发货投诉管理”界面

（三）资金账户管理

1. 资金账户管理－放款查询

这里说的放款指的是速卖通将买家的钱打入到卖家账户的查询功能，界面如图 2－62 所示。

图 2－62 "资金账户管理"界面

通过订单号、时间等查询条件即可查看放款的情况。

2. 资金账户管理－支付宝国际账户

在这里可以申请国际支付宝，点击"支付宝国际账户"链接，出现如图 2－63 所示的界面。

按照提示依次输入验证码，设置支付宝密码即可完成国际支付宝的申请。国际支付宝的整个过程是不是很简单呢？

（四）交易评价

在"交易评价"界面显示的是对买卖家交易的评价管理，点击"管理交易评价"链接弹出如图 2－64 所示的界面。

通过"管理交易评价"功能可以查看来自买家的评价及给买家做出评价。

图 2－63　国际支付账户界面

图 2－64　管理交易评价界面

由于平台发现部分卖家在收到买家差评之后会联系买家进行评价修改，这在一定程度上给买家带来骚扰，造成了不良的体验；且平台发现卖家投入的这部分努力仅换来了极少数买家对评价的结果进行修改。

为了形成平台有序的市场秩序，同时给买卖双方提供一个全面、诚实、精确的评价体验，以确保交易的诚信和透明度，持续提升会员的用户体验，平台在美国时间 2016 年 5 月 23 日对评价系统进行了升级，升级后仅针对升级完成后的评价有效，在此之前生效的所有评价不受影响。

这次评价升级主要变更点：平台关闭了买家修改评价入口和评价投诉入口，也就是说一旦留了评价将无法修改，但对于涉及人身攻击或者其他不适当言论的评价平台仍保留删除的功能。

我们建议卖家：

（1）把服务做到前置，更加注重商品质量的提升和前期的服务沟通，以获得买家的客观评价。

（2）针对买家的留评，通过“评价回复”反映真实的情况，以获得其他买家的理解。

四、消息中心

点击“消息中心”标签后出现如图 2－65 所示的界面。

图 2－65 “消息中心”界面

（一）买家消息

1. 买家消息－站内信

这里将会收到系统发来的站内通知，比如违规通知等内容，所以应该及时关注。也可能是来自买家的信件。我们可以将这些新建作为标记，如已读还可以标记成不同的颜色用以区分，如图 2－66 所示。

2. 买家消息－订单留言

在“订单留言”界面我们可以看到来自买家的订单留言，比如客户的要求等，“订单留言”界面如图 2－67 所示。

同样我们可以对留言做标记和打上标签，“标记为”和“打标签”功能如图 2－68 所示。

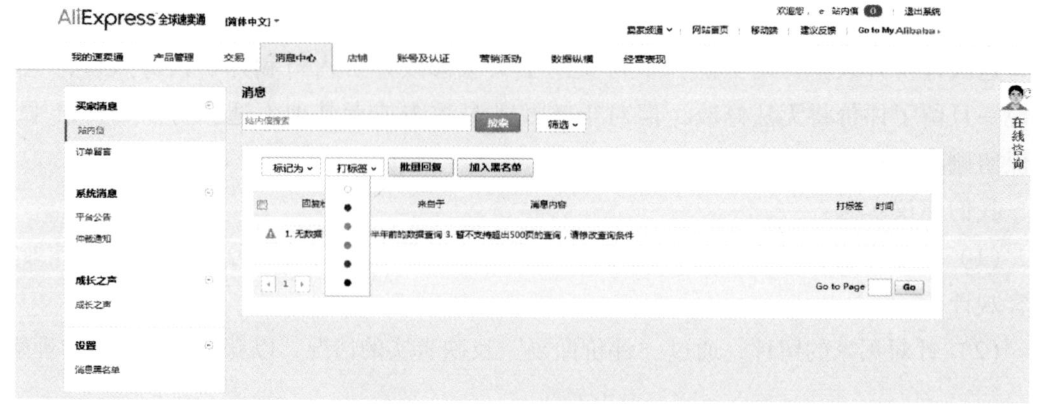

图 2-66　“站内信”界面

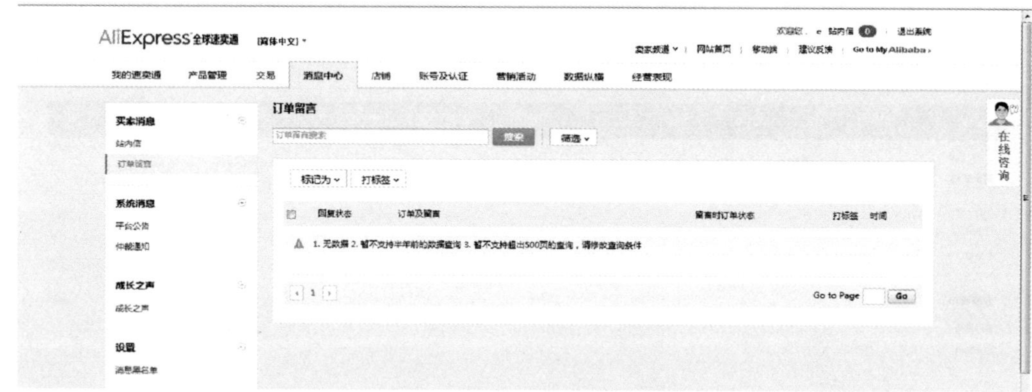

图 2-67　“订单留言”界面

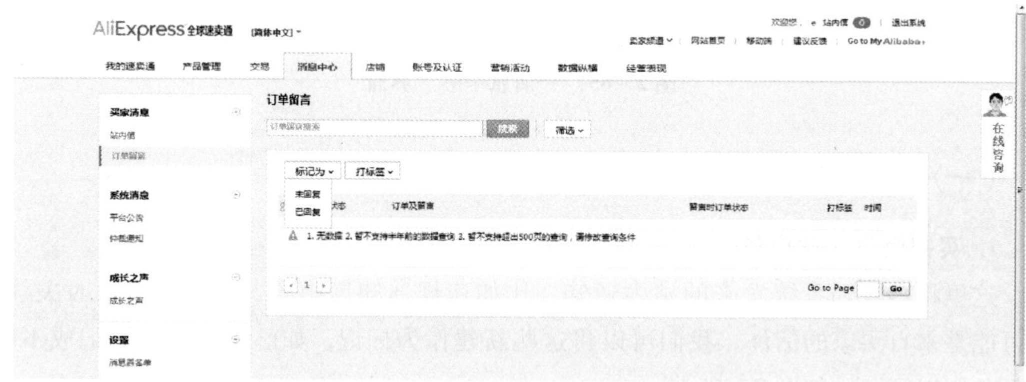

图 2-68　“标记为”和“打标签”功能

（二）业务通知

业务通知功能中平台公告和仲裁通知将由系统发来的通知或因纠纷产生的仲裁得到的通知展示，如图 2-69、图 2-70 所示。

图 2－69 “系统消息”界面

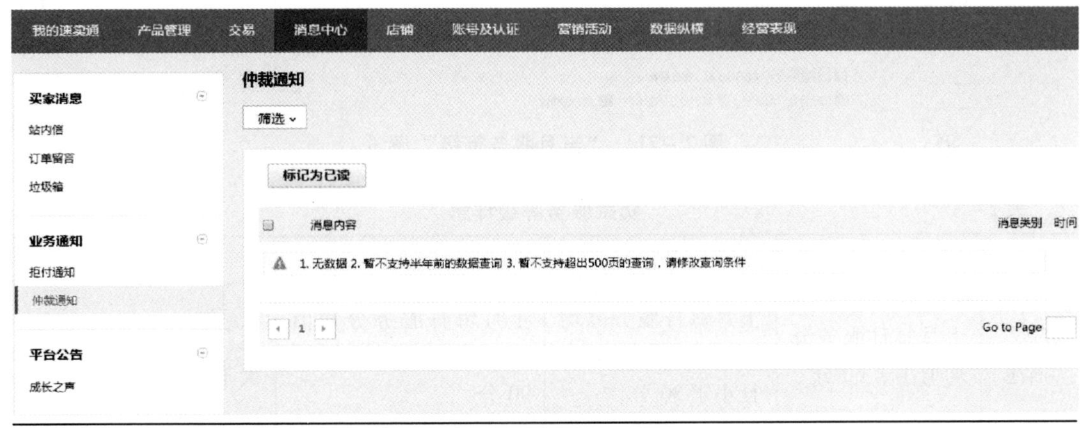

图 2－70 “仲裁通知”界面

五、店铺

（一）店铺表现

1. 店铺表现－卖家服务分

店铺卖家服务分，主要考核卖家在买家服务方面的各项能力，激励全体卖家提升店铺服务水平，如图 2－71 所示。

卖家服务分分为当月服务等级和每日服务分。卖家服务等级每月末评定一次，下月 3 号前在后台更新，根据每个月底倒推前 30 天的每日服务分均值计算得来，根据考核结果将卖家划分为优秀、良好、及格和不及格四个等级，不同等级的卖家将获得不同的平台资源，如表 2－5 所示。

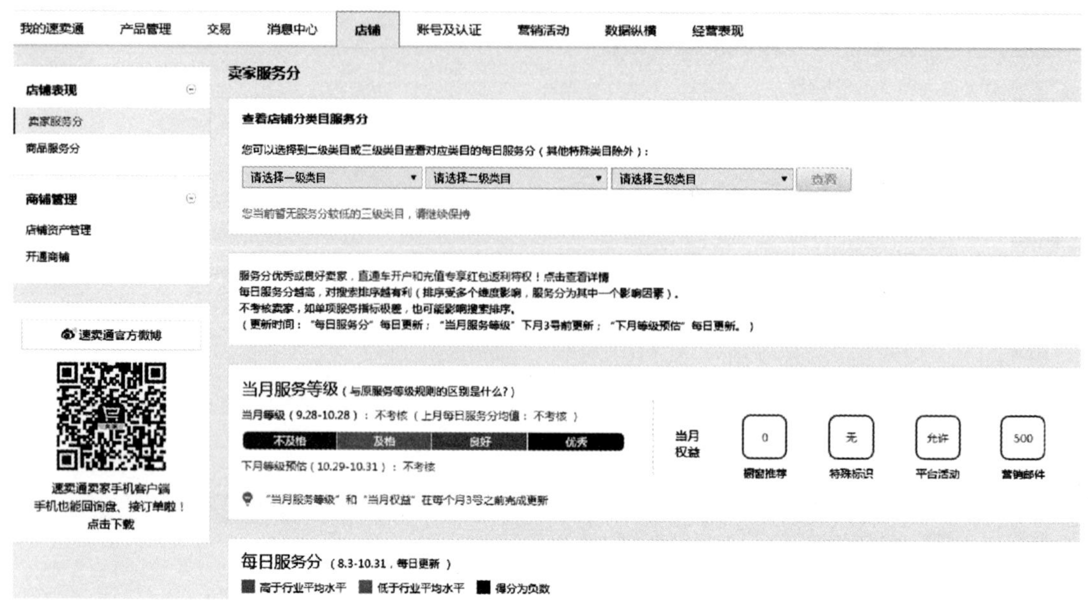

图 2－71 "当月服务等级"评价

表 2－5 卖家服务等级详解

	不及格	及格	良好	优秀
定义描述	上月每日服务分均值小于 60 分	上月每日服务分均值大于等于 60 分且小于 80 分	上月每日服务分均值大于等于 80 分且小于 90 分	上月每日服务分均值大于等于 80 分
橱窗推荐数	无	无	1 个	3 个
特殊标识	无	无	无	有
平台活动权利	不允许参加	正常参加	正常参加	优先参加
营销邮件数量	0	500	1000	2000
直通车权利	无特权	无特权	开户金额返利 15%，充值金额返利 5%（需至直通车后台报名）	开户金额返利 20%，充值金额返利 10%（需至直通车后台报名）

注：1. 不考核卖家享有的营销邮件数量为 1000，其他权益与及格卖家享受同等的平台资源。

2. 每日服务分数越高，对搜索排序越有利（排序受多个维度影响，服务分为其中一个影响因素），同时关于影响搜索排序的其他因素点此查看。

每日服务分采用百分制考核方式，一共八个考核项，每天更新，每日服务分等于八个考核单项得分之和，即每日服务分（满分100）=拍而不卖率得分（单项满分5）+未收到货物纠纷提起率得分（单项满分5）+货不对版提起率得分（单项满分10）+货不对版仲裁有责率得分（单项满分15）+好评率得分（单项满分10）+DSR商品描述得分（单项满分30）+DSR卖家服务得分（单项满分15）+DSR物流服务得分（单项满分10）。每日服务分数越高，对搜索排序越有利（排序受多个维度影响，服务分为其中一个影响因素）。每日服务分如图2－72所示。

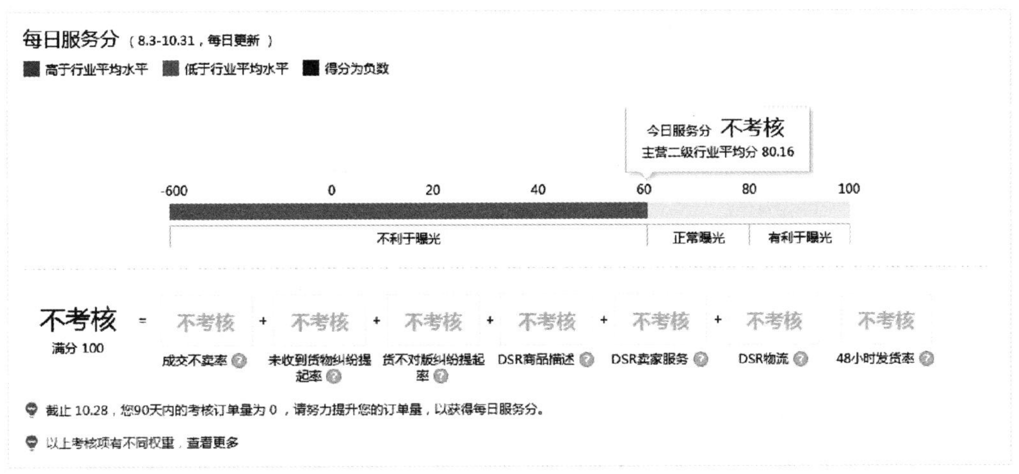

图2－72 “每日服务分”界面

2. 店铺表现－商品服务分

商品服务分主要从卖家视角出发，如图2－73所示，提供店铺相关商品的全方位

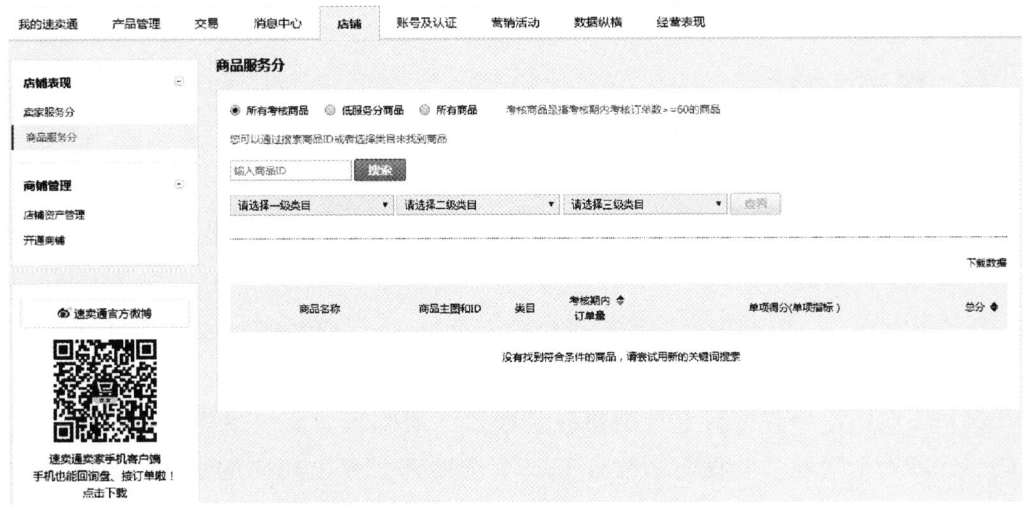

图2－73 “商品服务分”示意图

市场表现数据、纠纷原因分析供卖家们参考，卖家可以通过下载、查看这些商品相关数据，充分了解商品实际服务及质量表现，提供关于卖家在后续品类拓展及商品研发的策略参考，从而更好地全方面满足买家对于不同类别商品在不同方面的市场需求。商品品牌口碑及知名度做好了，品牌服务专业度提升了，买家的忠诚度也会逐渐建立起来。

（二）商铺管理 - 开通商铺

速卖通商铺是卖家自主经营的重要阵地，拥有商铺后可以自由设置商铺展示的样式和内容，吸引更多的流量、提升客单价和买家转化。店铺装修及管理界面如图 2 - 74 所示。

图 2 - 74 “店铺装修及管理”界面

六、账号及认证

1. 账号设置

点击“账号及认证”标签，在打开的界面中点击“账号设置”链接，打开如图 2 - 75 所示的界面。

在“账户设置”界面中可以再次进行个人资料，以及安全中心、管理子账号和订阅设置的操作。

（1）安全中心一共有四个选项研究是修改注册邮箱、修改手机号码、修改登录密码、管理安全问题。当我们修改任何一个选项都会弹出相同的页面，如图 2 - 76 所示。

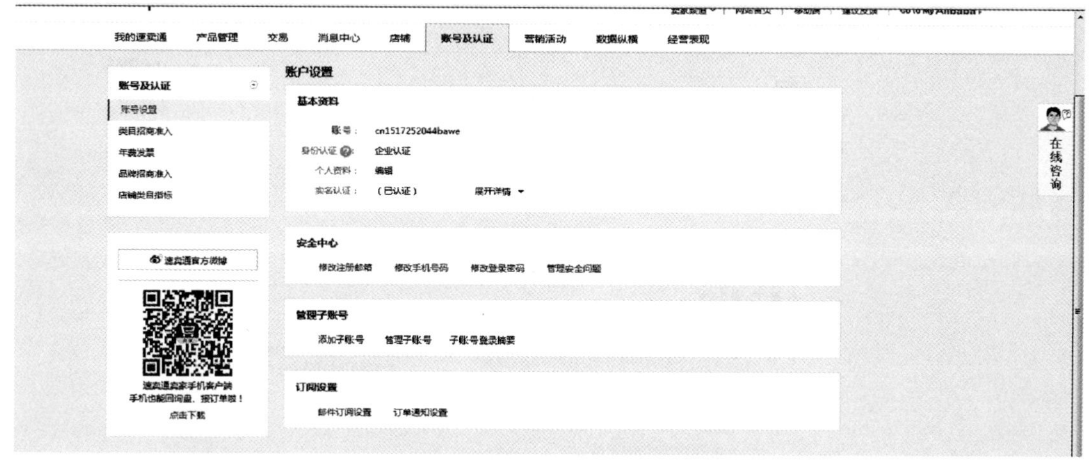

图 2－75　“账户设置”界面

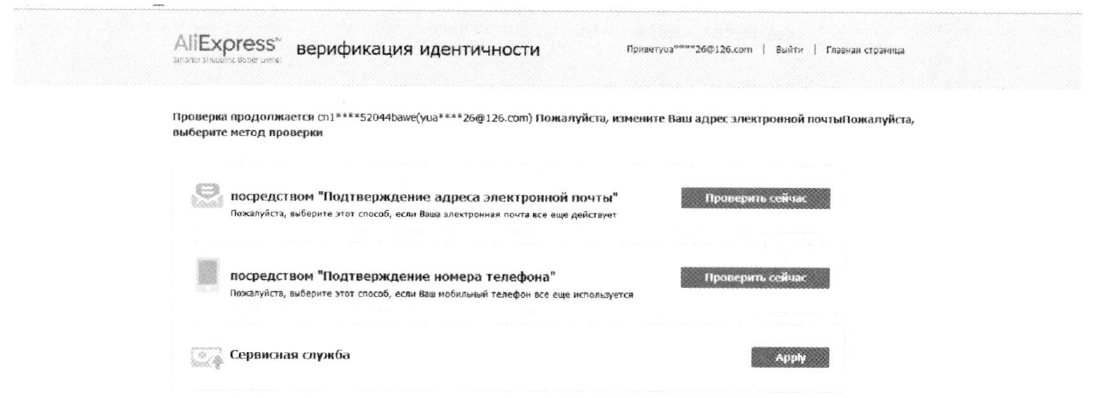

图 2－76　安全中心界面

因为笔者之前设置了俄语站，所以这里显示的是俄语，一般读者们默认是英语，无论何种语言功能是一样的。这里解释下三个按钮的意思。第一个信封是通过邮件来修改。第二个是通过手机验证码来修改，当无法使用这两种方法的时候就有了第三种方法，在线申请解决。第三种方法也是比较麻烦的，所以读者朋友们尽量要让前两种方法可以正常使用。

（2）一个店铺通常需要一个团队来运作，除了管理主账号外，我们还需要设置相应的子账号，点开“添加子账号”按钮弹出的界面如图 2－77 所示。

在图 2－77 中填写好相关的信息，点击“添加”按钮创建子账号，每个主账号可创建 5 个子账号。那么同时也可以对子账号进行管理、删除等操作，点击“管理子账号”链接，出现如图 2－78 所示的界面。

在界面中，也可以冻结和解冻子账号，选中要冻结或者解冻的账号点击“冻结”和“解冻”按钮即可完成相应的操作。

点击速卖通首页“账号及认证→账号设置”链接后，在出现的界面中通过“订阅

添加子账号 您已经创建了0个子账号，还可以创建5个。

* 必填信息

* 邮箱
备用邮箱
* 密码
* 再次输入密码
* 用户姓名 名 姓
* 性别 男 女
* 账号类型
  - 制作员
    - 只有制作员身份的子账号可以管理旺铺和关键词推广
    - 创建产品
    - 管理产品和产品组
  - 业务员
    - 创建和管理被分配到的产品
    - 接收和回复针对所属的产品的反馈，处理交易
  - 业务经理
    - 创建产品，管理自己和所属业务员的产品
    - 接收和回复针对所属的产品的反馈，处理交易

建议您至少创建一个制作员身份的子账号，业务员和业务经理身份的子账号无法修改为制作员身份。

* 电话 国家代号 地区区号 号码
传真 国家代号 地区区号 号码
联系手机
该手机号码主要用于您和买家间的沟通和联系
* 安全手机
该手机号码主要用于平台登录和修改信息的身份安全验证
* 联系地址 国家/地区 China (Mainland)
省/州 --请选择--
城市
街道地址
邮编
部门 请选择你所在的部门
职位
* 验证码 XWQ4 更换验证码图片
发送用户名和密码到这个用户的邮箱中
添加

图2-77 “添加子账号”界面

管理子账号

添加子账号

您已经创建了0个子账号，还可以创建5个。

全选 | 取消选择 删除 冻结 解冻

用户名	账号类型	上级	状态	在线产品	操作

全选 | 取消选择 删除 冻结 解冻

1 Go to page GO

图2-78 “管理子账号”界面

设置”管理订单通知。如图 2－79 所示，管理订单通知可以通过短信、即时通信软件、邮件三种形式来通知自己，选择我们需要的即可。

图 2－79　卖家订单通知的界面

2. 类目招商准入

2016 年速卖通制订了新的招商规则，点击“类目招商准入”链接后出现如图 2－80所示的界面。

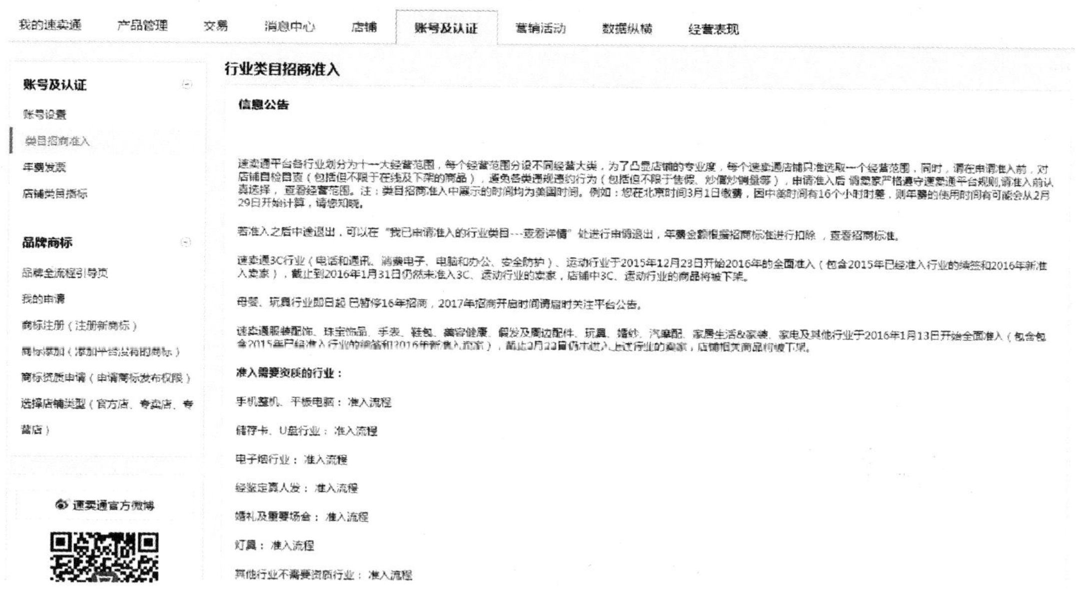

图 2－80　“行业类目招商准入”界面

不同的行业对应不同的准入流程，点击相应行业的链接进入相应的界面了解详情即可。在这里给出速卖通官方对不同类目收取年费的标准，读者朋友输入网址 http：//seller. aliexpress. com/so/nianfei. php 即可查看。

3. **年费发票**

对于收取的发票，可以申请发票的开据，点击“账号及认证”界面中的“年费发票”链接，打开“发票中心”界面，如图 2－81 所示。

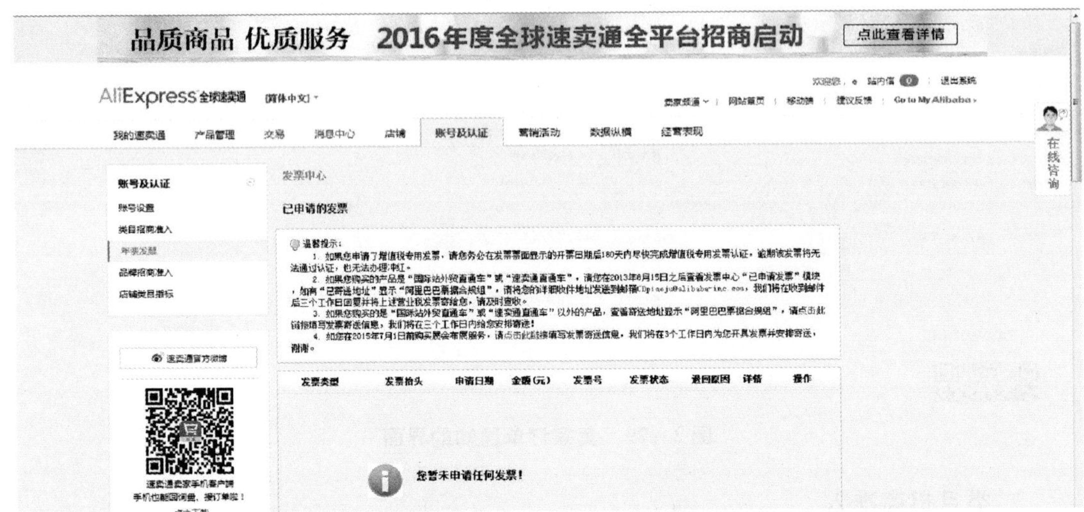

图 2－81 “发票中心”界面

4. **店铺类目指标**

点击“账号及认证”界面中的“店铺类目指标”链接，打开如图 2－82 所示的界面。

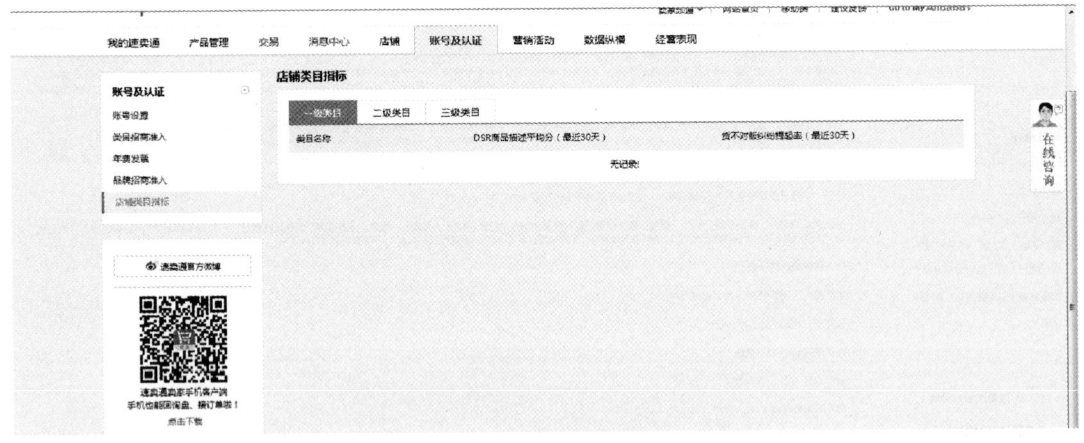

图 2－82 “店铺类目指标”界面

七、营销活动

导航栏营销活动分为营销活动、客户管理、联盟营销以及速卖通直通车，如图 2－83 所示。

图 2－83 “快速入口”界面

（一）营销活动

营销活动的重要的一部分，就是平台活动。

1. 营销活动－平台活动

点击“平台活动”链接，进入如图 2－84 所示的界面。

图 2－84 “平台活动－活动报名”界面

这里平台推荐了适合我们的活动，点击“我要报名”按钮进入平台审核阶段，审核通过即可在活动时间内参与活动。

2. 营销活动 - 平台活动

营销活动界面默认显示的是“店铺活动”界面，店铺活动的营销活动包含了官方活动和店铺活动，店铺活动有限时折扣、满立减、店铺优惠券和全店铺打折。

利用限时限量折扣工具，可以获得额外曝光。买家购物车、收藏夹里的商品一旦打折，立刻会收到系统提示，提升购买率；速卖通买家使用搜索页面的“Sale Items（折扣产品）”筛选功能时，通过“限时限量折扣”工具打折的商品，即将有机会展示在搜索结果的第一页。

（1）限时限量折扣界面：点击“限时限量折扣”标签，打开如图 2 - 85 所示的界面。

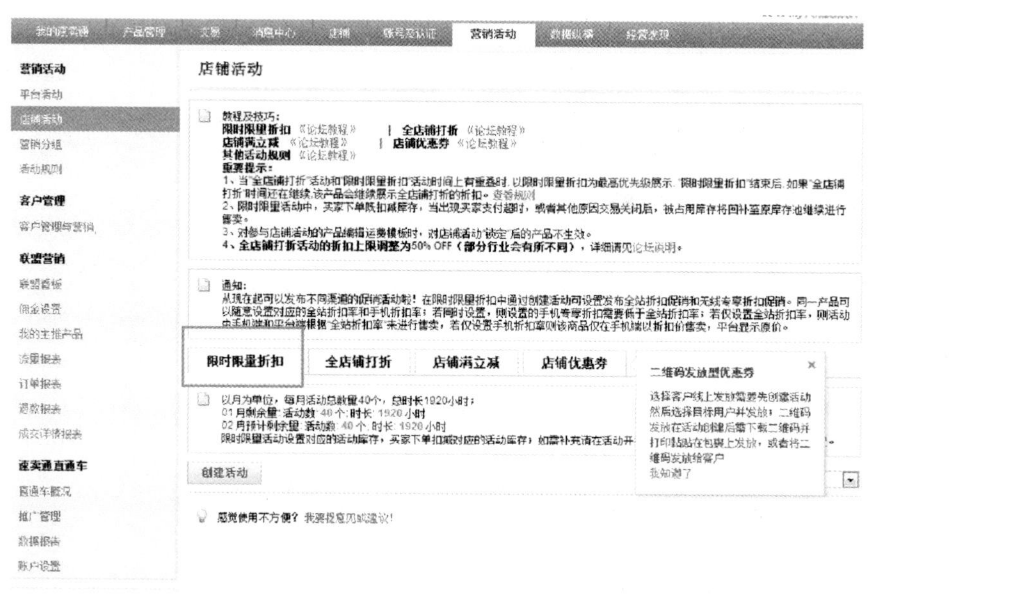

图 2 - 85 “限时限量折扣”界面

点击“创建活动”按钮，打开限时限量活动创建页面，如图 2 - 86 所示。

活动名称、活动开始及结束的时间是必填项，注意活动时间，在这里面活动名称可以填写中文，设置好以后点击“确定”按钮，填写界面如图 2 - 87 所示，若修改，则点击“修改”按钮即可。

营销分组
活动规则
客户管理
客户管理与营销
联盟营销
联盟看板
佣金设置
我的主推产品
流量报表
订单报表
退款报表
成交详情报表
速卖通直通车
直通车概况
推广管理
数据报告
账户设置
服务信息

店铺满立减《论坛教程》 | 店铺优惠券《论坛教程》
其他活动规则《论坛教程》
重要提示：
1、当"全店铺打折"活动和"限时限量折扣"活动时间上有重叠时，以限时限量折扣为最高优先级展示。"限时限量折扣"结束后，如果"全店铺打折"时间还在继续，该产品会继续展示全店铺打折的折扣。查看规则
2、限时限量活动中，买家下单既扣减库存，当出现买家支付超时，或者其他原因交易关闭后，被占用库存将回补至原库存池继续进行售卖。
3、对参与店铺活动的产品编辑运费模板时，对店铺活动"锁定"后的产品不生效。
4、全店铺打折活动的折扣上限调整为50% OFF（部分行业会有所不同），详细请见论坛说明。

以月为单位，每月活动总数量40个，总时长1920小时；
01月剩余量：活动数：40个；时长：1920小时
02月预计剩余量：活动数：40个；时长：1920小时
限时限量活动设置对应的活动库存，买家下单扣减对应的活动库存；如需补充请在活动开始后在对应的活动设置页面进行补充设置。

店铺活动类型：限时限量折扣

活动基本信息
* 活动名称：活动名称最大字符数为32
* 活动开始时间： 00:00
* 活动结束时间： 23:59 可跨月设置
时间备注：活动时间为美国太平洋时间
确定

图2-86 活动基本信息填写界面1

活动规则
客户管理
客户管理与营销
联盟营销
联盟看板
佣金设置
我的主推产品
流量报表
订单报表
退款报表
成交详情报表
速卖通直通车
直通车概况
推广管理
数据报告
账户设置
服务信息
请登录注册邮箱，查收买家订单、询盘！
请使用Trademanager在线及

重要提示：
1、当"全店铺打折"活动和"限时限量折扣"活动时间上有重叠时，以限时限量折扣为最高优先级展示。"限时限量折扣"结束后，如果"全店铺打折"时间还在继续，该产品会继续展示全店铺打折的折扣。查看规则
2、限时限量活动中，买家下单既扣减库存，当出现买家支付超时，或者其他原因交易关闭后，被占用库存将回补至原库存池继续进行售卖。
3、对参与店铺活动的产品编辑运费模板时，对店铺活动"锁定"后的产品不生效。
4、全店铺打折活动的折扣上限调整为50% OFF（部分行业会有所不同），详细请见论坛说明。

以月为单位，每月活动总数量40个，总时长1920小时；
01月剩余量：活动数：38个；时长：1008小时
02月预计剩余量：活动数：39个；时长：1728小时
限时限量活动设置对应的活动库存，买家下单扣减对应的活动库存；如需补充请在活动开始后在对应的活动设置页面进行补充设置。

店铺活动类型：限时限量折扣

活动基本信息
* 活动名称：限时折扣2
* 活动开始时间：2016/01/09 00:00
* 活动结束时间：2016/01/23 23:59
时间备注：共计360小时
修改
添加商品

图2-87 活动基本信息填写界面2

在图2-87中点击“添加商品”按钮，进入图2-88所示的界面。

因为店铺内没有产品，所以页面提示产品不符合活动要求，如果符合直接选择页面中对应的产品即可。

（2）全店铺打折：活动是针对店铺内所有产品的一种快捷营销活动，如果我们不想店铺内产品都打折，可以创建营销分组来针对部分商品进行打折。

点击“全店铺打折”标签，进入如图2-89所示的界面。

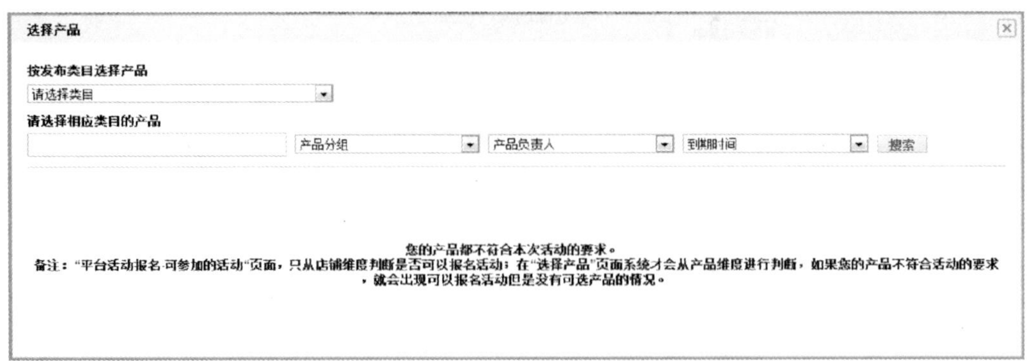

图 2－88 "选择产品"对话框

图 2－89 "全店铺打折"界面

点击"创建活动"按钮，进入如图 2－90 所示的信息填写界面。和限时限量促销类似，活动的名称以及活动开始结束的时间都是必填项。与限时限量折扣活动不同的是需要设置全店铺折扣的打折力度，折扣力度影响买家的决定。全店铺折扣是效果很好的促销手段之一，大家可以好好利用该功能，尤其现在增加了针对无线端的全店铺打折设置。

（3）店铺满立减：全店铺满立减工具是速卖通全新推出的店铺自主营销工具。针对店铺的全部商品，在买家的一个订单中，若订单金额超过了设置的优惠条件（满 X 元），在其支付时系统会自动减去优惠金额（减 Y 元）。既让买家感觉到实惠，又能刺激买家为了达到优惠条件而多买，买卖双方互利双赢。优惠规则（满 X 元减 Y 元）由卖家根据自身交易情况设置，正确使用满立减工具可以刺激买家多买，从而提升销售额，拉高平均订单金额和客单价。

店铺满立减界面如图 2－91 所示。

退款报表
成交详情报表
速卖通直通车
直通车概况
推广管理
数据报告
账户设置
服务信息
请登录注册邮箱，查收买家订单、询盘！
请使用Trademanager在线及时联系买家！马上行动

活动基本信息

* 活动名称：
最多输入 32 个字符，买家不可见
* 活动开始时间： 23:00
* 活动结束时间： 2016/02/02 23:59 可跨月设置
活动时间为美国太平洋时间
为保证大促当天的数据和系统稳定性，11 月 4 日至 11 月 11 日期间的折扣暂不可设置。

活动商品及促销规则（活动进行期间，所有活动中商品均不能退出活动且不能被编辑，但可以下架；由于您的评价积分小于等于0，所以可设置的折扣区间为5-50）

活动店铺： ◉ 全店铺商品
折扣设置：

组名	全站折扣率	无线折扣率
Other ?	% OFF	% OFF

☑ 阅读并同意 活动规则
提交

图 2-90 全店铺商品信息填写界面

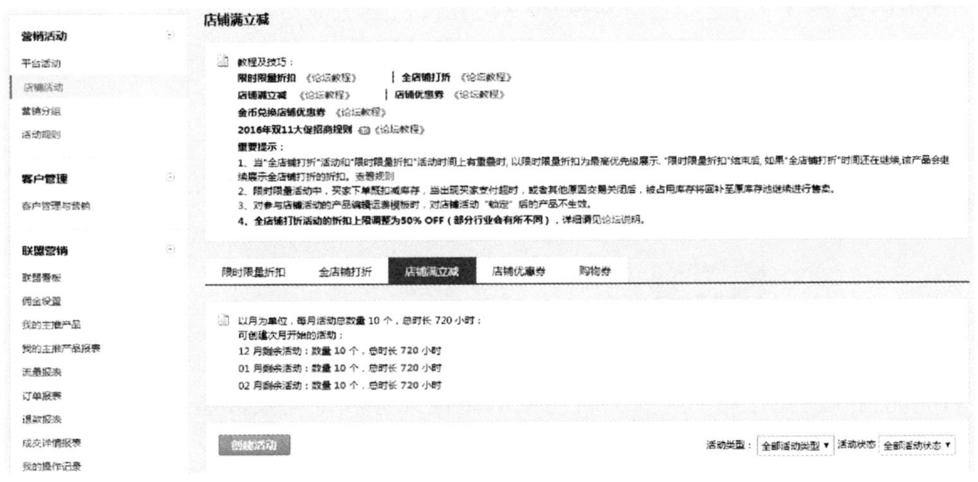

图 2-91 “店铺满立减”界面

点击“创建活动”按钮，进入如图 2-92 所示的界面。

必填项为活动名称和活动起止时间。满立减就是满一定的额度减去多少金额，比如满 100 美元减 5 美元，实际支付 95 美元即可。细心的读者可能会注意到有三个设置满减梯度，意思就是满 100 美元减 5 美元，满 200 美元不一定非要减 10 美元，可以减 15 美元、20 美元或者更多。卖家只需根据自己的实际情况设置对应的数字后点击“提交”按钮即可完成满立减活动的设置。

（4）店铺优惠券：指此优惠券只能在你的店铺使用，别人那使用不了，根据提示设置优惠的力度即可。店铺优惠券是速卖通推出的第四款店铺自主营销工具。可以设置让买家进入店铺领取店铺优惠券，也可以为了提升店铺的二次购买率给予买家定向发放店铺优惠券，让买家先领券再下单，提升购买转化率。

活动基本信息

* 活动名称：

最多输入 32 个字符，买家不可见

* 活动开始时间： 00:00

* 活动结束时间： 23:59

活动时间为美国太平洋时间

活动商品及促销规则

* 活动类型：： ◉ 全店铺满立减 ○ 商品满立减

* 选择商品： 已选择全店商品

注意：订单金额包含商品价格和运费，限时折扣商品按折后价参与

* 满减条件： ◉ 多梯度满减 ○ 单层级满减

* 满减梯度一：

单笔订单金额满 US $ 立减 US $

* 满减梯度二：

单笔订单金额满 US $ 立减 US $

满减梯度三：

单笔订单金额满 US $ 立减 US $

提交

图 2－92 店铺满立减商品信息填写界面

店铺优惠券主要有两种类型：店铺领取型优惠券和定向发放型优惠券。设置路径为：营销活动—店铺活动—店铺优惠券。设置如图 2－93 所示。

（二）联盟营销

1. 联盟营销－联盟看板

联盟营销就是淘宝的淘客，做过或者了解淘客的读者们都知道，就是别人帮你免费推广，成交了才会扣除相关的费用，当然这个费用是可以自己设置的，如图 2－94 所示。

要使用联盟营销进行推广，首先要加入联盟计划，勾选同意协议，点击“下一步”按钮，打开如图 2－95 所示的界面。

设置好佣金比例，点击“加入联盟计划”按钮即可。

2. 联盟营销－佣金设置

如果觉得刚才设置的佣金过高，想重新修改，可以点击“联盟营销”菜单下的

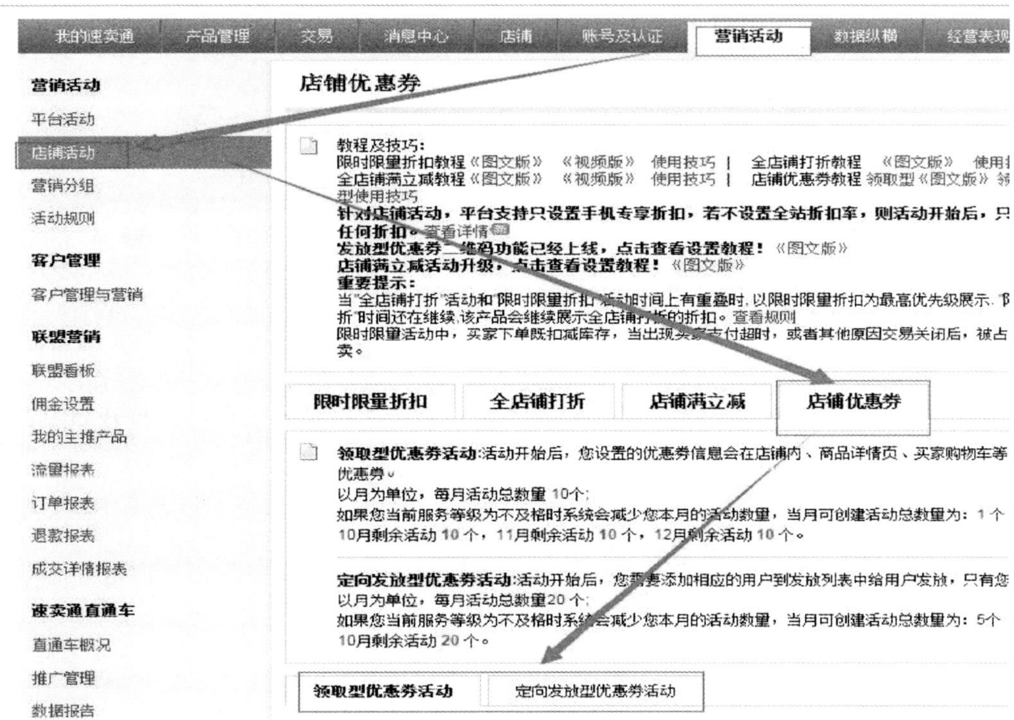

图 2－93 “店铺优惠券”界面

图 2－94 联盟营销界面

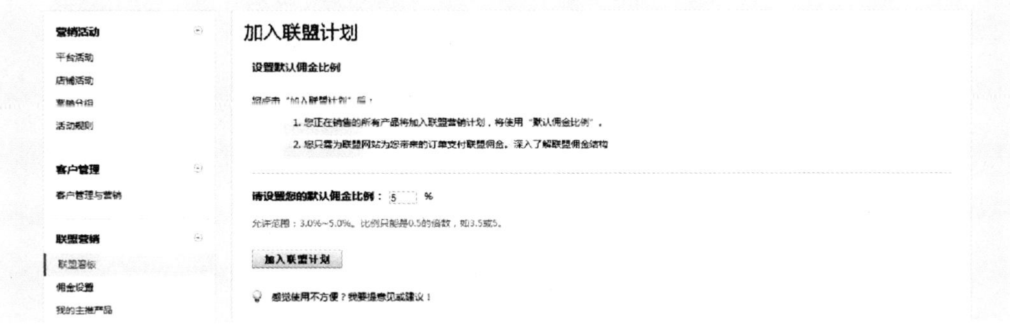

图 2－95 佣金比例的设置

“佣金设置”链接，在打开的界面中点击“修改”按钮即可，如图 2－96 所示。

图 2－96 “修改”按钮

3. 联盟营销－我的主推产品

在选择想通过联盟营销推广的产品，点击“我的主推产品”链接，打开如图 2－97 所示的页面进行设置。

图 2－97 设置主推产品

点击“添加主推产品”按钮，打开如图 2－98 所示的界面，通过搜索的方式找到要主推的产品。要注意主推产品最多可以推广 60 个产品。

图 2－98 “添加主推产品”界面

通过“搜索”功能找到需要主推的产品并进行设定即可。

4. 联盟营销－流量报表

卖家还可以对联盟的流量数据进行查看，通过流量报表功能卖家可以了解店铺联盟营销的效果，以便进行推广策略的调整。联盟流量数据概览如图 2－99 所示。

图 2－99 “联盟流量数据概览”界面

5. 联盟营销－订单报表

点击“订单报表”链接也可以了解联盟订单的数据情况，如图 2－100 所示。

图 2－100 “联盟订单数据概览”界面

6. 联盟营销－退款报表

卖家还可以通过“退款报表”了解一定时间内联盟订单退款的情况，如图 2－101 所示。

7. 联盟营销－成交详情报表

成交详情报表功能为卖家提供详细数据的汇总，便于卖家根据销售情况调整运营策略，打开的界面如图 2－102 所示。

图 2－101　“联盟退款数据概览”界面

图 2－102　“明细报表”界面

通过上述所讲的内容我们学会了如何加入联盟营销、设置佣金、设置产品以及如何查看联盟营销的推广数据情况。

（三）速卖通直通车

速卖通直通车是阿里巴巴全球速卖通平台会员通过自主设置多维度关键词，免费展示产品信息，通过大量曝光产品来吸引潜在买家，并按照点击付费的推广方式。

1. 速卖通直通车 – 直通车概况

点击“直通车概况”链接，打开如图 2 – 103 所示的界面。

图 2 – 103　开启直通车之旅示意图

点击“点击开启我的直通车之旅”按钮，即可开通直通车，进入直通车后台，如图 2 – 104 所示。

图 2 – 104　直通车后台

细心的读者会注意到，怎么刚开通的直通车就欠费了，因为刚开通我们还没有充值，所以系统提示您的账户已欠费，充值后可恢复正常推广。直通车界面左侧功能区包括新建计划、推广管理和账户概览。

2. **速卖通直通车－推广管理**

这里首先要做的是建立一个直通车计划，点击“新建推广计划”按钮，打开如图2－105所示的界面。

图2－105　“选择推广方式”界面

界面中包括“重点推广计划”和“快捷推广计划”，一般我们先“创建快捷推广计划”进行推广，效果好的产品再创建“重点推广计划”进行重点推广。

选择“快捷推广计划”选项，自定义快捷推广计划名称，点击“开始新建”按钮，弹出如图2－106所示的界面。

图2－106　选择商品界面

选择我们计划推广的商品，然后按照提示进行操作，即可创建成功快捷推广计划。

重点推广计划与快捷推广计划的创建流程是一样的，不同的是，重点计划最多可以创建 10 个计划，快捷推广计划最多可以创建 30 个计划。

账户概览里体现了账户的情况，我们可以查看账户余额、今日已经消耗的余额以及每日消耗上限，消耗上限是可以修改的，我们点击“调整”按钮即可修改，如图 2 - 107 所示。

图 2 - 107 “账户概览”界面

图 2 - 107 中数据效果，包含了下列数据指标：七日曝光量、七日点击量、七日点击率、七日总花费和平均点击花费。

曝光量就是产品被展现的次数，只要被展现了就算，不管买家点没点击；而点击量则是点击的数量；点击率则是展现量和点击量的比例，如果 100 个展现 5 个点击，那么点击率就是 5%；总花费就是我们直通车总花费的金额，平均点击花费则是将每次点击消耗的金额进行平均的一个值。

3. **速卖通直通车 - 数据报告**

通过顶部的数据报告可以查询直通车的消耗情况，如图 2 - 108 所示。

图 2 - 108 “账户报告”界面

可以通过不同的数据指标进行查看，如曝光量、点击量等，同时也可以针对商品报告、关键词报告进行数据的查看。

（四）账户中心

账户中心是针对账户的消耗金额、余额、提醒等一系列数据进行一个一目了然的展示，账户中心界面如图 2－109 所示。

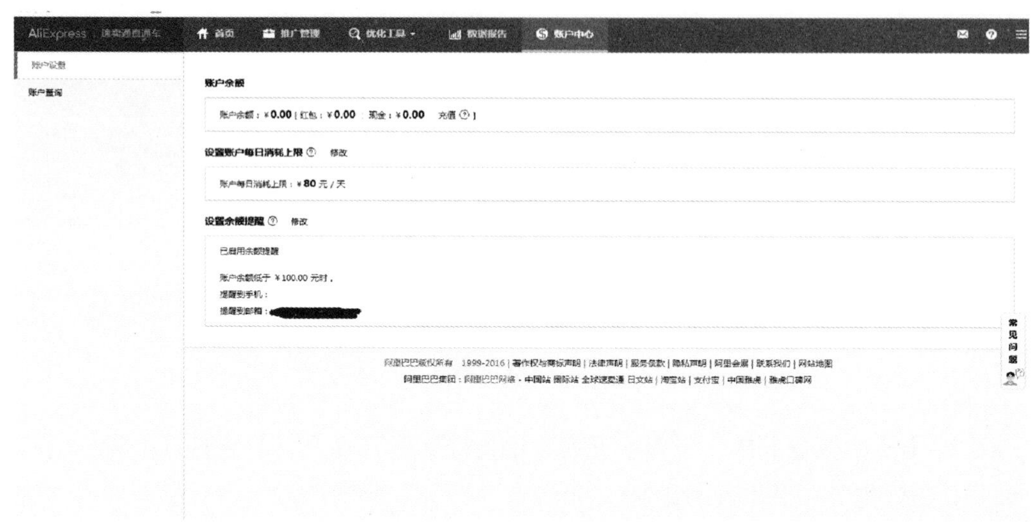

图 2－109 “账户中心”界面

八、数据纵横

每一个电商平台都会有数据分析工具，那么速卖通平台也是，也就是我们要讲的数据纵横，数据纵横是速卖通基于平台大量数据打造的一款数据产品，卖家可以根据数据纵横提供的数据，为自己的店铺营销指导方向，作出正确决策，点击“数据纵横”标签进入如图 2－110 所示的界面。

（一）实时风暴

1. 实时风暴－实时概况

实时概况就是对店铺数据的实时展示，点击“实时概况”链接，打开如图 2－111 所示的界面。

2. 实时风暴－实时营销

通过实时营销可以对买家进行实时催付，实时发放定向优惠券，提升转化率，并可以查看实时营销效果，如图 2－112 所示。

图 2－110 “数据纵横”界面

图 2－111 “实时概况”界面

图 2－112 “实时营销”界面

（二）经营分析

1. 经营分析－成交分析

成交分析分别从成交的现状、趋势、构成、特征及波动分析几个角度来刻画成交数据，帮助卖家对店铺成交进行全方位的分析，并能够对店铺问题进行快速的定位和诊断，提高商家的数据分析能力，点击“成交分析”链接，打开如图 2－113 所示的界面。

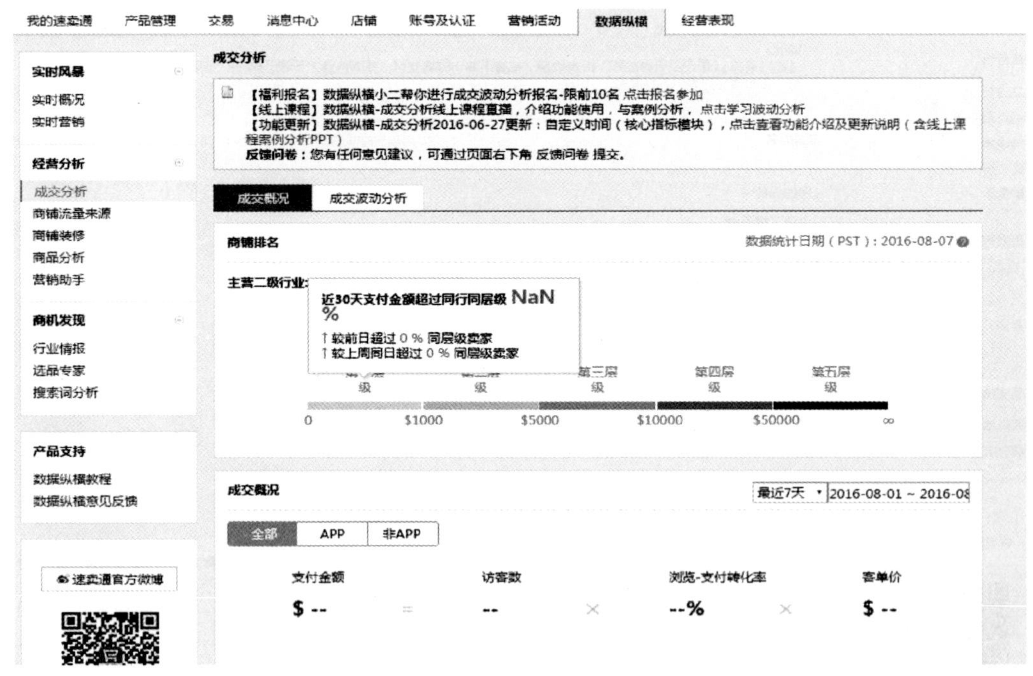

图 2－113 “成交分析”界面

2. **经营分析－商铺流量来源**

通过商铺流量来源，可以查看店铺内流量的构成，以及每个渠道流量占比及走势，帮助我们了解店铺流量来源以及如何优化提升店铺流量，点击“商铺流量来源”链接，打开如图 2－114 所示的界面。

图 2－114 “商铺流量来源”界面

3. **经营分析－商铺装修**

装修效果趋势可以查看最近 30 天内，哪些天做过商铺装修，装修后商铺流量、访问深度、访问时长以及跳失率变化，以此来衡量商铺装修效果。点击“商铺装修”链接，打开如图 2－115 所示的界面。

图 2－115 商铺装修界面

4. **经营分析－商品分析**

在这里我们可以针对单个产品进行数据的分析，点击“商品分析”链接，打开如图 2－116 所示的界面。

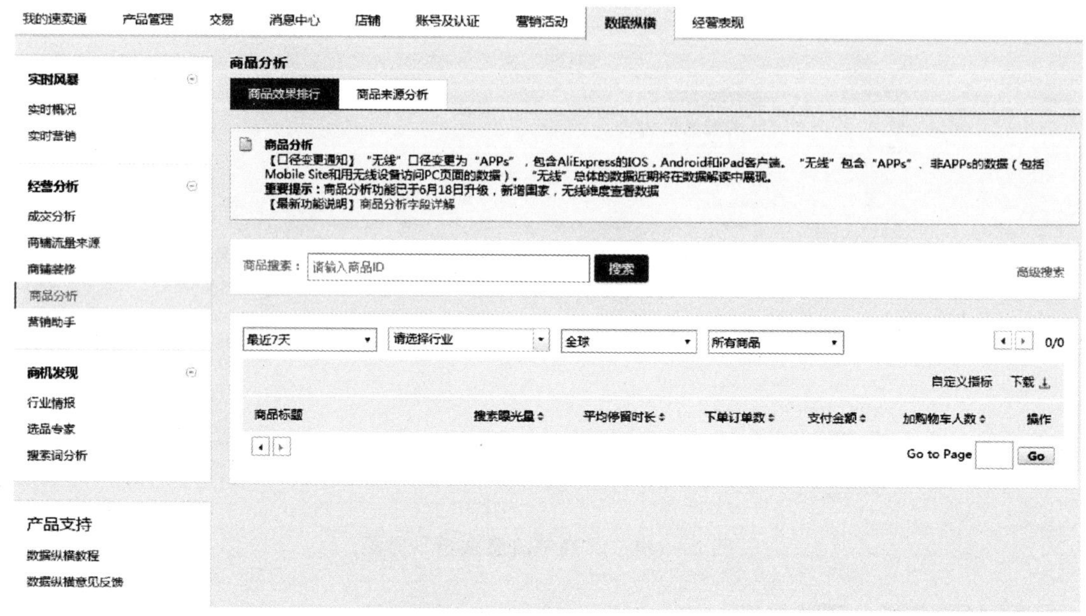

图 2－116　“商品分析”界面

在商品搜索文本框中输入商品 ID，点击“搜索”按钮即可查看单个商品的经营数据，如搜索曝光量、平均停留时长、下单订单数、支付金额等数据。我们可以将需要的数据进行下载，点击右侧“下载”按钮即可将数据保存到电脑中。

5. **经营分析－营销助手**

营销助手可以帮助我们分析相关营销活动效果，并提供活动商品必要的数据支持，提升卖家活动商品的选择效率，帮助卖家结合数据有效进行活动的选择与判断，点击“营销助手”链接打开如图 2－117 所示的界面。

（三）商机发现

1. **商机发现－行业情报**

行业情报基于速卖通平台的交易数据，提供 TOP 行业排行榜，行业趋势，TOP 店铺排行榜和买家地域分布四类主要内容。您可以根据行业情报提供的分析，迅速了解行业现状，判断经营方向。

您可以进入“我的速卖通”界面，点击“数据纵横”标签，在打开的界面在左侧导航点击“行业情报”链接，进入如图 2－118、图 2－119 所示的界面。

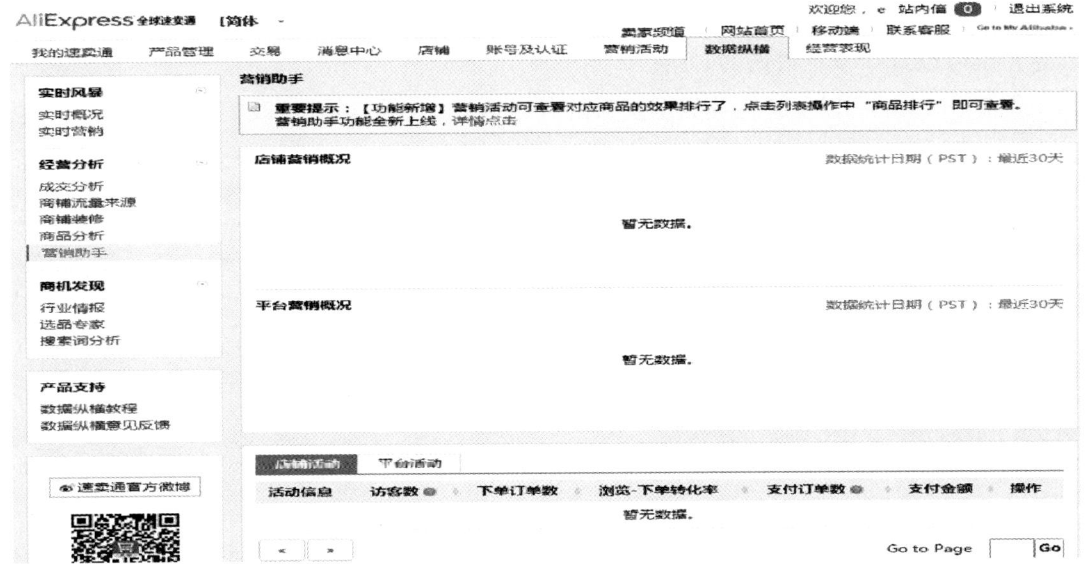

图 2－117 "营销助手"界面

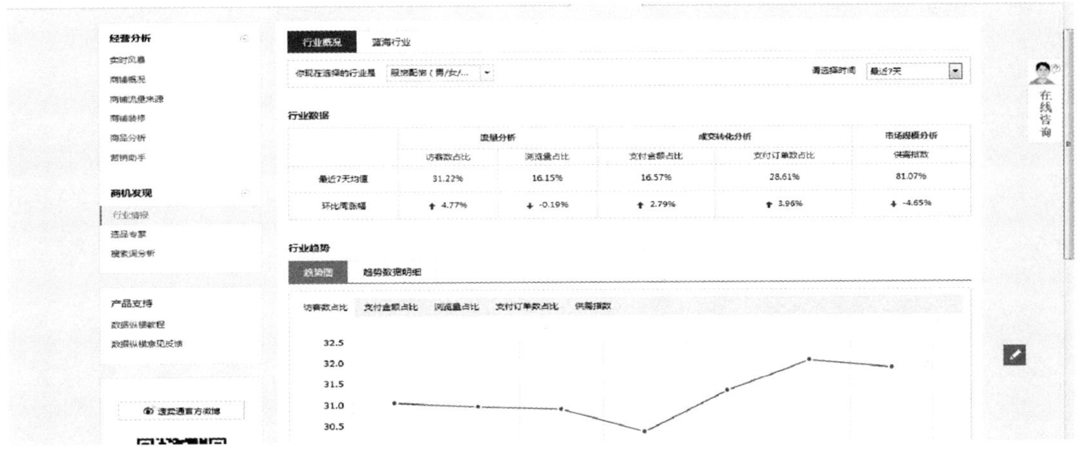

图 2－118 行业情报界面

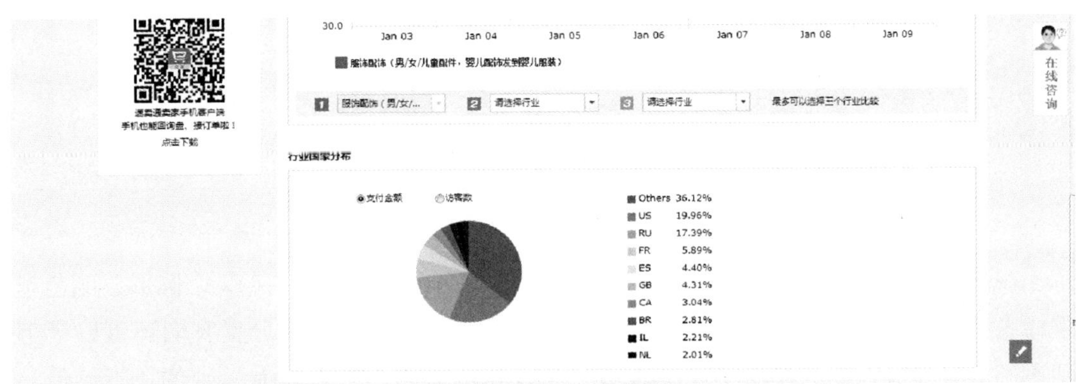

图 2－119 行业数据分析

通过行业信息可以了解到更多的行业数据。图 2－118 中选择的是服装配饰。在这里也可以选择查看数据的时间。

图 2－119 中可以了解行业数据国家的分布情况，这样很方便我们了解行业的产品数据，包括产品调整所需了解的数据。通过行业数据我们可以了解环比的几个数据涨跌幅情况，行业趋势的走势图。国家分布状态其中最高的是其他国家，然后依次是美国（US）、俄罗斯（RU）、法国（FR）、西班牙（ES）、英国（GB）、加拿大（CA）、巴西（BA）、以色列（EL）、荷兰（NL）。

数据纵横还提供了蓝海行业，这对于想加入速卖通但又不确定行业的店主们是一个很大的福利，我们点击“行业概况”右侧的“蓝海行业”按钮，进入如图 2－120和图 2－121 所示的界面。

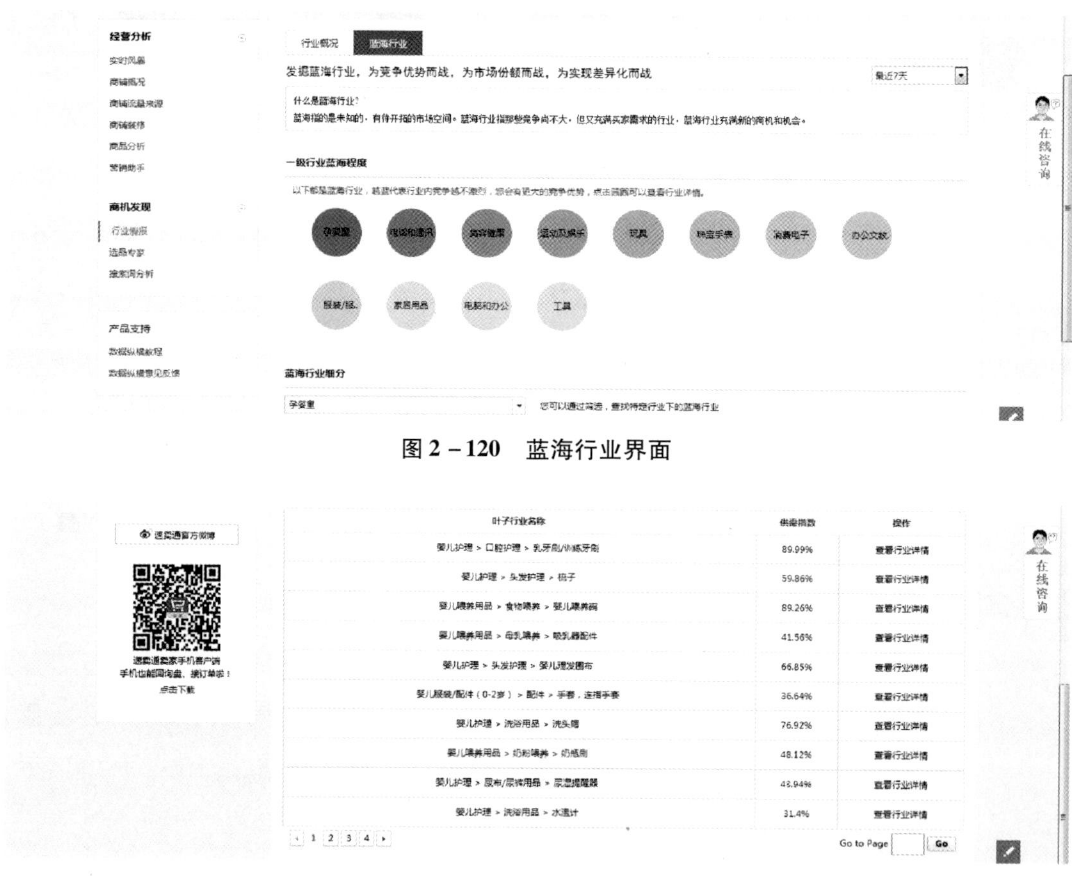

图 2－120　蓝海行业界面

图 2－121　蓝海行业界面

在蓝海行业我们拥有更多的机会和更少的竞争，图 2－120 中有 12 个圆形，颜色越重的表示竞争越小，颜色越浅则竞争越激烈。那么在蓝海行业细分里我们还可以了解到买家的需求指数，指数越小竞争越小。此时我们要注意下面是有页数的，不仅仅只有这一页的蓝海行业。

2. **商机发现－选品专家**

通过选品专家可以更好地选择商品，点击“选品专家”链接，打开如图 2－122 所示的界面。

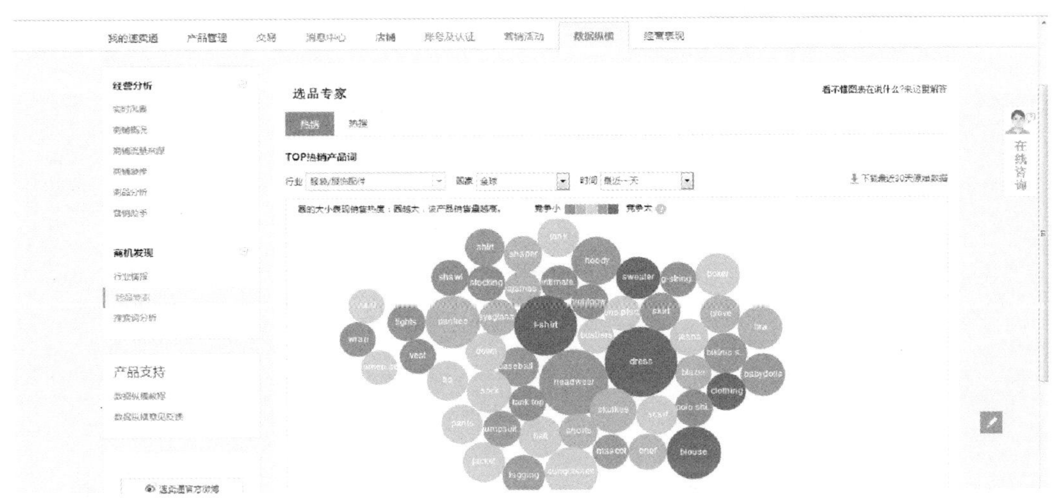

图 2－122 “选品专家”界面

在图 2－122 中可以看到有很多可爱的圆形，图形大小和颜色深浅意义不一样，圆形越大该产品的销量越高，冷色调的竞争小，暖色调的竞争大（具体可参照实际操作页面）。当我们把鼠标放到任意一个圆形上出现如图 2－123 所示的界面（提示该类商品的成交指数、竞争指数等信息）。

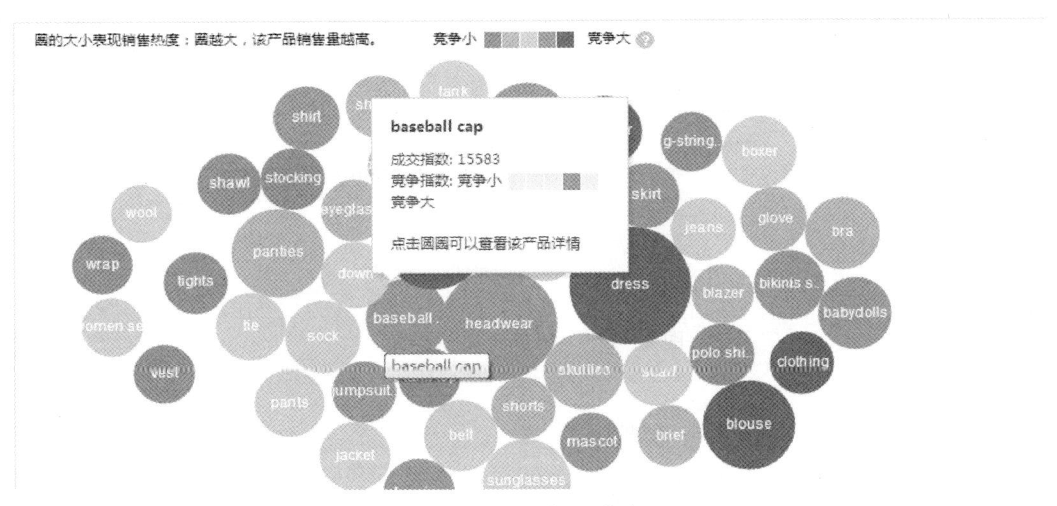

图 2－123 提示内容

3. **商机发现－搜索词分析**

在搜索词分析界面可以选择和调整适合我们的关键词，不仅可以搜索英文也可以搜索俄语、葡萄牙语的关键词。搜索后可以看到每个软件后面对应的搜索人气、转化率、竞争指数等数据。也可以查看不同的天数的数据，分为 7 天和 30 天 2 个时间点数据，也可以下载最近 30 天的原始数据供我们选词的时候参考。

点击“搜索词分析”链接，进入如图 2－124 所示的界面。

搜索词	是否品牌原词	搜索人气	搜索指数	点击率	浏览-支付转化率	竞争指数	TOP3热搜国家
платья		59,815	584,796	40.71%	0.17%	65	RU,BY,UA
платье		53,994	535,973	43.42%	0.17%	83	RU,UA,BY
купальник		36,029	358,457	54.15%	0.23%	58	RU,UA,BY
dress		52,750	347,644	49.92%	0.33%	109	US,CZ,BR
women dress		54,422	337,564	55.47%	0.41%	94	US,SK,CZ
vestidos		49,112	330,907	44.73%	0.30%	54	BR,ES,CL
спортивный костюм женский		34,340	329,858	37.84%	0.09%	52	RU,UA,BY
очки		55,515	318,112	40.26%	0.75%	33	RU,UA,BY

图 2－124　“搜索词分析”界面

图中除了有热搜词功能，还有飙升词和零少词功能，点击“飙升词”和“零少词”标签后进入如图 2－125 和图 2－126 所示的界面。

搜索词	是否品牌原词	搜索指数	搜索指数飙升幅度	曝光商品数增长幅度	曝光卖家数增幅
платья		584,796	56.18%	47.34%	30.03%
платье		535,973	42.55%	42.70%	19.61%
купальник		358,457	130.37%	92.59%	57.02%
dress		347,644	12.32%	9.78%	7.43%

图 2－125　“飙升词”界面

图 2－126　“零少词”界面

零少词的意思是具有一定的搜索量，但是搜索结果（产品数量）较少，并且竞争度也较低的关键词，所以这也是一个机会，卖家读者们可以关注这里。

九、经营表现

点击“经营表现”标签后打开如图 2－127 所示的界面。

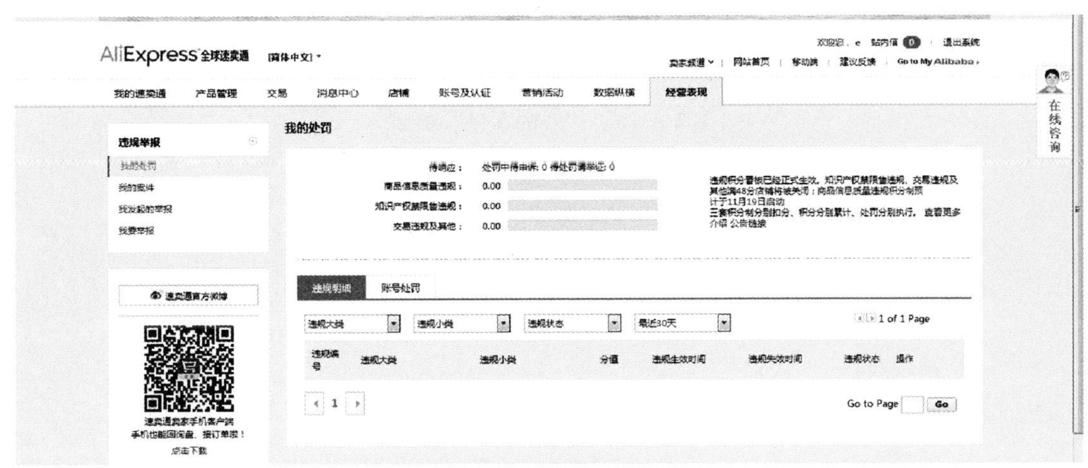

图 2－127　经营表现界面

在图 2－127 所示的页面左侧可以“违规举报”和“我的处罚”两个链接。

在图中显示了店铺违规的情况，如待响应、商品信息质量违规、知识产权禁限售违规和交易违规及其他四个指标情况。在下方还有违规的明细，以及账号处罚的情况。

1. 违规举报－我的案件

在“违规举报”功能中包含“我的案件”选项，这里主要包括我们举报别人，和别人举报我们，速卖通官方审核处理的一个情况。“我的案件”界面如图 2－128 所示。

2. 违规举报－我发起的举报

我发起的举报，是指我们发起举报别人的情况。点击“我发起的举报”链接进入如图 2－129 所示的界面。

3. 违规举报－我要举报

点击“我要举报”链接，打开如图 2－130 所示的界面。

这里就像选择宝贝发布类目那样，选择符合我们要举报的入口进入，进行举报，例如我们点击“知识产权”链接中的发起举报，如图 2－131 所示。

图 2－128 “我的案件”界面

图 2－129 “我发起的举报”界面

图 2－130 “我要举报”界面

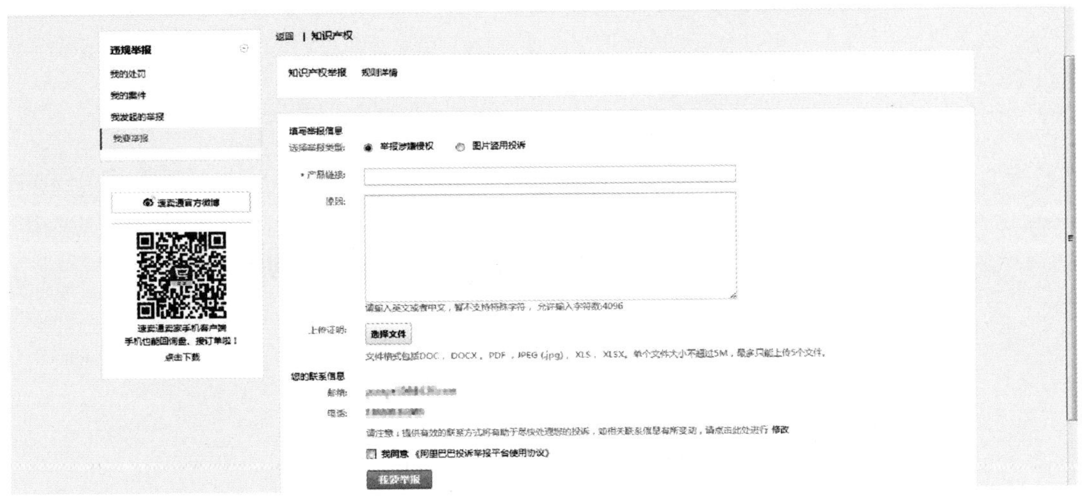

图 2－131 “知识产权举报”界面

在举报界面选择侵权的类型以及要举报商品的链接并说明原因，一定要上传证据（证据可以是文字，也可以是图片），然后点击“我要举报”按钮即可完成举报违规商家的操作。

这一章节我们主要对速卖通有了一个全面的认识，了解了速卖通前台及后台各个模块的功能。总体来讲做过淘宝店铺的卖家朋友们理解起来会更容易一点，毕竟速卖通和淘宝一样都是属于阿里巴巴旗下的电商平台，有很多相通的地方。

第三章　速卖通平台规则

第一节　入驻规则

店铺开通以后，我们既然要在平台上销售产品，就需要了解平台的规则，这一章将详细地介绍平台的各项规则。

速卖通平台各行业划分为八大经营范围，每个经营范围分设十八个不同的经营大类，每个速卖通账号只准选取一个经营范围，并可在该范围下跨经营大类去经营。（注"共享类"不单独实施招商准入，只要卖家获准加入任一经营大类的，即可获得"共享类"商品发布权限）。

卖家申请加入某经营大类及下辖类目的，需根据不同类目要求提供相关资质证明文件。详见 http：//seller. aliexpress. com/so/qualification. php？ spm = 5261. 8148964. 1998835294. 2. WJv048。未在表格中列明的类目，暂无须额外提供申请资料。提交完申请材料后，速卖通将在 15 日内对申请材料进行审核，审核进展可通过"卖家后台→账号及认证→类目招商准入"中查看。对于资料审核通过的卖家，方可签署在线协议，缴纳年费，完成入驻流程。

卖家在速卖通不同经营大类里经营，需根据不同经营大类及下辖类目要求，缴纳技术服务年费（下称"年费"）。年费按照经营大类收取，入驻不同经营大类需分别缴纳年费。同一经营大类下，年费只缴纳一份。如该经营大类下存在特殊类目，需额外缴纳年费的，则采取就高收取原则，即卖家只需根据该经营大类或下辖特殊类目所需缴纳年费的最高额进行缴纳。

详细请参考：http：//seller. aliexpress. com/so/nianfei. php。

第二节 禁限售规则

平台禁限售总则：平台禁止发布任何涉嫌侵犯第三方知识产权或含有禁限售商品的信息，任何违反本规则的行为，平台将依据本规则给予处罚。

禁止发布侵犯知识产权的商品：若发布、销售涉嫌侵犯第三方知识产权的商品，则有可能被知识产权所有人或者买家投诉，平台也会随机对商品（包含下架商品）信息进行抽查，若涉嫌侵权，则信息会被退回或删除。投诉成立或者信息被退回、删除，卖家会被扣以一定的分数，一旦分数累计到达相应节点，平台会对其执行处罚。

禁止发布违禁商品：速卖通平台禁止发布违禁商品信息，详见《全球速卖通禁限售商品目录》。

《全球速卖通禁限售商品目录》主要分为以下几大类：

（1）枪支、军警用品、危险武器类；

（2）毒品、易制毒化学品、毒品工具类；

（3）易燃易爆、危险化学品类；

（4）反动等破坏性信息；

（5）色情低俗、催情用品类；

（6）涉及人身安全、隐私类；

（7）药品、医疗器械、美容仪器类；

（8）非法服务、票证类；

（9）动植物、动植物器官及动物捕杀工具；

（10）涉及盗取等非法所得及非法用途软件、工具或设备类；

（11）烟草及其相关制品、电子烟类；

（12）收藏类（货币、贵金属、受国家保护的文物）；

（13）虚拟类（虚拟货币、iTuns 等充值用品）；

（14）其他类（与运输行业有关的物品、过期变质物品）。

禁止发布限售商品：限售商品指发布商品前需取得商品销售的前置审批、凭证经营或授权经营等许可证明，否则不允许发布。若已取得相关合法许可证明，请先在发布前提供给全球速卖通平台。

禁止发布不适宜速递的商品：速卖通平台不支持不适宜速递的商品信息，相关商品详见 http：//seller. aliexpress. com/education/rule/trade/post01. html。

若违反了平台规则，就会受到处罚，处罚情况如表 3 - 1 和表 3 - 2 所示。

表 3－1　　违规行为的处罚形式

<table>
<tr><th colspan="3" rowspan="2">违规行为</th><th colspan="4">违规行为情节/频次</th><th rowspan="2">备注</th><th rowspan="2">其他处罚</th></tr>
<tr><th>第一次违规</th><th>第二次违规</th><th>第三次违规</th><th>第四次违规及以上</th></tr>
<tr><td rowspan="7">知识产品规则</td><td colspan="2">买家投诉收到假货</td><td colspan="4">6 分/次</td><td></td><td rowspan="7">退回/删除违规信息</td></tr>
<tr><td colspan="2">图片盗用投诉</td><td>0 分</td><td colspan="3">6 分/次</td><td>首次投诉 5 天内算一次；其后一天内若有多次投诉成立扣一次分。时间以投诉结案时间为准</td></tr>
<tr><td rowspan="2">权利人投诉</td><td>一般侵权</td><td>0 分</td><td colspan="3">6 分/次</td><td>首次被投诉后 5 天内的同一知识产权投诉成立算一次；其后每一天内所有同一知识产权投诉成立扣一次分。时间以投诉结案时间为准</td></tr>
<tr><td>严重侵权</td><td>0 分</td><td>12 分</td><td>12 分/36 分</td><td>24 分</td><td>首次被投诉后 5 天内投诉成立算一次；其后每次被投诉成立扣 12 分，第四次扣 24 分；若累计同一知识产权投诉成立达第三次，扣 36 分。一天内所有知识产权投诉成立扣一次分，时间以投诉处理时间为准。（每次违规后，均需进行知识产权学习）</td></tr>
<tr><td colspan="2" rowspan="3">平台抽样检查/举报涉嫌侵权</td><td colspan="2">一般</td><td colspan="2">0.2 分/次（一天内扣分不超过 6 分）</td><td></td></tr>
<tr><td colspan="2">严重（发布涉嫌侵权的品牌衍生词；发布涉嫌侵权信息且类目错放）</td><td colspan="2">2 分/次（一天内扣分不超过 12 分）</td><td></td></tr>
<tr><td colspan="2">特别严重：①全店售假；②进行恶意规避行为等</td><td colspan="2">48 分/次</td><td></td></tr>
</table>

表 3-2 违规处罚的方式

违规行为类型	处罚标准	处罚方式
禁限售规则 知识产权规则	分数累计达 2 分	严重警告
	分数累计达 6 分	限制商品操作 3 天
	分数累计达 12 分	冻结账户 7 天
	分数累计达 24 分	冻结账户 14 天
	分数累计达 36 分	冻结账户 30 天
	分数累计达 48 分、全店售假或进行恶意规避等	关闭账户

注：1. 分数按行为年累计计算，行为年是指每项扣分都会被记 365 天，比如 2016 年 2 月 1 号 12 点被扣了 6 分，要到 2017 年 2 月 1 号 12 点才被清零。

2. 对处罚分数不断增加的卖家，将同时给予整个店铺不同程度的搜索排名靠后处理。

3. 限制商品操作是指对速卖通卖家发布新产品及产品编辑功能进行关闭，无法操作。

4. 如会员侵权情节特别严重，阿里巴巴保留单方面解除合同、直接关闭账户的权利。

第三节　发布规则及案例解析

1. 类目错放

（1）定义：指商品的实际类别与发布商品所选择的类目不一致。

这类错误可能导致网站前台商品展示在错误的类目下，平台将进行规范和处理，提示卖家检查错放产品的这项信息并进行修改，也会提醒卖家新发产品要正确填写类目信息。

（2）具体案例如下：

手机壳错放到化妆包“Cosmetic Bags & Cases”中，正确的类目应该为：电话和通信（Phones & Telecommunications）>手机配件和零件（Mobile Phone Accessories & Parts）>手机包/手机壳（Mobile Phone Bags & Cases）。类目所属如图 3-1 所示。

（3）如何避免类目错放。

卖家可参考以下的做法，避免在商品发布过程中发生类目错放的现象：

①要对平台的各个行业、各层类目有所了解，知道自己所售商品，从物理属性上来讲应该放到哪个大类目下，如准备销售手机壳，应知道是属于手机大类下的。

②可在线上通过商品关键词查看此类商品的展示类目，作为参考。

③根据自己所要发布的商品逐层查看推荐类目层级，也可以参考使用商品关键词搜索推荐类目，从而在类目推荐列表中选择最准确的类目，发布同时要注意正确填写

图 3－1　手机壳的类目

商品重要属性（发布表单中标星号＊或绿色感叹号）。

（4）类目错放的处罚

对类目错放的商品，平台将在搜索排名中靠后，并将该商品记录到搜索作弊违规商品总数里，当店铺搜索作弊违规商品累计达到一定量后，将给予整个店铺不同程度的搜索排名靠后处理；情节严重的，将对店铺进行屏蔽；情节特别严重的，将冻结账户或直接关闭账户。

2. 属性错选

（1）定义：用户发布商品时，类目选择正确，但选择的属性与商品的实际属性不一致的情形。

这类错误可能导致网站前台商品展示在错误的属性下，平台将进行规范和处理，提示卖家检查错放产品的这项信息并进行修改，也提醒卖家新发产品要正确填写属性信息。

（2）具体案例如下：

案例一：从图 3－2 可以看出，该商品为 short sleeve，但是在商品发布时卖家选择了属性 sleeve length 的 full 属性值。在前台导航时，当用户选择了 full，则被展示出来，属于错误曝光的一种，影响了这件商品的成交转化。

案例二：商品的领型非“V 领”，但是用户在发布时选择了这个属性值，导致用户在选择“V 领”进行导航时出现了该商品，如图 3－3 所示。

（3）如何避免属性错选。

卖家可参考以下的做法，避免在商品发布过程中发生属性错选。

图 3－2　衬衣属性

图 3－3　“V 领”迷你裙属性

①要对平台的各个行业下所设属性有所了解，了解自身所售商品的物理属性和营销属性都有哪些，如“T恤”，可能会有“颜色、尺码、材质、袖长、领型”等属性。

②可在线上通过商品关键词查看此类商品的展示属性，作为参考。

③根据自己所要发布的商品选择好类目，逐一考虑发布时待选的属性，避免错选；避免遗漏，如商品发布时忘记选择“袖长”属性；避免多选，如商品无风格属性，却选择了波西米亚风格。

（4）属性错选的处罚。

对于属性错选的商品，平台将其放在搜索排名中靠后的位置，并将该商品记录到搜索作弊违规商品总数里，当店铺搜索作弊违规商品累计达到一定量后，将给予整个店铺不同程度的搜索排名靠后处理；情节严重的，将对店铺进行屏蔽；情节特别严重的，将冻结账户或直接关闭账户。

3. **标题堆砌**

（1）定义：指在商品标题描述中出现关键词使用多次的行为。

（2）具体案例如下：

商品的描述使用相同或近似的关键词堆砌，如图3－4所示。

图3－4　关键词堆砌案例

（3）如何避免标题堆砌。

商品标题是吸引买家进入商品详情页的重要因素。字数不应太多，应尽量准确、完整、简洁，用一句完整的语句描述商品。同一个词不要多次出现，也不要重复堆砌相同意思的词。

标题的描述应该是完整通顺的一句话，如描述一件婚纱：Ball Gown Sweetheart Chapel Train Satin Lace Wedding Dress，这里包含了婚纱的领型、轮廓外形、拖尾款式、材质，用Wedding Dress来表达商品的核心关键词，以此形成一句完整的话。

（4）标题堆砌的处罚。

对标题堆砌的商品，平台将在搜索排名中靠后，并将该商品记录到搜索作弊违规商品总数里；当店铺搜索作弊违规商品累计达到一定量后，平台将给予整个店铺不同程度的搜索排名靠后处理；情节严重的，将对店铺进行屏蔽；情节特别严重的，将冻结账户或直接关闭账户。

4. 标题类目不符

（1）定义：指在商品类目或者标题中部分关键词与实际销售产品不相符。

（2）具体案例：标题中出现与实际销售产品不符的关键词。

如图 3－5 所示，实际商品属性词应该是 Wedding Dress，但是标题中却出现了 Flower Girl Dress（花童装），明显与所售商品不符。

图 3－5 商品属性错误案例

（3）如何避免标题类目不符。

请先检查商品的类目是否选择正确，其次检查标题中是否出现了与实际销售商品不相符的关键词。商品标题是吸引买家进入商品详情页的重要因素。字数不应太多，应尽量准确、完整、简洁，用一句完整的语句描述商品。

（4）标题类目不符的处罚。

对标题类目不符的商品，平台将在搜索排名中靠后，并将该商品记录到搜索作弊违规商品总数里；当店铺搜索作弊违规商品累计达到一定量后，平台将给予整个店铺不同程度的搜索排名靠后处理；情节严重的，将对店铺进行屏蔽；情节特别严重的，将冻结账户或直接关闭账户。

5. 黑五类商品错放

（1）定义：指订单链接、运费补差价链接、赠品、定金、新品预告五类特殊商品，没有按规定放置到指定的特殊发布类目中。

（2）具体案例如下：

案例一：特殊订单链接。特殊订单链接没有按照规定放到 Special Category 下，而是放到正常分类下，如图 3 – 6 所示。

图 3 – 6　订单链接错放案例

案例二：运费链接。补运费链接也不能放到正常类目下，而应放到 Special Category 下，如图 3 – 7 所示。

图 3 – 7　运费链接错放案例

案例三：赠品。赠品链接，如图 3 – 8 所示，也应放到 Special Category 类目下。

案例四：代购。代购产品，如图 3 – 9 所示，也不能放到正常类目下。

案例五：新品预告。预售的产品，如图 3 – 10 所示，也不能放到正常类目下。

（3）如何避免黑五类商品错放。

这五类商品在平台上的正确发布类目为 Special Category，卖家在发布这五类商品时，请将其放到 Special Category 这一特定类目中，这样方便买家能快速并购买到所需

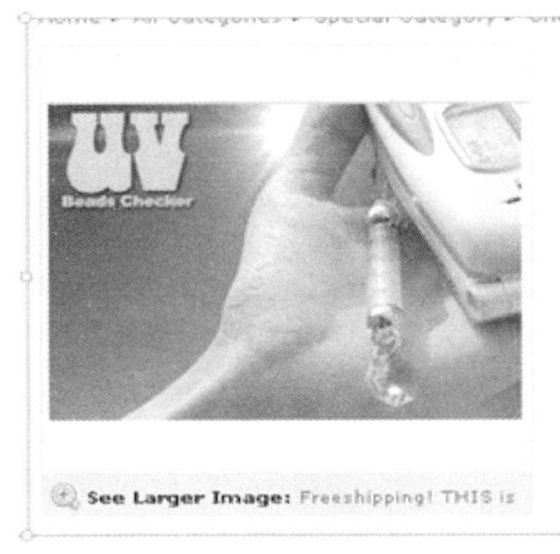

图 3－8 赠品链接错放案例

图 3－9 代购产品错放案例

的商品，以便顺利达成交易，切勿将其放置于其他类目中。

（4）黑五类商品错放的处罚。

对于错放类目的黑五类商品，平台将在搜索排名中进行屏蔽处理，并将该商品记录到搜索作弊违规商品总数里，当店铺搜索作弊违规商品累计达到一定量后，将给予整个店铺不同程度的搜索排名靠后处理；情节严重的，将对店铺进行屏蔽；情节特别严重的，将冻结账户或直接关闭账户。

6. 重复铺货

（1）定义：商品之间须在标题、价格、图片、属性、详细描述等字段上有明显差异。如图片不一样，而商品标题、属性、价格、详细描述等字段雷同，也视为重复铺货。

如果需要对某些商品设置不同的打包方式，发布数量不得超过 3 个，超出部分的

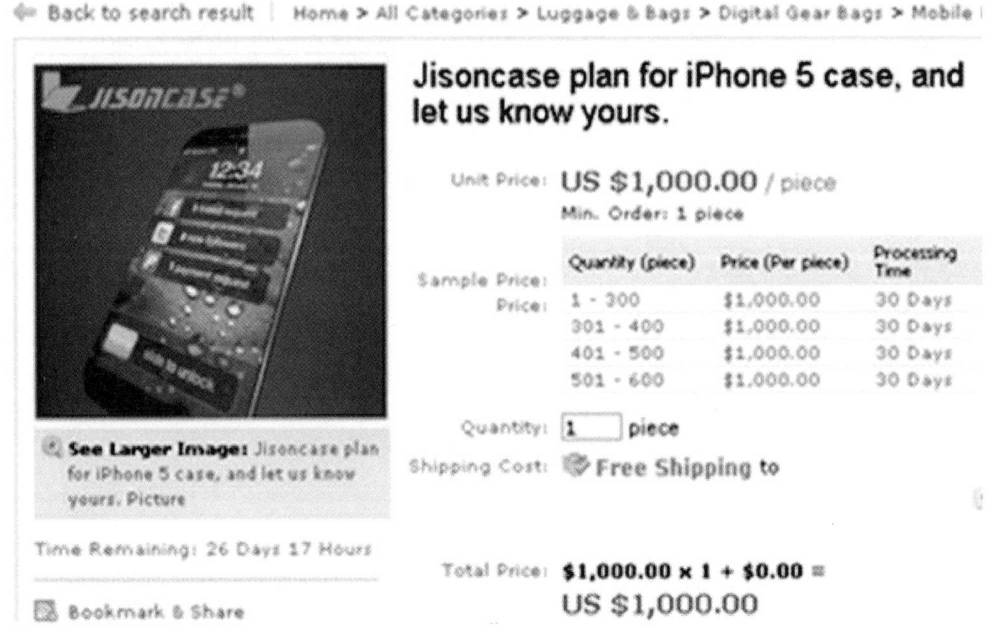

图 3－10　预售产品案例

商品则视为重复铺货。

同一卖家（包括拥有或实际控制的在速卖通网站上的账户），每件产品只允许发布一条在线商品，否则视为违反重复铺货的政策。

（2）具体案例如下：

案例一：同个卖家的同件商品，商品主图完全相同，但标题、属性、价格等信息高度雷同，视为重复信息，如图 3－11 所示。

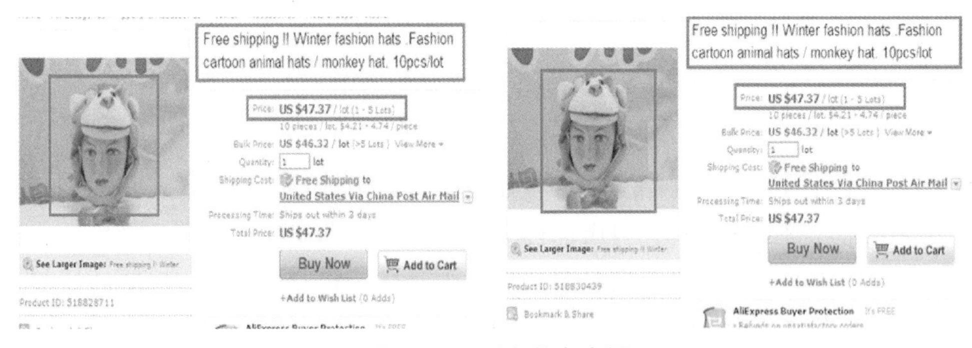

图 3－11　重复信息案例

建议：在发布商品过程中，请不要将同一个商品发布多遍，对于重复铺货情节较严重的卖家，或者店铺内有大量重复铺货商品一直不去修改的卖家，平台对其店铺所有商品（含违规商品和非违规商品）进行整体的搜索排名靠后，情节严重的将冻结账户或关闭账户。

案例二：同个卖家的同件商品，商品为主图不同角度的图片，但标题、属性、价格等信息高度雷同，视为重复信息，如图3－12所示。

图3－12　图片不同，信息雷同案例

案例三：同个卖家的同件商品，商品主图为带包装与不带包装的主图，但标题、价格、属性等信息高度雷同，视为重复信息，如图3－13所示。

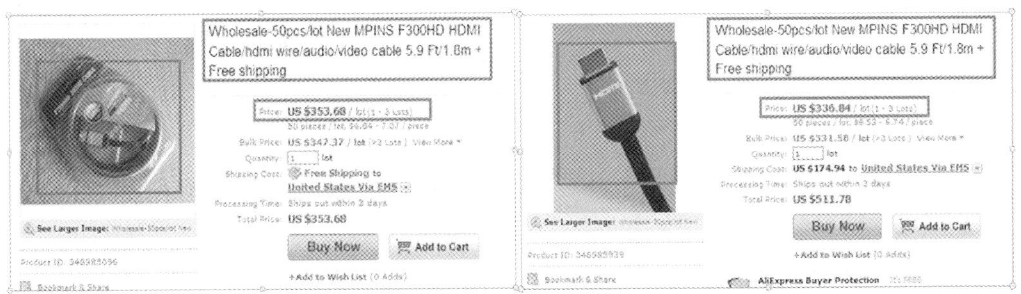

图3－13　包装与不包装，信息雷同案例

案例四：同个卖家的同件商品，商品主图大小不同，但标题、价格、属性等信息高度雷同，视为重复信息，如图3－14所示。

图3－14　主图大小不同，信息雷同案例

建议：在发布此类商品时，可以将其中一张图片设为主图，其他不同展示方式的图片放在副图或者详细描述中，提高商品信息描述质量。

案例五：同个卖家的同件商品，商品主图为不同颜色的主图，但标题、属性、价格等信息高度雷同，视为重复信息，如图 3－15 所示。

图 3－15　主图颜色不同，信息雷同案例

建议：在发布此类商品时，可以在色彩属性中进行勾选，充分展现商品的不同色彩属性，方便买家选购。

案例六：同个卖家的不同商品，商品主图不同，但标题、价格、属性等信息高度雷同，视为重复信息，如图 3－16 所示。

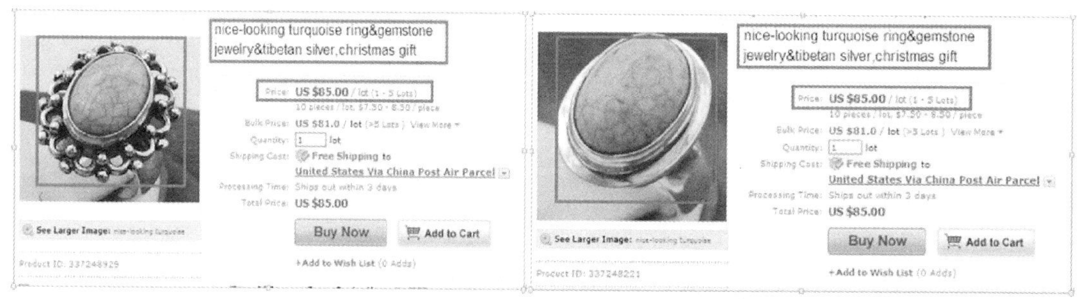

图 3－16　主图不同，信息雷同案例

建议：在发布不同商品时，请在标题、属性、价格及详细描述中要有所区分，准确描述商品的核心信息，请不要直接拷贝已发布商品的信息。

案例七：同个卖家的不同商品，商品主图、标题相同，但属性等信息不同，视为重复信息，如图 3－17 所示。

案例八：同个卖家的不同商品，商品主图、属性相同，但标题等信息不同，视为重复信息，如图 3－18 所示。

建议：发布商品过程中切勿将同一商品发布多次；对于不同的商品，在发布时请不要直接引用已有商品的主图或者直接拷贝已有商品的标题和属性；不同的商品，除了在主图上体现差异外，必须同时在标题、属性、详细描述等方面填写商品的关键信息，以区分于其他商品。

（3）重复铺货的处罚。

对于重复铺货的商品，平台将在搜索排名中靠后，并将该商品记录到搜索作弊违

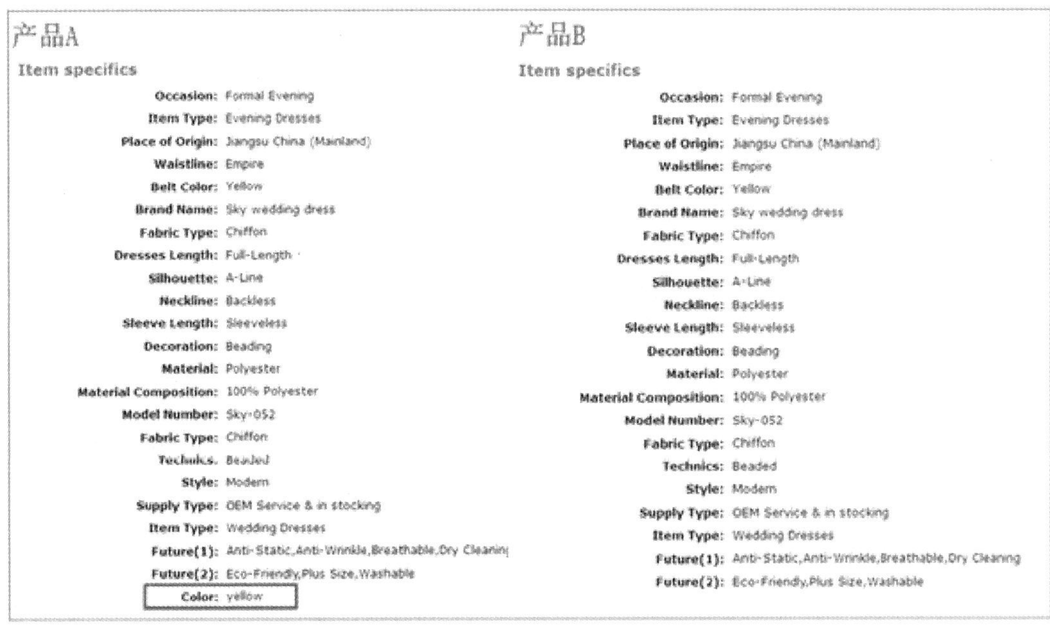

图 3－17　主图标题相同，属性不同案例

图 3－18　主图属性相同，标题不同案例

规商品总数里，当店铺搜索作弊违规商品累计达到一定量后，将给予整个店铺不同程度的搜索排名靠后处理；情节严重的，将对店铺进行屏蔽；情节特别严重的，将冻结账户或直接关闭账户。

7. **广告商品**

（1）定义：以宣传店铺或商品为目的，发布带有广告性质（包括但不限于在商品标题、图片、详细描述信息等留有联系信息或非速卖通的第三方链接等）的信息，吸引买家访问，而信息中商品描述不详或无实际商品。

（2）具体案例：标题中存在外链地址，如图 3－19 所示。

图 3－19　标题中存在外链地址

（3）广告商品的处罚。

对于广告商品，平台将在搜索排名中进行屏蔽处理，并将该商品记录到搜索作弊违规商品总数里，当店铺搜索作弊违规商品累计达到一定量后，将给予整个店铺不同程度的搜索排名靠后处理；情节严重的，将对店铺进行屏蔽；情节特别严重的，将冻结账户或直接关闭账户。

8. **描述不符**

（1）定义：指标题、图片、属性、详细描述等信息之间明显不符，信息涉嫌欺诈成分。

（2）具体案例如下：

案例一：卖家设置运费以小包方式进行运费计算，降低商品整个成本价格，但在详细描述中又标注此优惠需要达到一定的数量，这样存在对买家的欺骗，同时也加大了卖家发货后的风险，如图 3－20 所示。

案例二：实际销售商品在属性描述中有误，如图 3－21 所示。

案例三：商品主图与详细描述图片不符，如图 3－22 所示。

案例四：标题最小起订量与设置的最小起订量不符，如图 3－23 所示。

案例五：标题打包方式与实际设置打包方式不符，如图 3－24 所示。

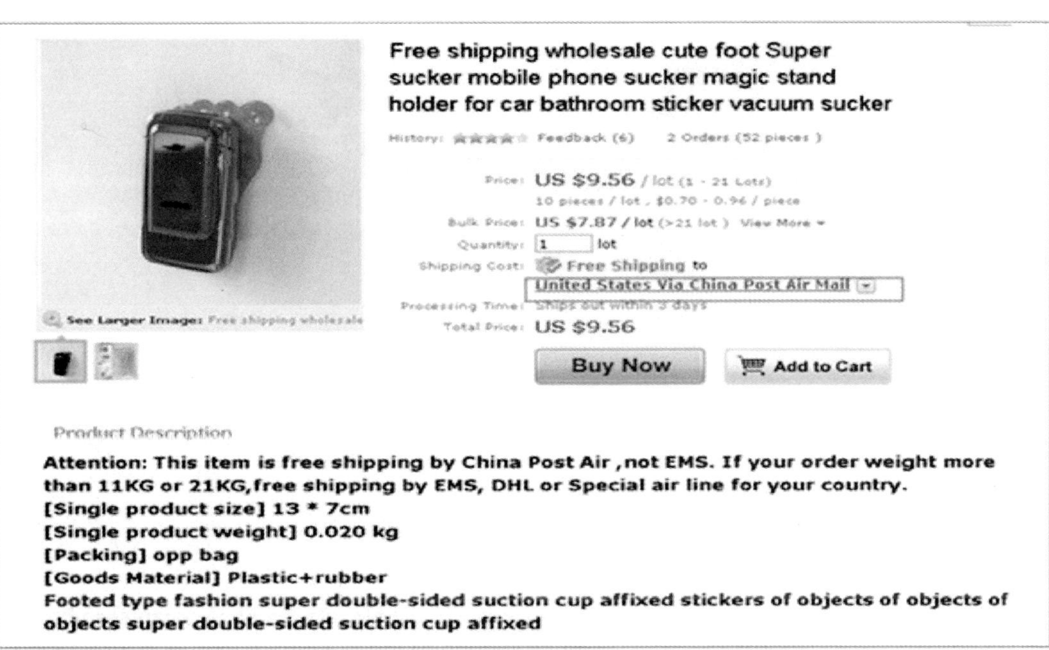

图 3－20　运费问题

图 3－21　销售商品属性有误

图 3－22　主图与详图不符

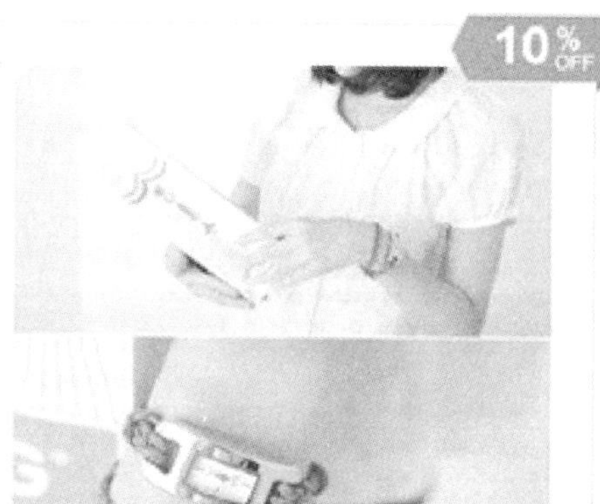

图 3－23　起订量不符

图 3－24　打包方式不符

案例六：滥用品牌词描述现象。

如卖家在眼镜类目通过 X 品牌的商标资质申请及审核，在 Brand Name 填了 X 品牌，但实际却在商品标题，商品图片中发布未经速卖通许可的Y品牌；或者未通过任何品牌的商标资质申请，实际却滥用未经平台许可的品牌在商品标题、商品图片中使用等，如图3－25所示。

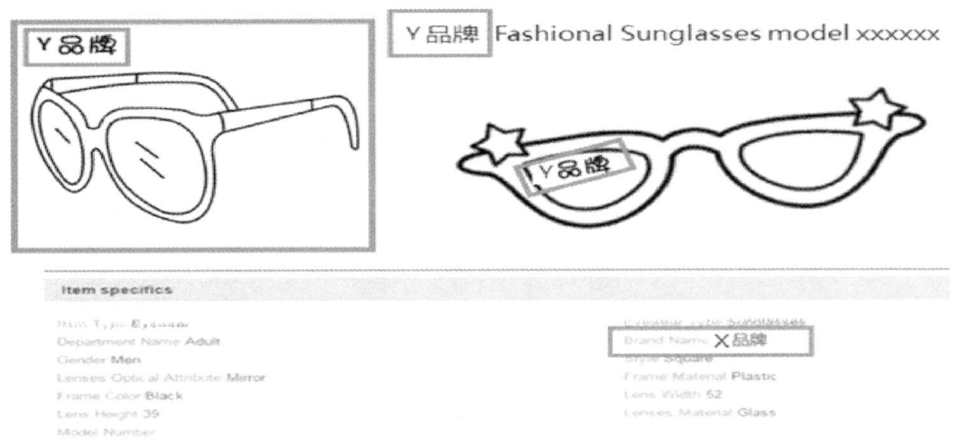

图3－25　品牌申请与发布不符

（3）描述不符的处罚。

对于描述不符的商品，平台将在搜索排名中靠后，并将该商品记录到搜索作弊违规商品总数里，当店铺搜索作弊违规商品累计达到一定量后，将给予整个店铺不同程度的搜索排名靠后处理；情节严重的，将对店铺进行屏蔽；情节特别严重的，将冻结账户或直接关闭账户。

9. 计量单位作弊

（1）定义：指发布商品时，将计量单位设置成与商品常规销售方式明显不符的单位；或将标题、描述里的包装物也作销售数量计算，并将产品价格平摊到包装物上，误导买家的行为。

（2）具体案例如下：

案例一：卖家展示出售120 pieces of shoes。依据常理鞋子不按单只出售，买家认为收到的是120 pairs of shoes，但卖家发出的仅是60 pairs of shoes，并声称写明的120 pieces of shoes即等于60 pairs of shoes，如图3－26所示。

案例二：卖家在标题中将包装物亦作为销售数量计算，引起买家误认为单价很低，如图3－27所示。

（3）计量单位作弊的处罚。

对计量单位作弊的商品，平台将在搜索排名中靠后，并将该商品记录到搜索作弊违规商品总数里，当店铺搜索作弊违规商品累计达到一定量后，将给予整个店铺不同程度的搜索排名靠后处理；情节严重的，将对店铺进行屏蔽；情节特别严重的，将冻结账户或直接关闭账户。

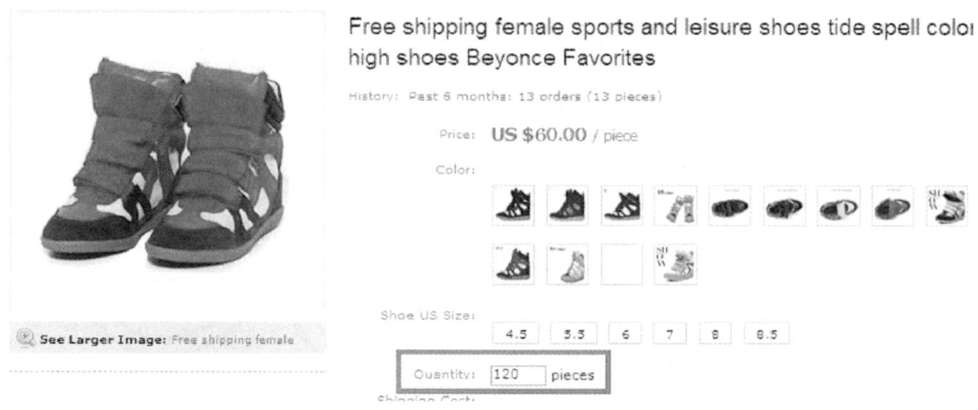

图 3-26 计量单位作弊

图 3-27 包装物作为销售数量计算

10. **商品超低价**

（1）定义：指卖家以较大偏离正常销售价格的低价发布商品，在默认和价格排序时，吸引买家注意，骗取曝光。

（2）具体案例如下：

案例一：卖家发布一款 i68 手机，经最低价格条件筛选后，Free Shipping 状态下以 0.01 美元的价格销售，如图 3-28 所示。

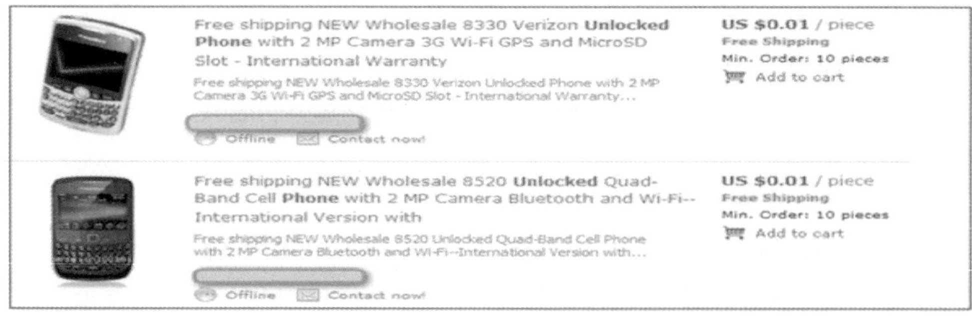

图 3-28 低于正常价发布商品

案例二：虚假设置打包方式，以降低商品单价。如卖家将7寸平板电脑起订量设置为8000个（1Lot=8000个），每个商品售价为0.01美元，但实际每个商品销售价格却是1Lot的价格（80美元），如图3-29所示。

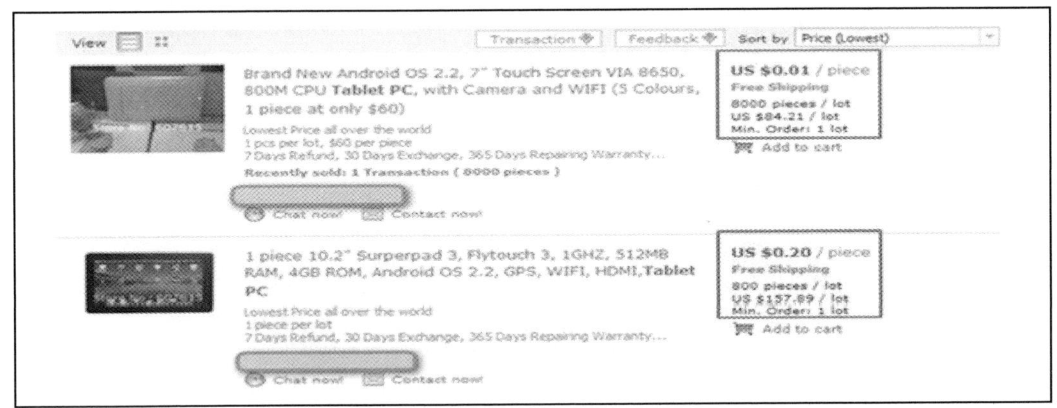

图3-29 虚假设置价格

案例三：卖家店铺发布大量服饰类商品，明显低于市场价格，部分商品已经产生大量订单，但卖家可能未发货或实际未发货，如图3-30所示。

图3-30 低价商品订单大量未发货

案例四：卖家店铺中存在大量非正常折扣力度的商品，折扣后价格明显低于市场价格，如图3-31所示。

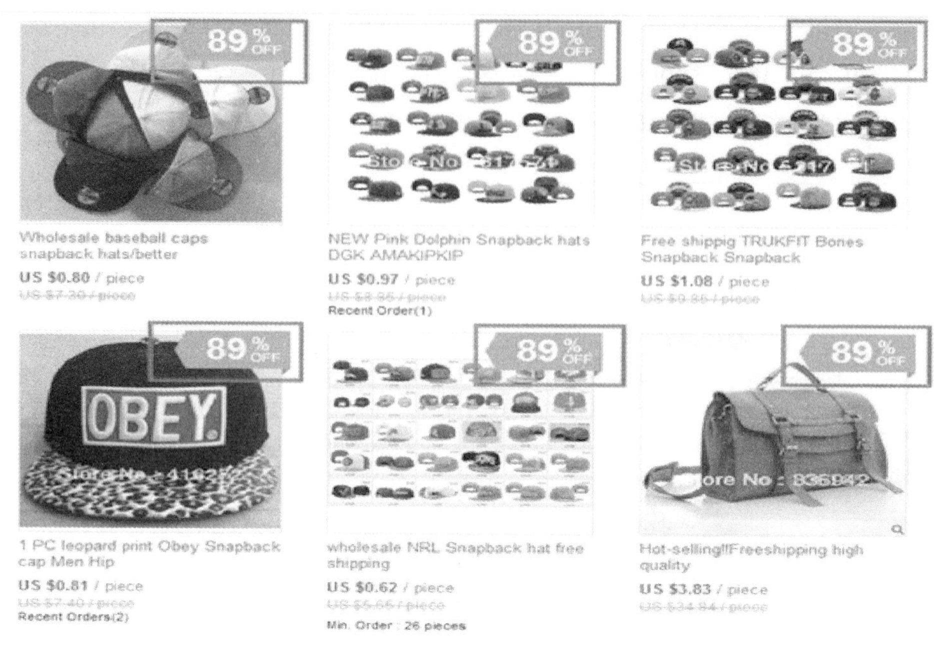

图 3－31　非正常折扣力度商品

（3）商品超低价的处罚。

对于超低价格的商品，平台将在搜索排名中靠后，并将该商品记录到搜索作弊违规商品总数里，当店铺搜索作弊违规商品累计达到一定量后，将给予整个店铺不同程度的搜索排名靠后处理；情节严重的，将对店铺进行屏蔽；情节特别严重的，将冻结账户或直接关闭账户。

11. 商品超高价

（1）定义：指卖家以较大偏离正常销售价格的高价发布商品，在默认和价格排序时，吸引买家注意，骗取曝光。

（2）具体案例如下：

案例：X18i 手机比正常售价高出几倍，如图 3－32 所示。

图 3－32　高于正常价的手机

（3）商品超高价的处罚。

对于超高价的商品，平台将在搜索排名中靠后，并将该商品记录到搜索作弊违规商品总数里，当店铺搜索作弊违规商品累计达到一定量后，将给予整个店铺不同程度的搜索排名靠后处理；情节严重的，将对店铺进行屏蔽；情节特别严重的，将冻结账户或直接关闭账户。

12. 运费不符

（1）定义：指卖家在标题及运费模板等处设置的运费低于实际收取的运费的行为。

（2）具体案例如下：

案例一：一件婚纱正常销售价格是159.47美元，但卖家将商品价格设置成0.01美元，运费设置成159.46美元，如图3－33所示。

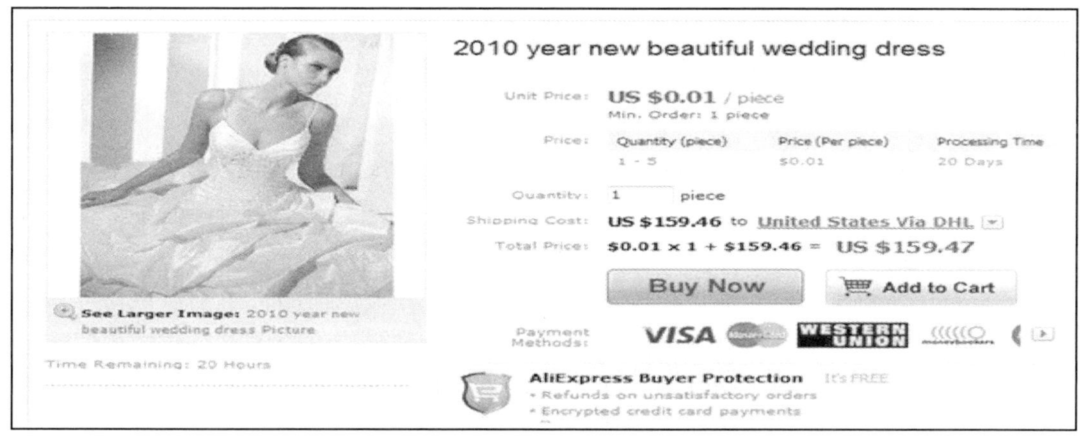

图3－33 运费等同于商品价格案例

案例二：标题中标注了免运费（Free Shipping），而实际产品并不提供针对任何一个国家免运费或只提供部分国家免运费，如图3－34所示。

图3－34 免运费与实际不符案例

若仅针对部分国家（不是所有国家）免运费的情况下，建议卖家在运费模板里做相应的免运费设置，而不是直接在标题中写免运费，这样容易造成其他国家的买家看到标题后也认为到该国是免运费，引起误解和纠纷。

案例三：产品商业快递免运费，但产品总售价低于快递最低标准收费，如图3－35所示。

图3－35　产品总价低于免运费标准案例

（3）运费不符的处罚。

对运费作弊的商品，平台将在搜索排名中靠后，并将该商品记录到搜索作弊违规商品总数里，当店铺搜索作弊违规商品累计达到一定量后，将给予整个店铺不同程度的搜索排名靠后处理；情节严重的，将对店铺进行屏蔽；情节特别严重的，将冻结账户或直接关闭账户。

13. SKU（Stock Keeping Unit，库存量单位）作弊

（1）定义：指卖家通过刻意规避商品SKU设置规则，滥用商品属性（如套餐、配件等），设置过低或者不真实的价格，使商品排序靠前（如价格排序）的行为；或者在同一个商品的属性选择区放置不同商品的行为。

（2）具体案例如下：

案例一：将不同的商品放在一个链接里出售（如触摸笔和手机壳），如图3－36所示。

图3－36　不同商品在一个链接里出售

案例二：将正常商品和不支持出售（或非正常）的商品放在同一个链接里出售。该商品一口价为 0.01 美元/piece，是其他这个 SKU 的价格，属于 SKU 作弊，如图 3－37 所示。

图 3－37　不支持出口商品放在正常商品中销售

案例三：将常规商品和商品配件（如：手表和表盒）放在一个链接里出售，如图 3－38所示。

图 3－38　常规商品与配件一同销售

案例四：将不同属性商品捆绑成不同套餐或捆绑其他配件放在一个链接里出售，如图 3－39 所示。

图 3－39　不同属性商品捆绑销售

案例五：在手机整机类目中，以排序靠前为目的的自定义买家极少购买的套餐，如裸机、不带任何附件（包含且不限于）等套餐，如图 3－40 所示。

图 3－40　裸机案例

（3）SKU 作弊的处罚。

对于 SKU 作弊的商品，平台将在搜索排名中靠后，并将该商品记录到搜索作弊违规商品总数里，当店铺搜索作弊违规商品累计达到一定量后，将给予整个店铺不同程度的搜索排名靠后处理；情节严重的，将对店铺进行屏蔽；情节特别严重的，将冻结账户或直接关闭账户。

14. 更换商品

（1）定义：指通过对原有商品的标题、价格、图片、类目、详情等信息的修改发布其他商品（含产品的更新换代，新产品应选择重新发布），对买家的购买造成误导；但如修改只涉及对原有产品信息的补充、更正，而不涉及产品更换，则不视为“更换产品”的行为。

（2）具体案例：卖家 A 销售的是手机，价格为 36～42 美元，“销售历史记录”中显示的信息为 30 transaction（3525 piece），产品计量单位是 piece，而评论中显示的产品计量单位是 Lot，如图 3－41、图 3－42 所示。

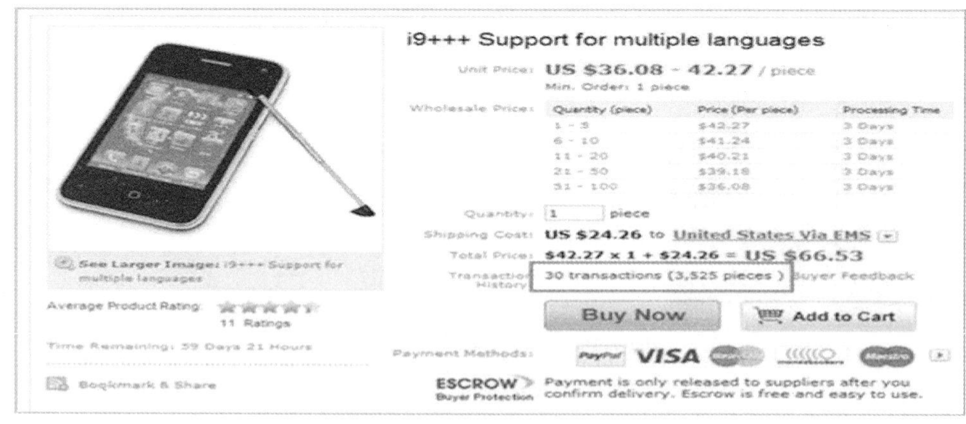

图 3－41　销售历史记录

图 3－42　更换产品未更新发布案例

（3）更换商品的处罚。

经系统识别或者被他人投诉举报涉嫌更换产品，经人工二次核查属实，平台将清除该商品所有销量记录并进行商品排名靠后处理；出现屡次销量炒作情况，平台有权下架或删除该商品，并且保留对卖家/店铺做出整体处罚的权力。

第四节　交易规则

第三节介绍了在产品发布阶段要注意的规则，下面介绍在交易环节中需要注意的规则。

一、虚假发货规则

（1）定义：指在规定的发货期内，卖家填写的货运单号无效或虽然有效但与订单交易明显无关，误导买家或全球速卖通平台的行为。

例如：为了规避成交不受处罚填写无效货运单号或明显与订单交易无关的货运单号等。

“货运单号无效”：指货运单号本身不存在。包括使用小包未挂号导致无法追踪物流信息的情况。

“虽然有效但与订单交易明显无关”：指货运单号虽然存在，但与订单下单时间不符（如物流的收件时间明显早于订单下单时间），或寄递的地址明显与买家提供的地址不同（如寄递地址与收件人地址不在一个国家）。

（2）分类：虚假发货行为根据严重程度，分为虚假发货一般违规和虚假发货严重违规。

虚假发货严重违规行为包括但不限于以下情形：

①虚假发货订单金额较大。

②买卖双方恶意串通，在没有真实订单交易的情况下，通过虚假发货的违规行为误导速卖通平台放款。

③多次发生虚假发货的一般违规行为。

（3）虚假发货处罚如表 3 – 3 所示。

表 3 – 3　　虚假发货处罚措施

违规程度	处罚措施
虚假发货一般违规	2 分/次
虚假发货严重违规	12 分/次
虚假发货特别严重	48 分/次

说明：速卖通平台将根据卖家违规行为情节严重程度进行扣分或直接关闭账号的判定。被平台认定为虚假发货的，不论是虚假发货一般违规、严重违规或是特别严重违规，平台将立即关闭该笔订单，并将订单款项退还买家，由此导致的责任由卖家承担。

二、信用及销量炒作规则

（1）定义：指通过不正当方式提高账户信用积分或商品销量，妨碍买家高效购物权益的行为。

（2）处罚：

①对于被平台认定为构成信用及销量炒作行为的卖家，平台将删除其违规信用积分及销量记录且搜索排序靠后的处罚，对信用及销量炒作行为涉及的订单进行退款操作，并根据其违规行为的严重程度，分别给予 6 分/次、12 分/次、24 分/次、48 分/次或直接清退的处罚。

②对于第二次被平台认定为构成信用及销量炒作行为的卖家，不论行为的严重程度如何，平台一律作清退处理。

平台将定期向社会公布炒信商家的清退罚单，对通过炒信提升虚假信誉用于售假、售劣的商家，不惜一切代价严厉打击并追究其法律责任，请广大卖家务必引以为戒，诚信经营。

三、诱导提前收货规则

（1）定义：指卖家诱导买家在未收到货的情况下提前确认收货。

（2）处罚：对于诱导提前收货的行为，平台将根据违规行为的严重程度执行扣分处罚。一般违规，2 分/次；严重违规，12 分/次；特别严重违规行为，48 分/次，并保留清退（指关闭账户的同时对卖家的其余订单进行审核处理）的权利。

四、不正当竞争规则

（1）不正当竞争是指用户发生以下行为：

①不当使用他人权利：

卖家在所发布的商品信息或所使用的店铺名、域名等过程中，不当使用他人的商标权、著作权等权利的；卖家所发布的商品信息或使用的其他信息造成消费者误认、混淆的。

②卖家通过自身或利用其他会员账户对其他卖家进行恶意下单、恶意评价、恶意投诉的行为，影响其他卖家声誉与正常经营。

恶意下单：指卖家利用海外会员账户对其他卖家进行下单，对其他卖家正常经营造成影响的行为，如拍库存不付款。

恶意评价：指卖家利用海外会员账户对其他卖家进行下单，恶意给出差评或评价内容与事实不符的行为。

恶意投诉：指卖家通过自身或利用其他会员账户对其他卖家进行投诉，且投诉内容无相应依据的行为。

（2）处罚：根据不正当竞争的严重程度，分为不正当竞争一般违规和不正当竞争严重违规。

不正当竞争严重违规行为包括但不限于以下情形：

①对其他卖家的正常经营造成恶劣影响。

②给买家造成严重误认、混淆，严重影响购物体验。

③卖家在平台调查过程中做虚假陈述或提供虚假证明资料。

④卖家不接受平台提醒或整改要求，仍明知故犯。

不正当竞争处罚如表 3 - 4 所示。

表 3 - 4　　不正当竞争处罚措施

违规程度	处罚措施
不正当竞争一般违规	1 分/次
不正当竞争严重违规	3 分/次
不正当竞争情节特别严重	48 分/次

五、违背承诺规则

（1）定义：违背承诺，指卖家未按照以下承诺向买家提供服务，损害买家正当权益的行为：

①交易及售后相关服务承诺，包括但不限于：

a. 卖家拒绝按照买家拍下的价格进行交易（交易双方线下另有约定的除外），或卖家承诺对商品价格给予优惠，但实际未履行。

b. 卖家承诺给予买家赠品或发票等交易商品之外的物品，但实际未赠予或给付。

c. 卖家承诺给予买家退换货、包维修等售后服务，但实际未履行。

②物流相关承诺，包括但不限于：

a. 卖家在商品标题或内容中承诺免运费，但买家实际下单时发现有运费。

b. 卖家在交易订立过程中自行承诺或与买家约定了特定的运送方式、运送物流、快递公司等，但实际未按照相关承诺或约定履行。

c. 卖家承诺承担退货运费，但实际未履行。

③违背平台既定规则或要求，包括但不限于：

a. 平台要求买卖双方的交易行为必须在线进行，但卖家以各种方式引导买家不通过速卖通平台进行支付和交易。

b. 卖家参加速卖通官方活动，但未按照活动要求（除发货时间外）提供服务。

④卖家违背其自行作出的其他承诺。

（2）处罚：违背承诺根据严重程度，分为违背承诺一般违规和违背承诺严重违规。

违背承诺严重违规行为包括但不限于以下情形：

①对买家购物体验造成严重影响。

②卖家在平台调查过程中做虚假陈述或提供虚假证明资料。

③卖家不接受平台提醒或整改要求，仍明知故犯。

违背承诺规则如表 3－5 所示。

表 3－5　违背承诺的处罚措施

违规程度	处罚措施
违背承诺一般违规	1 分/次
违背承诺严重违规	3 分/次
违背承诺情节特别严重	48 分/次

六、恶意骚扰规则

（1）定义：指卖家频繁或采取恶劣手段骚扰会员，影响他人正常生活或妨碍他人合法权益的行为。如要求买家给好评或者因纠纷等原因谩骂买家；包括但不限于通过电话、短信、阿里旺旺、留言、邮件等方式频繁联系他人，影响他人正常生活的行为。

恶意骚扰严重行为包括但不限于以下：文字中出现谩骂词汇（如 fuck、suck 之类）、威胁、诅咒、种族歧视性言语、宗教、人身攻击或者多次骚扰等，影响他人身心及正常生活的行为。

恶意骚扰特别严重行为包括但不限于以下：

①骚扰的范围大，影响面广，对平台安全、声誉造成或可能造成严重影响的行为。

②采取极端手段或工具骚扰用户，严重影响他人正常生活，给他人身心造成极大伤害，包括但不限于向会员邮寄让人产生反感且具有侮辱性及威胁性的物品，将买家的私人电话、地址、姓名、购买记录等信息发布到网上等行为。

（2）恶意骚扰处罚，如表 3－6 所示。

表 3－6　恶意骚扰的处罚措施

违规程度	处罚措施
恶意骚扰一般违规	2 分/次
恶意骚扰严重违规	12 分/次
恶意骚扰情节特别严重	48 分/次

七、引导线下交易规则

（1）定义：指卖家诱导买家进行线下交易的行为，损害买家和平台的正当利益。

（2）引导线下交易处罚如表 3－7 所示。

表 3－7　引导线下交易的处罚措施

违规程度	处罚措施
引导线下交易一般违规	2 分/次
引导线下交易严重违规	12 分/次
引导线下交易情节特别严重	48 分/次

八、严重货不对版规则

（1）定义：买家收到的商品与达成交易时卖家对商品的描述或承诺在类别、参数、材质、规格等方面不相符。

严重行为包括但不限于以下：

①寄送空包裹给买家。

②订单产品为电子存储类设备，产品容量与产品描述或承诺严重不符。

③订单产品为电脑类产品硬件，产品配置与产品描述或承诺严重不符。

④订单产品和寄送产品非同类商品且价值相差巨大。

速卖通平台将根据卖家以上违规行为情节严重程度进行“直接扣48分关闭账号”的判定。

（2）严重货不对版处罚如表3－8所示。

表3－8　严重货不对版的处罚措施

违规程度	处罚措施
严重货不对版一般违规	2分/次
严重货不对版严重违规	12分/次
严重货不对版情节特别严重	48分/次

九、严重恶意超低价规则

（1）定义：指卖家发布大量以较大偏离正常销售价格的低价发布商品，在默认和价格排序时，吸引买家注意，骗取曝光和订单，店铺内大量商品存在低价发布行为，造成恶劣影响。

特别严重行为包括但不限于以下：店铺内商品存在低价发布行为量大，影响面广，对平台安全、声誉造成或可能造成严重恶劣影响的行为。

（2）严重恶意超低价处罚如表3－9所示。

表3－9　严重恶意超低价的处罚措施

违规程度	处罚措施
严重恶意超低价一般违规	2分/次
严重恶意超低价严重违规	12分/次
严重恶意超低价情节特别严重	48分/次

第五节　放款规则

为确保速卖通平台交易安全，保障买卖双方合法权益，就通过速卖通平台进行交易产生的货款，速卖通及其关联公司根据相关协议及规则，有权根据买家指令、风险因素及其他实际情况决定相应放款时间及放款规则。

一、放款时间

（1）速卖通根据卖家的综合经营情况（例如好评率、拒付率、退款率等）评估订单放款时间：

①在发货后的一定期间内进行放款，最快放款时间为发货3天后。

②买家保护期结束后放款。

③账号关闭的，且不存在任何违规、违约情形的，在发货后180天放款。

（2）如速卖通通过合理依据，判断订单或卖家存在纠纷、拒付、欺诈等风险的，速卖通有权视具体情况延迟放款周期，并对订单款项进行处理。

二、放款方式

速卖通平台针对正常账号和关闭账号有不同的放款政策，如表3－10所示。

平台会冻结一定比例的保证金，用于放款订单后期可能产生的退款、赔偿或是其他可能对买家、速卖通或第三方产生的损失。目前提前放款的保证金有两种形式，具体的释放时间如表3－11所示。

表3－10　放款时间与放款比例

账号状态	放款规则		
	放款时间	放款比例	备注
账号正常	发货3个自然日后（一般是3~5天）	70%~97%	保证金释放时间如表3－11所示的提前放款保证金释放时间表
		100%	
	买家保护期结束后	100%	买家保护期结束：买家确认收货/买家确认收货超时后15天
账号关闭	发货后180天	100%	无

表 3－11　提前放款保证金释放时间表

<table>
<tr><th>类型</th><th colspan="2">条件</th><th>保证金释放时间</th></tr>
<tr><td rowspan="4">按照订单比例冻结的保证金</td><td>商业快递＋系统核实物流妥投</td><td>无</td><td>交易结束当天</td></tr>
<tr><td rowspan="3">（1）商业快递＋系统未核实到妥投
（2）非商业快递</td><td>交易完成时间－发货时间≤30 天</td><td>发货后第 30 天</td></tr>
<tr><td>交易完成时间－发货时间 30～60 天</td><td>交易结束当天</td></tr>
<tr><td>交易完成时间－发货时间≥60 天</td><td>发货第 60 天</td></tr>
<tr><td rowspan="3">固定保证金</td><td>账号被关闭</td><td rowspan="3">无</td><td rowspan="3">提前放款的订单全部结束（交易完成＋15 天）后，全额释放</td></tr>
<tr><td>退出提前放款</td></tr>
<tr><td>提前放款不准入</td></tr>
</table>

说明：

（1）商业快递：包括 UPS、DHL、FedEx、TNT、顺丰。

（2）物流妥投：指运单号物流信息显示货物已被签收，且签收信息与订单信息相吻合，以平台系统核实到的物流妥投记录为准。

①并非每笔订单均可获在发货后或交易结束前放款，如果该笔订单有异常、疑似异常或存在平台认为不适合予以特别放款情形的，平台有权拒绝放款。

②对于速卖通评估符合条件，可在发货后或者交易结束前获得提前放款的卖家，应该严格遵守《速卖通平台放款政策特别约定》及平台规则；如果卖家有如下异常行为或状态，平台将取消卖家相关资格。

a. 不再符合卖家综合经营情况评估指标（纠纷率、退款率、好评率等）。

b. 卖家违反平台规定进行交易操作的。

c. 卖家未在规定时间内补足保证金的。

d. 卖家存在其他涉嫌违反《承诺函》、协议或平台规则的行为等。

③对于速卖通评估符合条件，可在发货后或者交易结束前获得提前放款的卖家。卖家授权速卖通及 Alipay Singapore E－Commerce Private Limited 在卖家国际支付宝账户冻结一定数额的“放款保证金”，平台有权根据卖家的经营状况对保证金额度进行调整。

a. 因交易纠纷导致卖家需要退还买家货款，或速卖通代向买家垫付（有权利但没有义务）相应资金，或因卖家原因造成买家、速卖通或其他第三方损失的，有权对卖家支付宝国际账户中的资金进行划扣，不足赔付部分，放款保证金将被直接划扣用于支付该类资金或赔付；仍不足赔付的，速卖通有权继续向卖家追讨。

b. 经速卖通评估，不再符合发货后或交易结束前获得提前放款条件的卖家，放款保证金将在速卖通平台通知取消之日起 6 个月后退还；期间若因卖家原因导致买家、平台或其他第三方损失的或产生退款、垫付的，速卖通有权将放款保证金划扣以补偿损失，并将剩余部分于 6 个月期限届满后退还卖家；不足部分，速卖通有权对卖家支付宝国际账户中的资金进行划扣，仍不足赔付的，速卖通有权继续向卖家追讨。

第四章　速卖通选品和数据分析

第一节　数据分析选品的意义

数据纵横是速卖通基于平台中的数据打造的一款数据产品，卖家可以根据数据纵横提供的数据，为自己的店铺选品，为店铺运营指引方向，并做出正确的决策。

首先了解一些行业术语：

（1）搜索量：某个关键词被买家搜索的次数。

（2）曝光量：商品信息在速卖通网站被买家看到的次数。

①买家通过关键词搜索，信息展示在搜索结果页面中，则统计进入曝光量。

②买家通过类目导航浏览商品，信息展示在搜索结果页面中，则统计进入曝光量。

（3）浏览量：商品或商铺首页被买家点击浏览的次数。

（4）访客数：访问过商品或商铺的买家人数。

（5）老访客数：数据纵横中的老访客是指到访过速卖通的买家。

提示：到访过速卖通的买家相比新访客下单率更高。

（6）询盘人数：联系过或有联系意向的买家数。

①发送了询盘的买家，计入询盘人数。

②点击过发送询盘按钮或旺旺按钮的，但最终未成功发送询盘的买家，也计入询盘人数。

（7）购买率：访客数/下单买家数的比率。

（8）搜索指数：所选行业、所选时间范围内，搜索该关键词的次数经过数据处理后得到的对应指数。搜索指数不等于搜索次数，指数越大搜索量越大。

（9）搜索人气：所选行业、所选时间范围内，搜索该关键词的人数经过数据处理后得到的对应指数。搜索人气不等于搜索人数，人气越大搜索人越多。

（10）成交指数：所选行业、所选时间范围内，累计成交订单数经过数据处理后得到的对应指数。成交指数不等于成交量，指数越大成交量越大。

（11）竞争指数：所选行业、所选时间范围内，产品词对应的竞争指数。指数越大，竞争越激烈。

接下来详细介绍通过数据分析进行选品。

选品的过程，其实就是一个先了解市场，再作出决策的过程。我们要知道市场上缺什么，哪些行业竞争不太激烈，哪些产品买家需求大，而我们的产品相对市场平均水平而言品质好、价格低。当然，我们的产品不可能同时满足这么多条件，但是我们会尽量找到这样的产品，这就是选品。

选品的目的：保证推广爆款工作的成功。

商业的本质就是利益最大化，在运营、推广的过程中，总会遇到各种各样的问题，有些产品好卖，有些产品不好卖，有的产品短时间之内就可以被打造成爆款，有的产品可能永远都不会成为爆款，我们所期望的是把尽可能多的产品打造成爆款，这也就是选品的意义所在。

选品的步骤：数据获取、数据分析、竞争力分析。

①数据获取：顾名思义，就是获得我们所需要的数据，为选品工作提供原始数据，获取的数据越多，数据本身质量越高，选品的品质也就越高。

②数据分析：就是将前面获取的数据进行加工与分析，加工的方法越巧妙，分析的角度越巧妙，所涉及的数据量越大，分析出来的结论越准确，可以为选品工作提供理论基础。

③竞争力分析：在前两步的基础之上，我们对市场有了一定的了解，就需要考虑选品的终极问题——自己的产品够不够好？哪些产品适合打造成爆款？这一环节称为竞争力分析和竞品分析。

第二节 数据分析选品方法

很多卖家在选品时都会存在一些误区，比如根据自己的兴趣爱好，或者供应商推荐的产品，低价产品等，这些都不是科学的选品方法，往往还会导致亏损。

作为一名速卖通卖家，在日常运营的过程中，要在后台数据纵横中的数据中找到正确的选品方法，比如商机发现。选品原则如图 4－1 所示。

（1）人无我有：找到平台竞争比较小的蓝海产品线（或者红海行业中的蓝海类目）。

（2）人有我优：优化产品信息展示，严把质量关，做好口碑。

（3）人优我特：特种产品，小需求也有大市场。

选品渠道根据线上和线下可分为线上选品和线下选品，如图 4－2 所示。

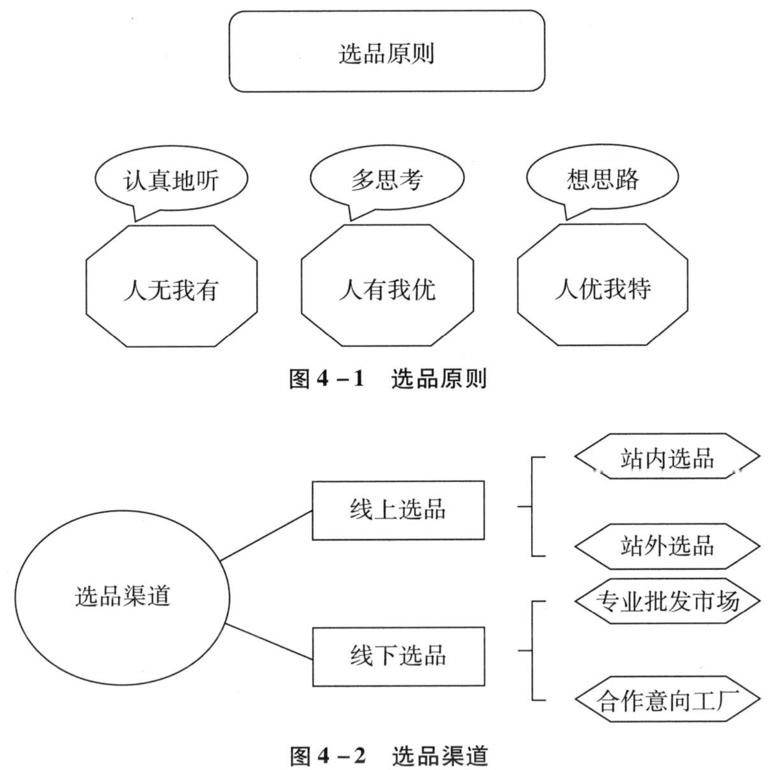

图 4-1 选品原则

图 4-2 选品渠道

一、线下选品

1. 跨境代发模式

“代发模式”在这里进行就不做介绍了，跨境电商“代发模式”的优劣，笔者在这里通过一个真实的案例进行说明，大学生 Jucy 开始跨境电商创业时通过熟人找到了一家供应商的商品，选择阿里巴巴速卖通平台进行跨境创业，通过供应商提供的产品数据包在店铺装修，并在页面描述投入了大量的时间和精力，在店铺实际运营过程中，因为是 0 投入的跨境代发，且这家供应商对产品了解不到位，导致卖家的服务一直比较差，客户的投诉一直比较高，甚至出现过几次差评，到最后因为 Jucy 的销售业绩平平，供应商在发货配合度上越来越差，甚至到了最后供应商单方面提出要跟 Jucy 终止合作。如此让跨境新人 Jucy 进退两难，如果再次选择新的供应商，店铺前期的照片和产品描述等付出的时间和精力将付诸东流。

2. 批发进货模式

相对于 0 元门槛代发模式的批发采购模式的优点，首先在于可以利用实际采购订单拿到更好的价格和服务，毕竟投入了资本，供应商的重视程度会很高，对于跨境电商新人选择供应商建议一定要签订合同，现在都是通过在线支付宝拍下采购，但是因为选择一家跨境电商供应商是长期稳定的合作，里面规则很多，包括销售后服务、知识产权、发货速度等都应该体现在合同条款上，万一以后发生争议也有合同为证。对于一个外贸新人来说，首期批发进货的量不需要特别大，一般进个几千元的货就足够了，小额的批发进货的好处除了跟供应商正式确立长期的业务合作关系外，就是对于产品知识的了解和对于产品品质的初步判断。对于跨境新人的建议是跨境电商的售后成本非常大，自己跨境店铺卖的商品一定要亲自检测和体验，下了几千元的测试单以后，一定要把供应商的样品进行检测。一定要把跨境电商售后问题解决在销售前，产品质量有争议的商品坚决不卖。跨境电商店铺新店开业客户的口碑和评价最为重要，选择小额的批发进货，卖家可以控制物流，发货速度快，跨境包装严谨仔细，这对于一个跨境店铺的成长打下了基础。

3. 跨境电商的贴牌和订单制造模式

其实很多场合和文章里都提过这样的观点，2016 年跨境电商已经真正进入到了 3.0 时代，跨境电商经历了早几年的低价竞争，2016 年跨境电商的竞争核心谈的是"品牌""个性化""定制""创意化"，所以对于真正有实力的跨境电商创业者，如果资金实力足够强大，可以选择贴牌选择供应商，并且结合自己的专业市场调研数据让供应商生产设计出跨境店铺特有的特色的商品，真正提升跨境店铺的品位和市场竞争力。其实有这样的观点，跨境电商低价竞争肯定是死路，海外客户选择跨境商品肯定也不会一味地追求低价格，特别是进入 2016 年，经历前几年的草莽发展，低价模式正在慢慢被品牌化商品真正取代，如果选择跨境电商创业，一上来就选择品牌化加工，跨境电商之路会走得更远、更持久，当然这个前提是具备一定的资本实力。

二、线上选品

线上选品又分为站内选品和站外选品，如图 4－3 所示，下面详细介绍线上选品的方法。

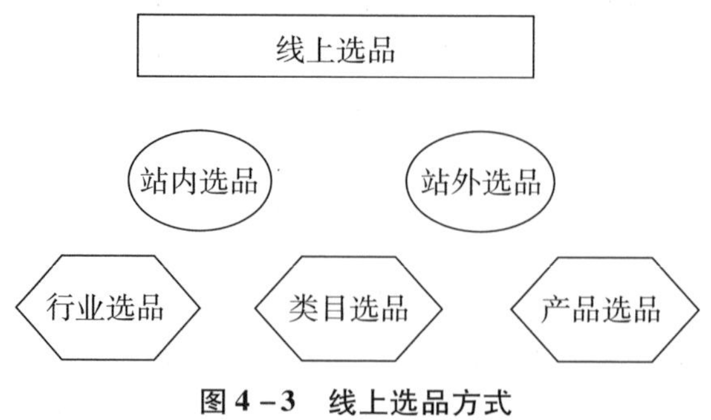

图 4－3 线上选品方式

1. 行业选品

选品必然要先了解行业情况，所以选品也可以理解为了解市场的步骤，因此无论你是因为刚进入速卖通而且还不知道该卖什么产品，还是有自己的公司或者工厂，抑或是已经确定了要销售的产品，对于这个环节都应该了解一下。

登录速卖通后台，点击“纵横数据”→“商机发现”→“行业情报”链接，平台给我们推荐了一些蓝海行业，如图 4 –4 所示，我们可以作为一个参考。

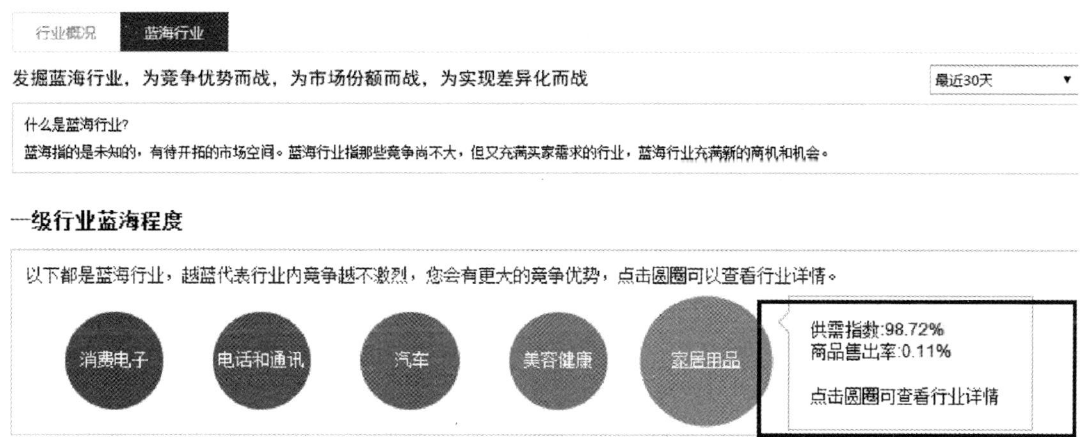

图 4 –4 “蓝海行业”界面

蓝海行业数据细分里面有一个供需指数（统计时间段内行业下商品指数/流量指数），供需指数越小，竞争越小，如图 4 –5 所示。

蓝海行业细分　*选择您想查看行业*

消费电子　您可以通过筛选，查找特定行业下的蓝海行业

行业名称	供需指数	商品售出率	操作
打印机部件	31.6%	0.26%	查看行业详情
PS3配件	43.15%	5.34%	查看行业详情
右手手柄	50.14%	0.68%	查看行业详情
手柄	51.76%	1.8%	查看行业详情
墨水盒	68.71%	0.22%	查看行业详情
专用布袋/软套/硅胶套	82.72%	0.39%	查看行业详情
其他	97.91%	1.09%	查看行业详情

1　Go to Page　Go

图 4 –5 “行业概况”界面

在行业概况下，我们可以选择行业和时间段（7 天、30 天、90 天），查看该行业在最近时间段的访客、流量、支付占比以及市场规模，如图 4 -6 所示。

图 4 -6　数据纵横界面

我们还可以选择自己感兴趣的三个行业，查看这三个行业最近的发展趋势，如图 4 -7 所示。

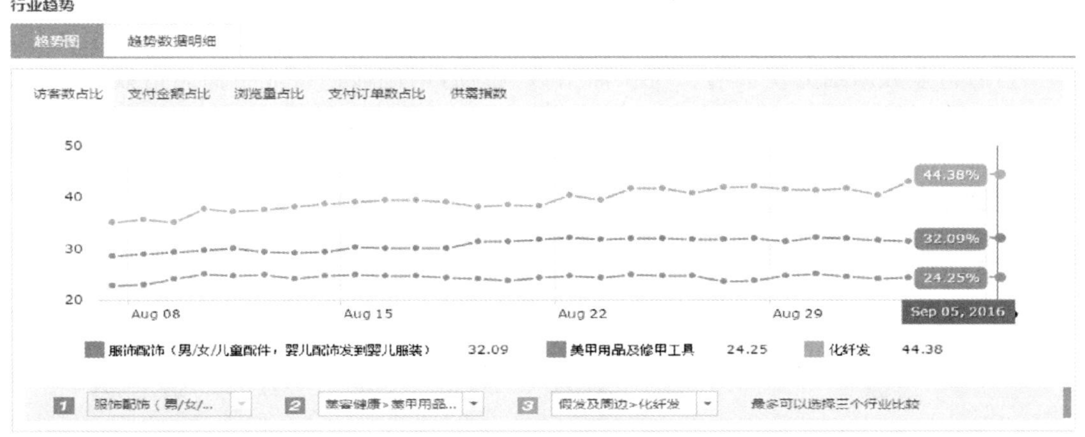

图 4 -7　趋势图

趋势数据明细，可以方便我们从不同的角度对数据进行分析，另外也可以下载最近的原始数据（Excel 表格），更加方便我们进行数据分析，如图 4 -8 所示。

如果我们的产品比较适合某个国家，或者我们想主攻某个国家，我们可以参考行业国家分布，如图 4 -9 所示。

2. 类目选品

所谓的类目选品就是在某个行业下要卖哪些类目的产品。

在了解了行业选品，确定了自己要做的行业后，就要确定要卖这个行业下哪些类

行业趋势

趋势图　趋势数据明细　　下载最近30天原始数据

	流量分析		成交转化分析		市场规模分析
	访客数占比	浏览量占比	支付金额占比	支付订单占比	供需指数
2016-08-07	28.66%	15.87%	18.58%	29.31%	80.31%
2016-08-08	28.93%	16.26%	20.02%	29.11%	78.7%
2016-08-09	29.41%	16.08%	19.4%	29.59%	77.84%
2016-08-10	29.83%	16.18%	19.67%	29.58%	78.03%
2016-08-11	30.07%	16.27%	18.82%	29.04%	77.82%
2016-08-12	29.4%	15.7%	18.63%	28.16%	79.3%
2016-08-13	29.19%	15.67%	18.74%	28.57%	80.38%
2016-08-14	29.46%	15.56%	19.2%	28.88%	80.15%
2016-08-15	30.32%	16.19%	19.32%	29.21%	77.12%
2016-08-16	30.2%	16.12%	19.16%	29.56%	77.28%

图 4－8　趋势数据明细

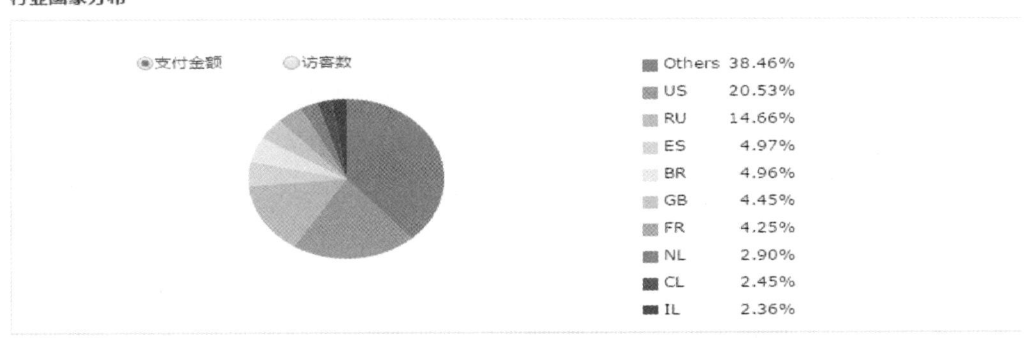

图 4－9　行业国家分布图

目的产品，我们可以借助商机发现里面的选品专家功能来进行分析，选品专家分为热销和热搜两个方面：热销，代表卖家的角度，适合寻找爆款；热搜，代表买家的角度，适合开发新品。

（1）选品专家：热销。

热销将从行业、TOP 国家来看最近市场热销的品类、品类热销的属性，以及这些品类热销的特征，关联销售。快速让您看清市场方便选品。

①行业 TOP 热销产品词。图 4－10 中为国家最近一段时间 TOP 热销的品类，圆圈越大，销量越高。颜色代表竞争情况，颜色越红，竞争越激烈；颜色越蓝，竞争越小。

②行业 TOP 关联产品。点击某一品类可以查看买家同时浏览、点击、购买的与该品类相关的商品。连线越粗，产品与产品间的关联越强。即买家同时浏览、点击、购

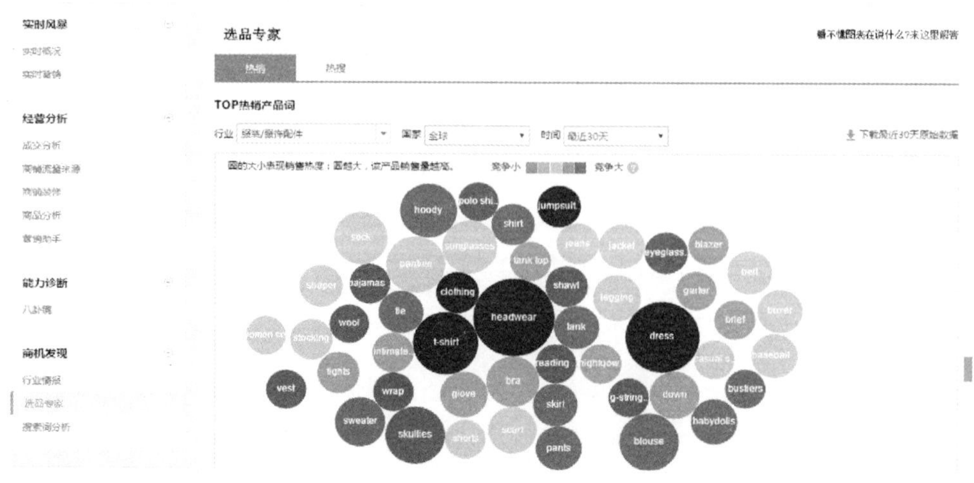

图 4-10　服装/服饰配件 TOP 热销产品图

买的人越多。圆圈越大，销量越高；颜色表示竞争情况，颜色越红，竞争越激烈；颜色越蓝，竞争越小。效果如图 4-11 所示。

图 4-11　行业 TOP 关联产品图

③行业 TOP 热销属性。某个品类下热销的产品属性。点击"+"号可以展开 TOP 热销的属性值，点击"-"号可以收起属性值。点开后属性值的圆越大表示销量越高；同一类颜色在此图只作属性分类用，如图 4-12 所示。

例如，dress 热销的属性，点击"+"号展示后可以看到袖子的袖长：无袖最热销；面料：雪纺；裙长：膝盖以上、迷你裙。

卖家可以结合自己商品特征，优化商品属性，提高买家找到商品的机会，同时卖家也可以了解到目前热销的属性，方便选品，如图 4-13 所示。

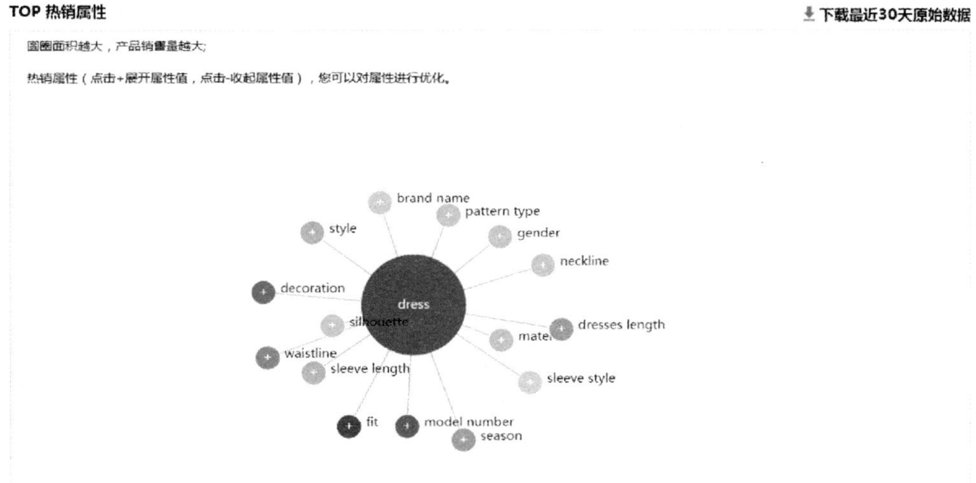

图 4 - 12　TOP 热销属性图

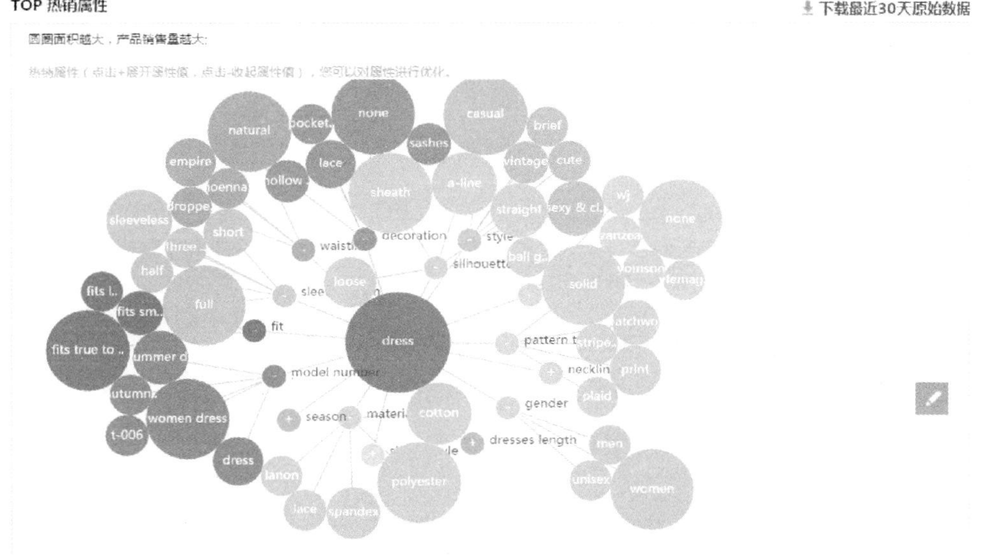

图 4 - 13　优化商品属性图

④行业 TOP 热销属性组合。

某个品类下热销属件组合，相同颜色代表一类属性组合，颜色占比越大表示销量越多，圆越大销量越多，如图 4 - 14 所示。

可以点击圆圈，查看属性组合详情。例如，点击图 4 - 14 中的 Floral、Ball Gowm，Children、Bow、Novelty、Girls 图标，弹出下面属性组合详情框。这类商品特征包括带花的、蝴蝶结、蓬蓬裙、女童等，如图 4 - 15 所示。

选择属性组合查看在平台上此类商品特征，如图 4 - 16 所示。同时我们也可以在其他网站搜索来看这类商品特征。

图 4－14　热销属性组合图

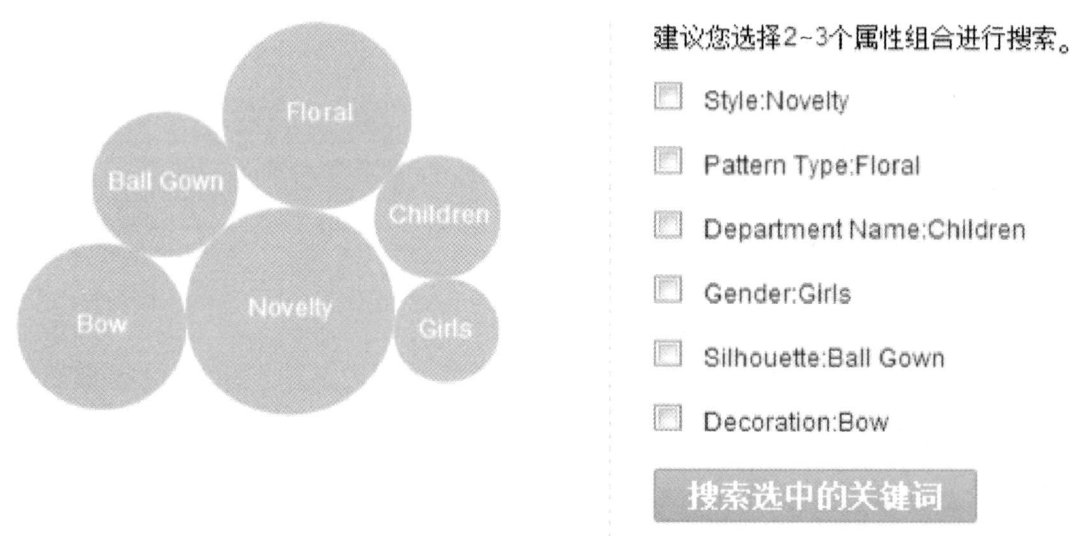

图 4－15　属性组合详情图

（2）选品专家：热搜。

热搜从行业、TOP 国家来看最近主要市场的热搜的品类、品类热搜的属性以及关联销售，能够帮助我们看清买家在搜索哪些产品。

热销维度的选品思路和热搜维度的选品思路一样，所以热搜维度的选品我们就不详细介绍了。

备注：如果觉得看圆圈不是太精准，我们可以点击右上角“下载原始数据”，通过导出的 Excel 表格数据进行详细的分析。

建议您选择2~3个属性组合进行搜索。

- [ ] Style:Novelty
- [x] Pattern Type:Floral
- [ ] Department Name:Children
- [x] Gender:Girls
- [x] Silhouette:Ball Gown
- [ ] Decoration:Bow

搜索选中的关键词

图 4－16　商品特征图

3. **产品选品**

通过以上内容我们知道了如何在行业中选品，以及如何在类目中选品，接下来介绍一下如何在产品中选品，这里用到的工具有很多，下面将一一介绍。

（1）属性选品，点击“数据纵横”→“选品专家”链接，进入如图 4－17 所示的界面。

图 4－17　热销界面

选择“热销”维度，选择鞋子行业下面的靴子，国家选择全球范围，时间选择最近 30 天，点击 Boot 这个词，会进入到这个词对应的页面，即 TOP 热销属性页面，下载表格，如图 4－18 所示。

下载完表格后，站在卖家角度（热销维度），来看卖家主要在卖哪些属性的靴子，根据这些属性的特征来选择要经营的靴子的款式，如表 4－1 所示。

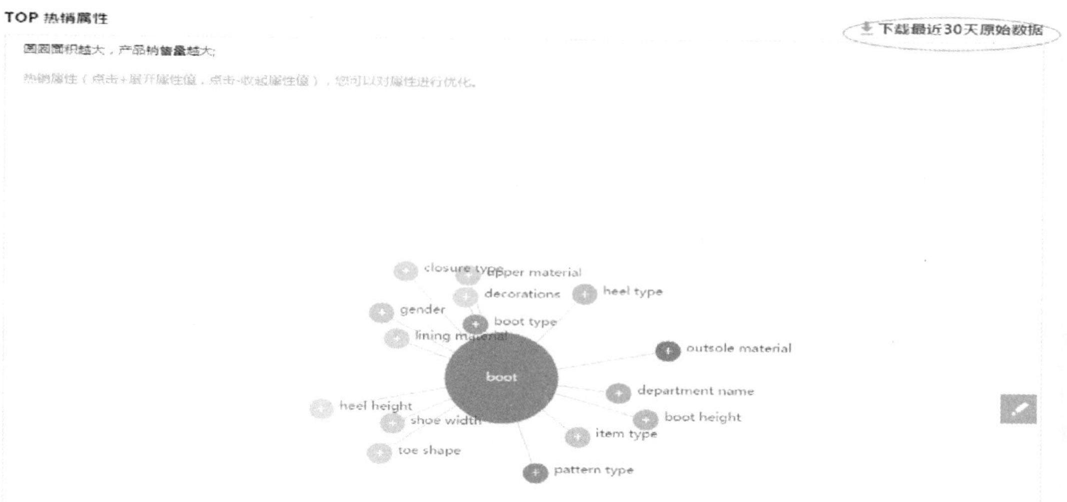

图 4－18　热销属性界面

表 4－1　　靴子的款式及成交指数

行业	国家	商品关键词	属性名	属性值	成交指数
鞋子＞靴子	全球	Boot	upper material	pu	31942
鞋子＞靴子	全球	Boot	upper material	flock	13080
鞋子＞靴子	全球	Boot	upper material	full grain lcather	9849
鞋子＞靴子	全球	Boot	upper material	suede	844＋
鞋子＞靴子	全球	Boot	upper material	cotton fabric	4879
鞋子＞靴子	全球	Boot	lining material	plush	17934
鞋子＞靴子	全球	Boot	lining material	cotton fabric	15758
鞋子＞靴子	全球	Boot	lining material	pu	14820
鞋子＞靴子	全球	Boot	lining material	synthetic	10841
鞋子＞靴子	全球	Boot	lining material	short plush	7799
鞋子＞靴子	全球	Boot	shoe wideth	medium（b，m）	86765
鞋子＞靴子	全球	Boot	shoe wideth	wide（c，d，w）	1484
鞋子＞靴子	全球	Boot	shoe wideth	extra wide（e＋）	613
鞋子＞靴子	全球	Boot	shoe wideth	narrow（aa，n）	241
鞋子＞靴子	全球	Boot	shoe wideth	extra narrow（aaa＋）	92
鞋子＞靴子	全球	Boot	item type	boots	89170
鞋子＞靴子	全球	Boot	gender	women	72298
鞋子＞靴子	全球	Boot	gender	men	12001

续 表

行业	国家	商品关键词	属性名	属性值	成交指数
鞋子 > 靴子	全球	Boot	gender	unisex	4871
鞋子 > 靴子	全球	Boot	boot height	ankle	59046
鞋子 > 靴子	全球	Boot	boot height	mid – calf	12728
鞋子 > 靴子	全球	Boot	boot height	knee – high	8968
鞋子 > 靴子	全球	Boot	boot height	over – the – knee	8428
鞋子 > 靴子	全球	Boot	department name	adult	89170
鞋子 > 靴子	全球	Boot	closure type	lacc up	34694
鞋子 > 靴子	全球	Boot	closure type	slip on	32923
鞋子 > 靴子	全球	Boot	closure type	zip	17125
鞋子 > 靴子	全球	Boot	closure type	hkko & loop	1535

技巧：我们可以根据靴子鞋跟的风格、鞋头的风格等来选择靴子的类型。选品专家热搜维度的选品思路和热销维度的选品思路一样。

（2）关键词选品。

点击“数据纵横”界面中“搜索词分析（买家角度）”链接和“营销工具”下的关键词工具（卖家角度）链接，进入相应的界面进行操作。买家角度关键词选品，如图 4 – 19 所示。

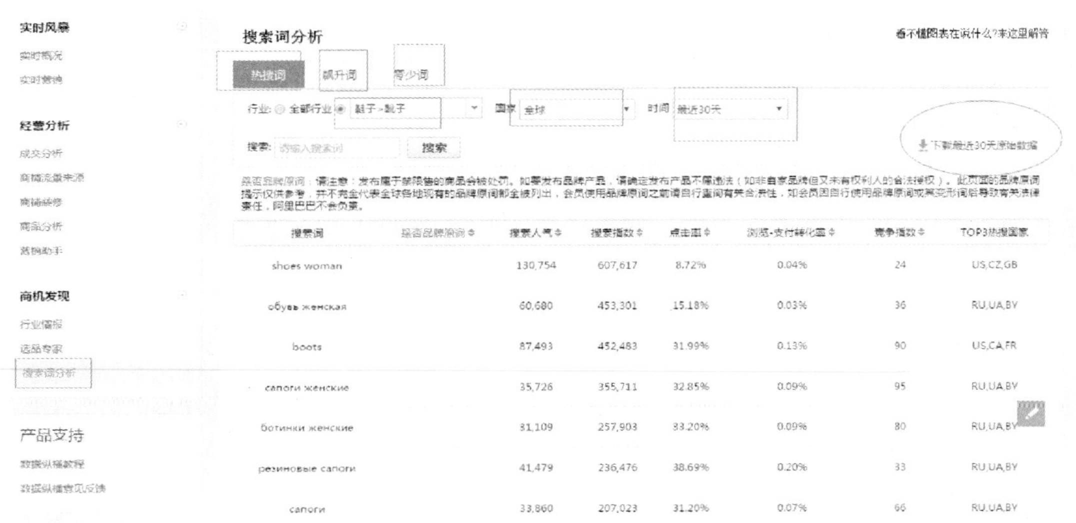

图 4 – 19 “搜索词分析”界面

以热搜词维度为例，然后选择产品，比如靴子，接着选择国家和时间，下载原始数据，如图 4 – 20 所示。

NO.	搜索词	是否品牌原词	搜索人气	搜索指数	点击率	支付转化率	竞争指数	TOP3热搜国家
212	women boots 2016	N	1,051	10,318	45.30%	1.80%	233	US,BG,GB
277	botas tacticas	N	1,242	7,941	59.38%	0.81%	88	AR,ES,CL
594	skechers shoes	Y	961	1,903	45.58%	0.79%	2	TR,ES,GB
199	women ankle boots	N	707	10,927	28.08%	0.76%	458	IN,US,IL
462	bassiriana	N	1,553	4,436	31.72%	0.76%	9	RU,UA,LV
541	dr boots	N	1,287	3,065	44.43%	0.73%	27	ES,US,NL
615	doc martins	N	1,006	1,654	33.63%	0.68%	2	FR,US,AU
439	womens winter boots	N	476	4,755	50.99%	0.63%	254	US,CA,CZ
160	botas militares	N	2,664	13,096	46.48%	0.58%	81	ES,AR,CL
78	dr martins	N	6,923	23,711	59.06%	0.55%	31	IT,NL,FR
482	מגפי נשים	N	495	4,269	43.17%	0.53%	171	IL
537	ug botas australia	N	953	3,125	74.31%	0.48%	30	ES,US,RS
618	coturno militar	N	957	1,632	35.93%	0.46%	2	BR
321	winter boots men	N	591	6,729	46.07%	0.45%	297	LT,CA,US
491	desert boots	N	569	4,208	45.04%	0.45%	164	RU,FR,PL
399	ботинки зима	N	752	5,374	51.26%	0.42%	144	RU,UA,BY
66	ugs australia boots wom	N	9,951	28,178	79.08%	0.41%	15	US,FR,NL
180	palladium	N	3,193	11,972	64.17%	0.41%	19	FR,RU,IL
329	מגפיים	N	860	6,542	32.14%	0.40%	146	IL,FR,GB
54	chelsea boots	N	9,978	34,472	59.50%	0.38%	47	US,CA,GB
267	cuissardes	N	1,647	8,220	32.95%	0.37%	61	FR,BE,CH
503	uggs australië	N	1,024	4,087	62.01%	0.37%	43	BR,PT,LU
306	ladies boots	N	740	7,247	36.70%	0.36%	266	GB,IE,US
159	резиновые сапоги женщ	N	1,433	13,161	47.66%	0.35%	107	RU,EE,UA
64	military boots	N	4,990	28,916	51.46%	0.34%	111	TR,US,HU
388	bottes hiver femmes	N	469	5,477	44.46%	0.34%	277	FR,CA,CH
29	ugs women	N	21,636	64,871	65.59%	0.33%	19	US,NL,FR
191	summer boots	N	897	11,651	30.20%	0.33%	343	BG,IE,US
232	bottes	N	1,568	9,179	31.23%	0.33%	116	FR,BE,CA
371	women shoes winter	N	450	5,773	33.90%	0.33%	356	CZ,US,SK
61	knee high boots	N	6,234	30,691	42.94%	0.32%	100	US,GB,CA

图 4－20　热搜靴子的数据图

我们可以根据搜索词里面买家的搜索词来选择靴子的产品，比如 botas tacticas，skechers shoes（注意该词是品牌词，如果我们没有授权，销售这样的产品会被投诉的），dr boots 等。这些转化率高、竞争又小的产品就是我们要选择的。

（3）同行卖家款式参考。都说同行是冤家，不过我们也有“利用”到冤家的地方，比如我们选品的时候可以参考一下同行卖家的产品款式。

在买家首页输入想要了解的产品，比如 women boots（女士靴子），以订单降序排列，看看目前在平台上女士靴子这个类目下卖得好的卖家都在卖什么款式的产品，如图 4－21 所示。

4. 站外选品

前面我们已经了解了如何在站内选品，下面我们学习一下如何在站外选品。

（1）同类跨境 B2C 平台。与速卖通相关的跨境电商网站有 eBay、Amazon 等，我们在选品的时候也可以参考这些平台同行的选品情况，这将有助于我们选品。eBay、Amazon 网站首页如图 4－22 和图 4－23 所示。

（2）跨境独立网站。出口跨境电商行业发展至今，主要有两种方式，一种是在速卖通、eBay、亚马逊等第三方平台进行销售，另一种则是自身构建独立站点运营（比如兰亭集势、大龙网、DX. com 等）。这两种模式均为跨境出口电商创建了不同的发展

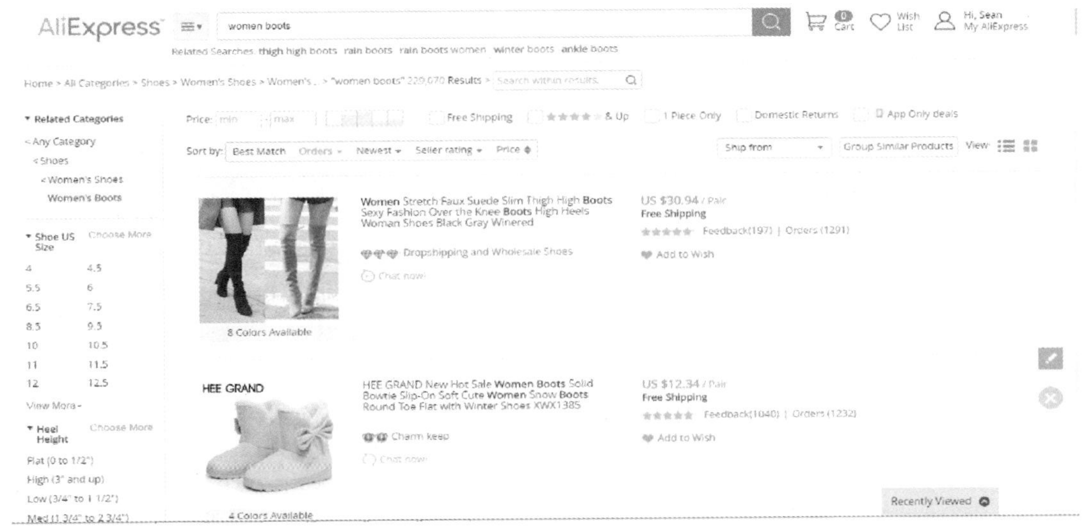

图 4－21　搜索结果

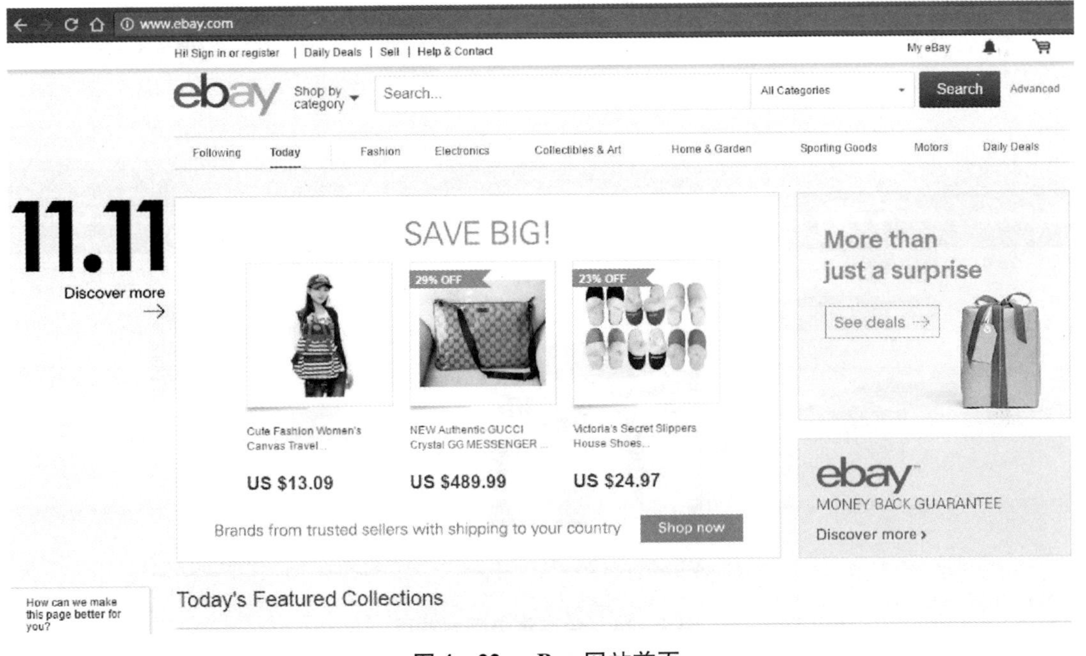

图 4－22　eBay 网站首页

方向。这些独立站的热销产品也可以为我们的选品提供参考。

下面简单介绍下兰亭集势、大龙网、DX. com。

①兰亭集势——中国外贸电商第一股的尴尬。

兰亭集势成立于 2007 年，创始人为郭去疾、文心、刘俊、张良。从成立至今，总共获得五次融资，并于 2013 年登录纽约交易所。兰亭集势网站首页如图 4－24 所示。兰亭集势的基本商业模型是 B2C，起家品类是婚纱礼服，主要针对北美、欧洲市场。

有自家电商平台，也同时在 eBay 和亚马逊等海外电商平台上开店。用谷歌推广换取流量，用 Paypal 支付，用 UPS 和 DHL 发货。

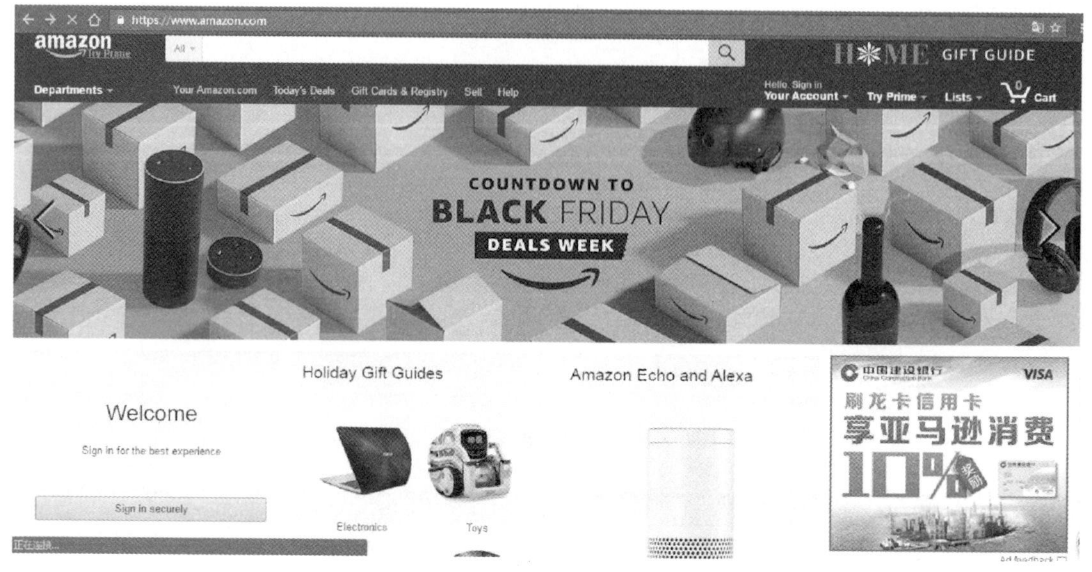

图 4－23　Amazon 网站首页

图 4－24　兰亭集势网站首页

兰亭集势在 2012 年盈利过一段时间，其网站用户来自 200 多个国家和地区，日均国外客户访问量超过 100 万人次，访问页面超过 200 万人次。可以说，当时的兰亭风头一时无两。

然而，兰亭上市后即开始亏损，并且亏损额持续扩大。同时也被曝出有多位高管离职，其资金链陷入困境。连接网创始人、CEO 公维锋认为，作为出口跨境电商独立站的典型代表，兰亭目前的危机一方面是自身未形成行业壁垒，另一方面是受到巨头的挤压。

兰亭起家于婚纱，产品的卖点是低价，随着越来越激烈的竞争，很容易陷入产品同质化和价格战的困境中。另外，随着第三方平台的日益壮大，兰亭集势只能打广告、拼流量，这又使得营销成本居高不下，谷歌算法的调整又加大了难度。且创建了“兰亭智通”为全球跨境物流开放平台带来了资金压力。

②大龙网——甘做跨境电商的副驾和 U 盘。

大龙网网站首页如图 4 – 25 所示。

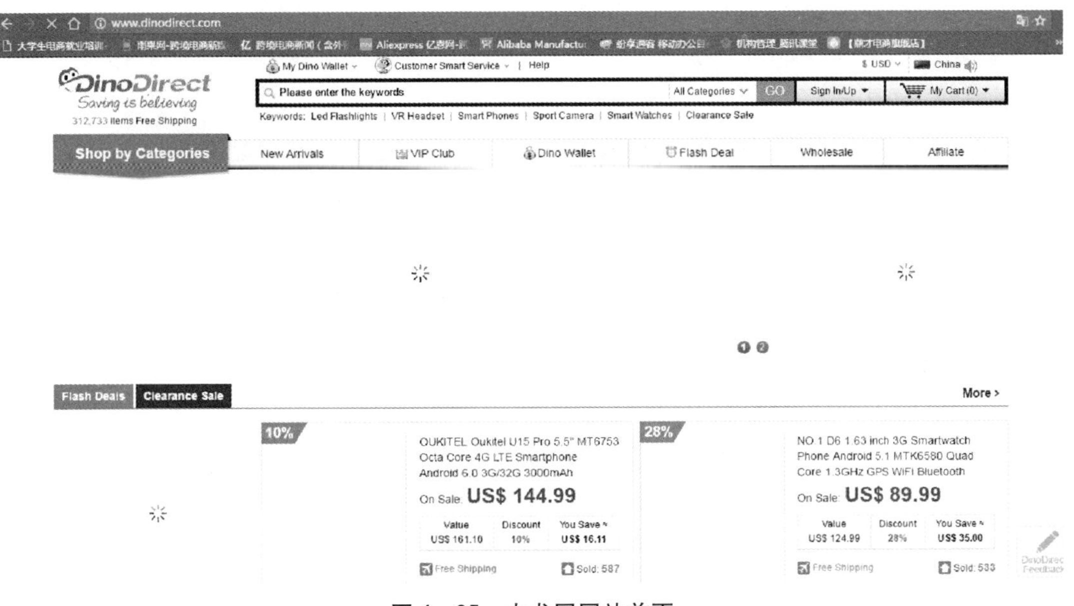

图 4 – 25 大龙网网站首页

大龙网成立于 2010 年，创始人为冯剑锋，目前已经历过三轮融资。“大龙网的 B2B + O2O 模式是希望成为副驾和 U 盘，U 盘到哪里都可以用，俄罗斯也好，欧洲也好，美洲也好，我们的系统随时随地可以用上。”大龙网的高级副总裁表示。

大龙网专注于提供移动跨境贸易 B2B 出口解决方案：约商 OSell APP + 线下“网贸会”。OSell 是一款跨境贸易商务社交 APP，包含了即时通信、翻译服务等基础用途，还提供全球 GPS 定位、商人圈子、按需配对、摇一摇功能。而“网贸会”是指在海外体验馆里进行中国精品展会暨商人洽谈会的形式，促使供应商的产品在海外市场实现“前展后仓”。

另外，2015 年 5 月 22 日，大龙网正式启动了“跨境 O2O”计划，在以俄罗斯为重点的东欧市场铺设线下婚纱业务网络，和数百家线下婚纱实体店建立合作，安装 O2O 系统设备。跨境电商 O2O 模式目前虽然还尚未清晰，但为了解决“最后一公里之殇”，让跨境电商走得更长远，“产品 + 服务”的未来跨境电商 O2O 模式是一种必然的趋势。

③DX. com——如何在防守中进攻。

DX. com 首页如图 4 - 26 所示。

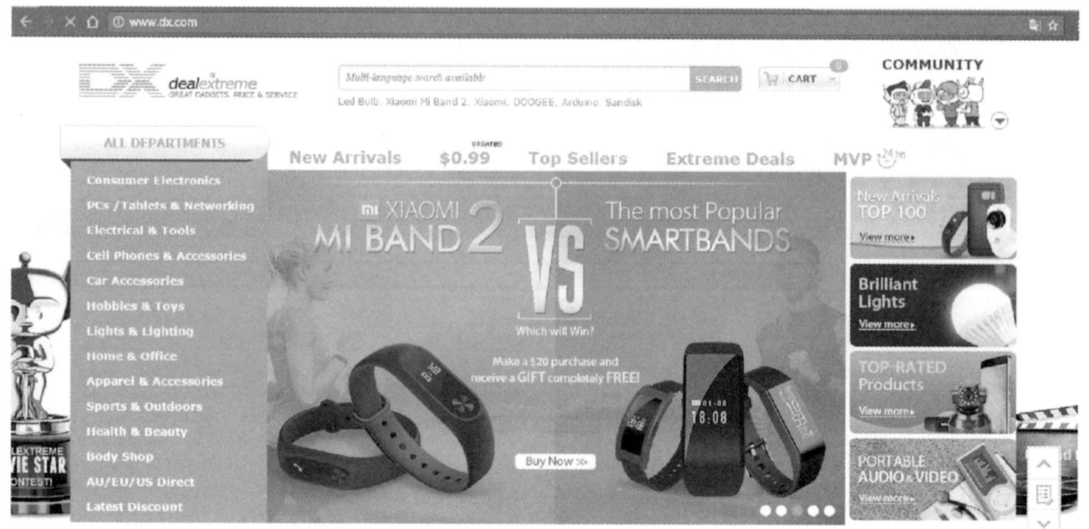

图 4 - 26　DX. com 首页

DX 成立于 2006 年，创始人为陈灵键。作为一家在中国香港上市的老牌跨境出口 B2C 企业，DX 一直是以雄赳赳气昂昂的形象站在行业的最前端。然而，快速变幻的市场环境以及此起彼伏的竞争对手，似乎让 DX 在近两年时间内显得有些“疲惫”。

从 2014 年开始，DX 的收入状况相比前两年不甚乐观，而且已关闭了在 2014 年年初上线的子网站 DX Mall。同时，只有服饰和美容两个品类保留在了主站的类目列表中。主要原因是欧美成熟市场增长乏力，加上跨境电商出口市场涌现出更多的商家，致使竞争加剧。

不过，DX 并没有停止过前行的步伐，在防守中进攻或许可以诠释它接下来要做的事。目前，DX 已推出了十多种语言版本的网站，覆盖欧洲、拉丁美洲、美洲等，将更多的精力投向了以拉丁美洲为首的新兴市场，并选择了“借力”本土企业的方式重新展开攻势，一是利用该企业的进口权为其供货；二是该企业帮助 DX 做市场推广和本地服务。

与平台的不断发展壮大不同，不少独立站目前似乎陷入了困境。业内人士表示，对于从事独立站运营的公司来说，随着流量获取的成本不断增长、各国政策的不断动荡、同行业之间的竞争加剧，特别是如今第三方平台不断迅猛发展，独立站苦于垂直品类以及引流困难，变得寸步难行。

因此一些从事独立站的人开始纷纷转战第三方平台。不过依然有业内人士认为，独立站的瓶颈可以通过调整和优化来突破。独立站目前主要是流量和支付通道两个问题。因此要想突破重围，广告以及资金方面需要重点下手，同时找到网站核心定位，不断完善网站的各个方面。

5. **第三方工具**

（1）watcheditem。

下面举例说明如何查看 eBay 中的热销款产品。我们可以借助工具：www. watcheditem. com 来进行分析，工具界面如图 4－27 所示。

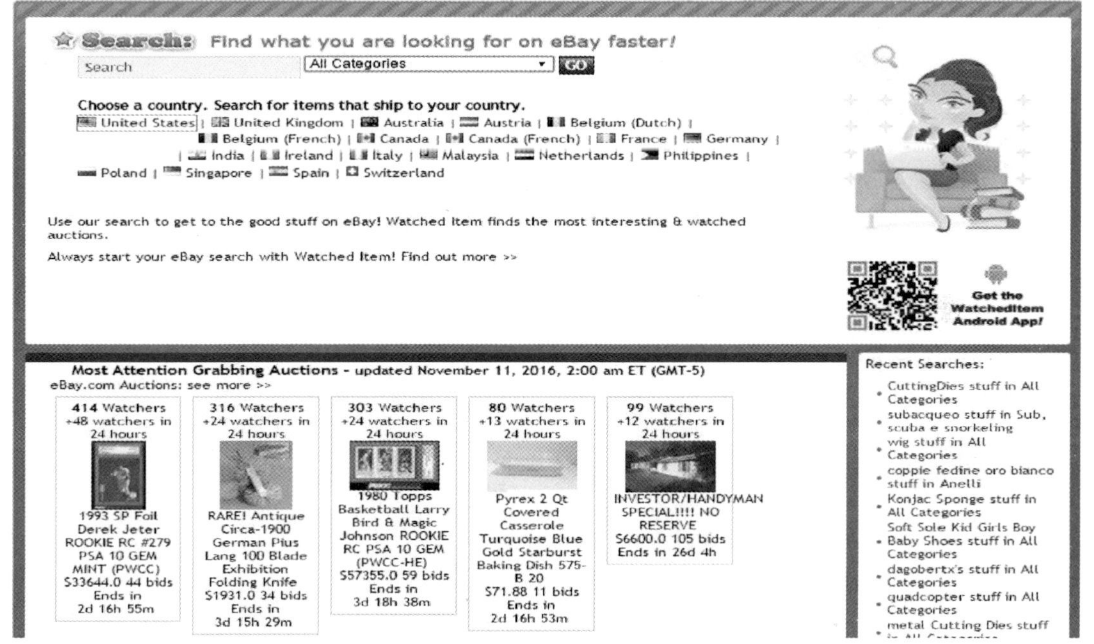

图 4－27　工具界面

（2）Google（谷歌）全球商机洞察。

Google 全球商机洞察可以提供来自全球互联网搜索的数据。按照总的搜索量、建议出价和竞争状况对每个市场的商机进行排序。借助 Google 全球商机洞察，一些曾经困扰中小企业的诸如“这个市场的竞争状况如何”“该地区对产品的需求与另外一个区域相比如何”“在这个新市场进行广告宣传需要多少成本”等问题，将轻易解决。

可以输入能够描述产品或服务的关键字，然后选择一个区域。也可以在多个市场中（Filter）进行选择，包括 G20、欧盟、新兴市场、亚洲或整个世界。

Google 全球商机洞察使用来自全球互联网搜索的数据，显示人们用阿拉伯语、中文、英语等 56 种语言中的任意一种搜索您关键字的次数。

在与 AdWords 结合后，Google 全球商机洞察还会显示估算出来的建议出价，以及在目标市场中所使用关键字（由 Google 翻译提供翻译）的竞争情况。

通过这些指标，可以将获取新客户的成本与产品的利润进行比较，帮助确定吸引新市场中的客户是否有利于业务的发展。

操作如下：

输入网址：https：//translate. google. com/globalmarketfinder/g/index. html？ locale = en（要先登录“翻墙”软件，登录翻墙软件如 VPN 后才可以访问该网站）。界面如图 4 –28所示。

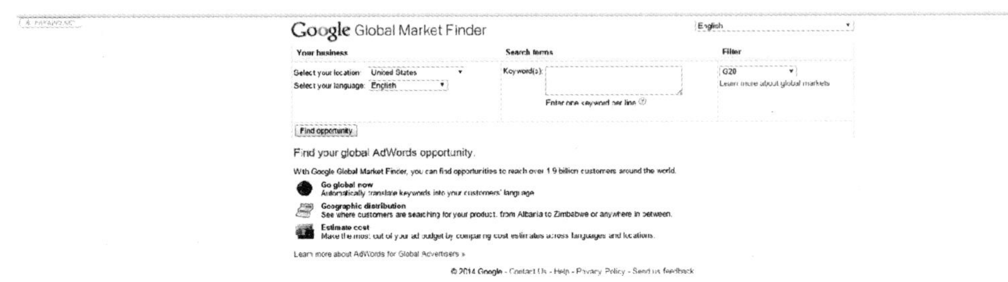

图 4 –28　Google Global Market Finder 界面

下面以关键词 Led 为例，我们可以选择相应的区域、相应的语言以及我们要输入的关键词：Led，另外可以选择自己的 Filter，结果如图 4 –29 所示。

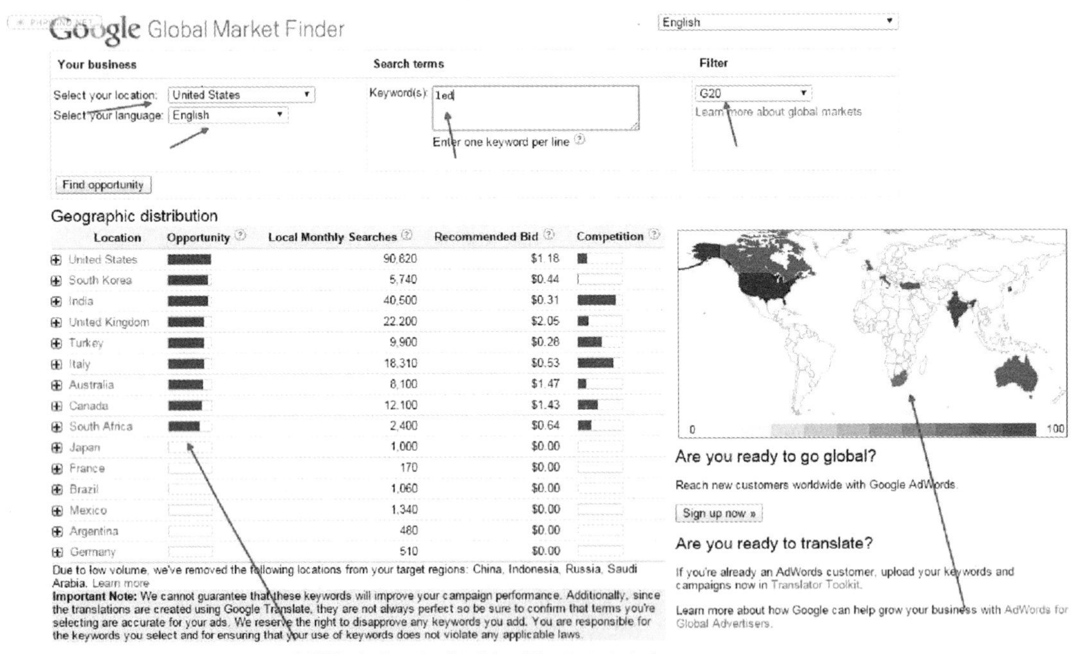

图 4 –29　以 Led 为例搜索结果

把上面各个市场上的搜索量大的国家进行排序，可以最终选定几个国家和地区作为开发的主要目标市场。当然，Google Market Finder 不能做到完全精确的市场洞察，这只是给我们一个参考的工具。

6. 1688 **批发市场**

1688 采购批发网站首页如图 4 – 30 所示。

图 4 – 30　1688 采购批发网站首页

目前对于很多跨境电商新人来说 1688 是选择货源的第一平台，1688 聚集了中国大量的供应商商品资源，选择 1688 的供应商，首先建议选择真正的工厂供应商，而且有持续新产品的研发能力，判断一个 1688 卖家是不是真正的供应商其实也比较简单，比如从卖家的名称做判断，从卖家所给的产品价格做判断，我们也可以输入卖家的公司抬头在百度网站做一个基础的了解，有必要的时候也可以去卖家工厂实地考察一下。目前 1688 卖家会有条件地提供产品的照片，对于产品照片建议是最好自己拍摄，因为后期跨境电商经营的成功核心是做出自己的特色和特点，1688 商家提供的照片很可能最终造成很多同行店铺的千篇一律，不利于店铺长期发展。通过跟卖家的沟通，我们也可以真实感受到卖家的服务理念、服务水平及配合度等情况，卖家的态度非常关键，如果一个卖家配合度不高，热情不够，自然也不需要选择。选择 1688 进货源的还有一个重要攻略就是，我们应该定期通过 1688 了解行业走向和产品趋势发展，如果选择的是一个优秀的产品供应商，他应该有持续研发并且更新新产品的能力。1688 目前拥有中国大量的供应商资源，选择供应商不要一味贪图价格的绝对低廉，一般选择行业内价格中等、有良好服务意识的供应商长期合作，拒绝绝对廉价的理由，前面也提到了跨境电商更多靠的是品牌、品质和优质服务竞争，绝对廉价产品一般来说品质不稳定，服务也比较差，只要用心经营其实跨境电商还是拥有足够利润的。

7. **淘宝网**

淘宝网首页如图 4 – 31 所示。

图 4 – 31　淘宝网首页

通过淘宝网选择货源也是一种非常好的方式，目前通过淘宝网选择货源的操作方式是这样，很多大的网店都会有分销代理机制，当然若花些钱进货店家自然更喜欢。通过淘宝店铺选择货源最大的好处就是通过淘宝评价我们可以真实地判定商品的品质和市场口碑，这点最显而易见了，如果要经销一款淘宝卖家的商品，看看商品的评价，客户的评价，商品品质一目了然，还有重要一点淘宝卖家服务意识要比 1688 的卖家要好得多，理由自然不必说，要在淘宝网生存，服务绝对是硬功夫。

我们可以利用后台数据分析指导产品选择，但我们要注意数据收集要全面；可以选择不同的思路：蓝海行业、高流量、高单量产品等；不能盲从数据，需要结合实际，多次实践练习。

第五章　速卖通如何发布高质量产品

在速卖通平台上上传产品是一件很简单的事情，但是想要上传一款高质量的产品，其实还是有很多细节需要注意的，高质量产品意味着高的曝光量，曝光量则直接决定了产品的高订单数量。产品发布看似简单，却直接影响着销售，产品发布做得好，有销量，自然就会带来信心；产品发布做得不好，没有销量，必然会导致越来越心虚、失望最终放弃。所以，无论如何，要认真做好产品发布。接下来将详细介绍一下在发布高质量产品过程中的一些注意事项，希望可以帮助到刚刚起步的卖家。

产品发布，不是简简单单的标题、关键词、图片、产品描述，然后提交就万事大吉了。在产品发布中，一定要做到用心、认真。一个好的产品 Listing 应该做到标题专业、图片丰富、描述详尽、属性完整、价格合理、免运费和发货及时等。上传产品之前要设置好产品分组、运费模板、关联产品。

首先了解一下速卖通 SEO 相关性的排序规则，不包括产品的排序规则。在相同店铺得分，相同产品得分，相同物流，相同价格的情况下，相关性影响着产品的排名。

每个产品在速卖通产品数据库中都会有一个档案，包括图片和相关文字。当客户输入一个关键字搜索的时候，速卖通把产品内容按照一定的排序规则，呈现给客户看。如果关键字出现次数多，搜索权重就大，展现给客户的排序就高，标题相关性得分也就越高。单纯的出现关键字次数也不能增加产品的相关性。我们可以利用“三位合一”的方法来提升产品的相关性。通俗地来讲就是标题、产品属性和详情描述的匹配性。

发布产品过程中的一些注意事项如下：

1. 产品类目选择

注意一定要根据自己产品所属的实际类目进行选择，方便买家更加快速地找到你所上传的产品。

类目错放影响：影响买家购物体验；平台降低产品曝光量，搜索排名靠后。

避免类目错放，需要注意以下几个方面：

（1）对平台各层类目、销售的产品了解清楚。

（2）通过商品关键词查看此类商品的展示类目，作为参考。

（3）参考同行产品类目。

2. **产品基本属性的填写**

产品属性是买家选择商品的重要依据，如图 5 – 1 所示，有 * 标识的是必填属性，有！标识的是关键属性，详细、准确地填写系统推荐属性和自定义属性，提高产品曝光机会。

自定义属性的填写可以补充系统属性以外的信息，让买家对产品了解得更加全面。为了确保产品质量，请务必正确选择品牌或型号名称；如果没有要选择的内容，请在选择 Other 后，在文本框内填写产品的正确信息（文本信息为必填）；根据经验分析，属性填写率达到 80% 以上，可以提高产品曝光率。

1. 产品基本信息

产品属性：当前产品的属性填写率为89%，该产品所在类目下优质商品的属性填写率为 78%，完整且正确的产品属性有助于提升产品曝光率！

系统属性中没有合适的属性或者属性值？点此提交

产品类型 Backpacks

品牌 ---请选择---

有品牌的商品需提交申请后方可发布。我要申请

新品牌创建需要通过品牌新建审核。立即创建

* 主要材质 Nylon(尼龙)

！装饰 Lace(蕾丝) Rivet(铆钉) None(无装饰) Button(纽扣) Bow(蝴蝶结) Appliques(贴花（非刺绣，外部装饰）) Beading(串珠) Criss-Cross(交叉形) Hollow Out(镂空) Embroidery(刺绣) Feathers(羽毛) Fur(皮草) Flowers(花) Chains(链条) Letter(字母) Ruched(褶边) Ruffles(荷叶边) Ribbons(丝带) Belts(皮带) Lock(锁头) Diamonds(镶钻)

！适用性别 Unisex(男女通用)

！图案类型 Solid(纯色)

！背负系统 Arcuate Shoulder Strap(弧形肩带)

！背包类型 Softback(软背)

！开口类型 Zipper(拉链)

！衬里材质 Polyester(涤纶)

容量 Below 20 Litre(小于20升) 20-35 Litre(20-35升) 36-55 Litre(36-55升) 56-75 Litre(56-75升) Above 76 Litre(大于76升)

防水罩 No(无)

型号 Backpack

外袋种类 Solid Bag(立体袋)

风格 Fashion(时尚)

提拎部位类型 Soft Handle(软把)

内部结构 Interior Slot Pocket(内部隔层袋) Cell Phone Pocket(手机袋) Interior Zipper Pocket(内部拉链袋) Interior Key Chain Holder(内部钥匙环) Interior Compartment(内部间隔) Computer Interlayer(电脑隔层)

工艺 Other(其它) other

完善更多属性（帮助买家更方便的找到你的产品）

Style Sport 删除

添加自定义属性

图 5 – 1　产品属性填写

3. **产品标题**

标题是最直观、最重要的商品展示内容，对于买家而言，图片远比标题更直观。没错，但是这句话基于一个前提，那就是用户已经看到你的商品了，那么用户是怎样看到你商品的呢？一个很重要的途径就是搜索，而产品标题又是匹配关键词搜索、影响产品曝光率的关键。

产品标题一般由“品牌型号 + 品类热门词 + 风格词 + 适用人群 + 材质 + 大小 + 适用搭配场景 + 长尾关键词 + 颜色 + 飙升词 + 其他修饰词”等构成。热门词不要重复列举，也不要在标题中堆砌相同意思的词，否则会被判定为标题堆砌。标题除了连接词，其他首字母均大写，要尽量准确、完整、简洁，读起来比较通顺。另外，我们要把关键词前置，这样比较符合搜索引擎抓取习惯，且无线端标题只展示前半部分（128 个字符展示 70 个左右）。

下面我们介绍一些标题设置的技巧：

（1）最简单却容易被卖家朋友忽略的问题，就是没有完全利用标题的 128 个字符。标题过短不利于搜索覆盖，例如，商品是“running shoes”，标题只有“running shoes”一个词，用户搜索“sport shoes”就找不到此商品，标题完全可以把“sports shoes”也放进来。

（2）部分用户总喜欢写“spring and autumn”，在标题字符只有 128 个字符的情况下，and 是没有必要写的。可以直接删除，变成：“spring autumn”。这就节省了 4 个字符。如果觉得这样不好看，也可以设置为“Spring&Autumn”，当然如果标题长度本身就不足 128 个字符，保留 and 也没问题。这儿主要说明的是其实 and 是个对搜索引流没有什么影响的词。

（3）标题中写 new arrival，或者 new arrive 其搜索指数为 1056 和 43，搜索量值非常低。如果有更好的词，建议删除这两个词。如果确实应该保留，一定要加上日期：2016 new arrival。因为“2016 new arrival”的搜索指数大约是前面词的 60 倍。

（4）标题中尽量包含商品的产品词、属性词。单词一定要拼写正确，否则用户无法搜索到标题。

（5）很多标题为了符合语法习惯，添加了很多词，如 to、the、and、of、for 之类的词。而标题是不用考虑英文语法的，在可能的情况下，可以尽量删除这些词，不会影响搜索排名。

（6）标题可视化效果要好。标题单词不要全小写，核心产品词、属性词等首字母尽量用大写，重要词甚至全部大写。由于空格和 +、-、#、& 等字符都只算一个字符。用这些字符能够突出标题里面的一些关键词帮助用户快速定位。甚至可以用【】来突出某个核心词。

标题是否只需要优化一次，就可以一劳永逸？答案当然是：NO。

当季节变换的时候，用户搜索的习惯，搜索的频率可能变化。这时可以关注季节性的热词，选择流量更多的词，不断优化标题，获取更多的流量。当热门事件发生、新产品发布之后，也希望卖家朋友能够第一时间去修改标题。当商品销量上升，要做某种活动的时候，可能需要增加或修改活动标题。

4. 产品主图

“好图胜千言”，在淘宝上购物，那些没有精美、写实图片的产品，买家会去下单吗？清晰、丰富、全方位、详细地描述图片，既能帮助卖家赚取买家眼球，又能突出产品特征，体现卖家的专业度。

产品主图是为了吸引买家点击，需要白底或浅色底，大小 800 像素 ×800 像素以上，图片要清晰、无水印、无拼接、无中文字等信息，6 张主图要放满。同一款产品有多个颜色时：每个颜色尽量上传本产品的缩小图，也可以选择系统定义的色卡；因为颜色不同，产品的价格和库存有时可能会不同，可以分别进行设置；针对不同颜色进行设置价格时，一定要注意产品是按照单个还是打包销售的。设置如图 5－2 和图 5－3 所示。

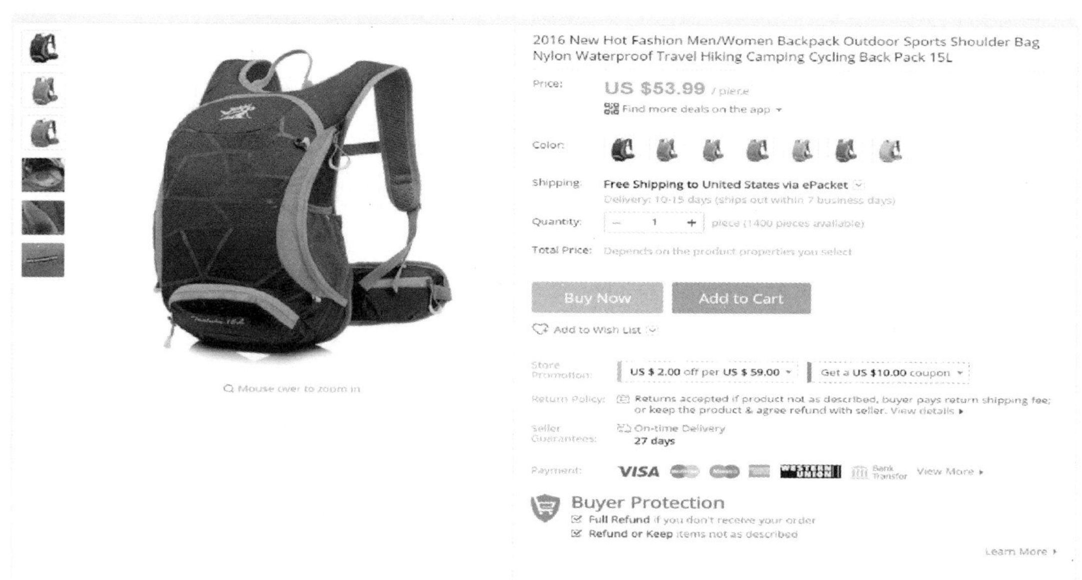

图 5－2　单个产品销售

产品主图统一规范如下：

背景要求：图片背景简单（自然场景）或者纯色背景，禁止出现杂乱背景。

主体：重点展示一类主体，需占据图片 70% 以上的地方，不允许拼图，禁止出现多宫格。

Logo：全店统一摆放在图片左上角。

文字：图片上不能出现多余文字，无除浅色店铺编号之外的水印，无品牌之外的文字，严禁出现汉字。

主图：图片尺寸 800 像素 ×800 像素及以上，图片横向和纵向比例建议 1∶1 至 1∶1.3。

图片边框：图片不能出现边框。

主图数量：主图设置 5 张以上，至少出现 1 张细节图和 1 张实拍图。

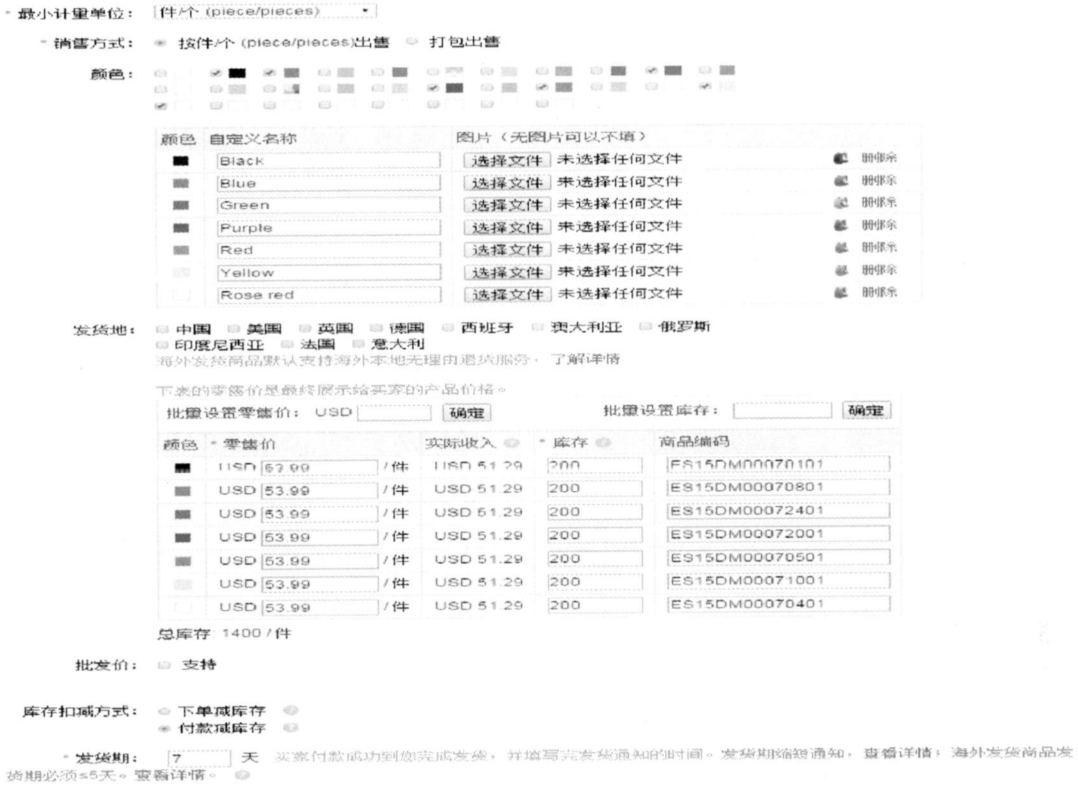

* 最小计量单位： 件/个（piece/pieces）

* 销售方式： 按件/个（piece/pieces）出售 打包出售

颜色：

颜色	自定义名称	图片（无图片可以不填）	
	Black	选择文件 未选择任何文件	删除
	Blue	选择文件 未选择任何文件	删除
	Green	选择文件 未选择任何文件	删除
	Purple	选择文件 未选择任何文件	删除
	Red	选择文件 未选择任何文件	删除
	Yellow	选择文件 未选择任何文件	删除
	Rose red	选择文件 未选择任何文件	删除

发货地： 中国 美国 英国 德国 西班牙 澳大利亚 俄罗斯 印度尼西亚 法国 意大利

海外发货商品默认支持海外本地无理由退货服务。 了解详情

下表的零售价是最终展示给买家的产品价格。

批量设置零售价： USD 确定 批量设置库存： 确定

颜色	* 零售价	实际收入	* 库存	商品编码
	USD 53.99 /件	USD 51.29	200	ES15DM00070101
	USD 53.99 /件	USD 51.29	200	ES15DM00070801
	USD 53.99 /件	USD 51.29	200	ES15DM00072401
	USD 53.99 /件	USD 51.29	200	ES15DM00072001
	USD 53.99 /件	USD 51.29	200	ES15DM00070501
	USD 53.99 /件	USD 51.29	200	ES15DM00071001
	USD 53.99 /件	USD 51.29	200	ES15DM00070401

总库存 1400 / 件

批发价： 支持

库存扣减方式： 下单减库存 付款减库存

* 发货期： 7 天 买家付款成功到您完成发货，并填写完发货通知的时间。发货期缩短通知，查看详情；海外发货商品发货期必须≤5天。查看详情。

图 5－3　打包产品销售类目的设置

下面介绍各行业图片详细规范。

（1）女装图片的规范：

①无杂乱背景，统一背景底色，最好是白色或者浅色（注：除有统一背景的品牌店铺，且整个店铺的商品有定位，呈现出一定的格调）。

②图片上除了英文 Logo 统一放在左上角，不允许放置任何尺码、促销、水印、文本等信息。

③图片主体比例要求占整个图片 70% 以上，禁止出现任何形式的拼图，尤其是商品多色使用多宫格的展示方式（注：多 SKU 商品平台会通过另外的方式实现买家端的展示）。

④建议上传 6 张图片，顺序依次为：模特或实物正面图、背面、侧面、细节图。

示例如图 5－4 所示。

（2）男装图片的规范：

①主图像素必须大于 800 像素 ×800 像素，尺寸必须为正方形。

②主图不允许拼图。

③商品图片建议上传 5～6 张，第一张为衣服正面图，第二张为衣服背面图，第三张为侧面图（若有），再加一到两张细节图和一张商品实拍图。

④商标所有人可将品牌 Logo 放置于主图左上角，大小为主图的 1/10。

正确示例(√)　　　　错误示例(×)

图 5－4　女装图片示例图

⑤图片上不允许出现中文字体、水印、促销信息等。

示例如图 5－5 所示。

正确示例(√)　　　　错误示例(×)

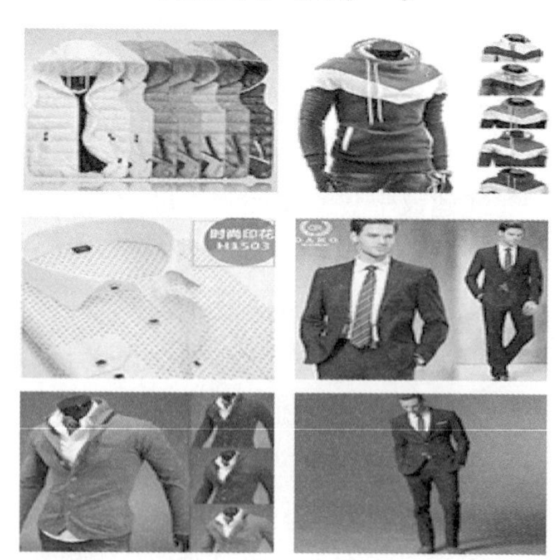

图 5－5　男装图片示例图

（3）童装图片的规范：

①图片背景要求白底或纯色背景，但要求店铺统一背景风格，模特居中展示需要占主体70%以上，不允许有杂乱背景展示，不允许加边框和中文水印，Logo统一放在左上角。

②允许两张拼图，左图模特右图实物，但不允许出现三张以上的拼图。

③实物图可以平铺，但背景色和风格必须统一，且主图中只能出现一张主体图片。

④主图建议为正方形，大小800像素×800像素以上，建议上传六张图片，第一张为正面图，第二张为侧面图，第三张为背面图，第四至第五张为产品的细节图，第六张为实物图。

示例如图5－6所示。

图5－6　童装图片示例图

（4）婚纱礼服图片的规范：

①主图必须大于等于800像素×800像素。

②土图背景建议为浅色、纯色或是白色。

③主图需达到6张，第一张为正面全身图，第二张为背面全身图，且不得少于三张细节图。

④主图中的真人模特，必须露出头和脸，禁止将头剪裁掉或是在脸部出现马赛克。

⑤主图不得拼接，不得添加边框，不得出现除店铺编号以外的水印（水印必须是浅色），不得包含促销、夸大描述等文字说明，该文字说明包括但不限于秒杀、限时折扣、包邮等，品牌Logo放置于主图左上角。

⑥产品大小占图片比例 80% 以上，多色产品主图禁止出现九宫格。

示例如图 5 -7 所示。

图 5 -7　婚纱礼服图片示例图

（5）鞋子图片的规范：

①图片背景简单（自然场景）或者纯白底，以不妨碍商品主体为唯一原则，建议不要用深色背景以及光线比较暗的实拍图片。

②重点展示单只或者一双鞋子（占据图片 60% 以上的地方）。

③Logo 固定在图片左上角，且 Logo 不宜过大，最好整店保持统一，鞋子上不能出现水印。

④图片上不能出现多余文字，严禁出现汉字，不能出现任何促销信息。

⑤图片不要自己打图标或者加边框。

⑥图片尺寸 800 像素 ×800 像素及其以上，图片长宽比例保持 1∶1，图片数量必须五张以上。

⑦不要用拼接的图片。

⑧多颜色展示（每张只展示一种颜色，平台 List 页面有展示 SKU 颜色的功能，不需要在一张图片上展示多种颜色）。

示例如图 5－8 所示。

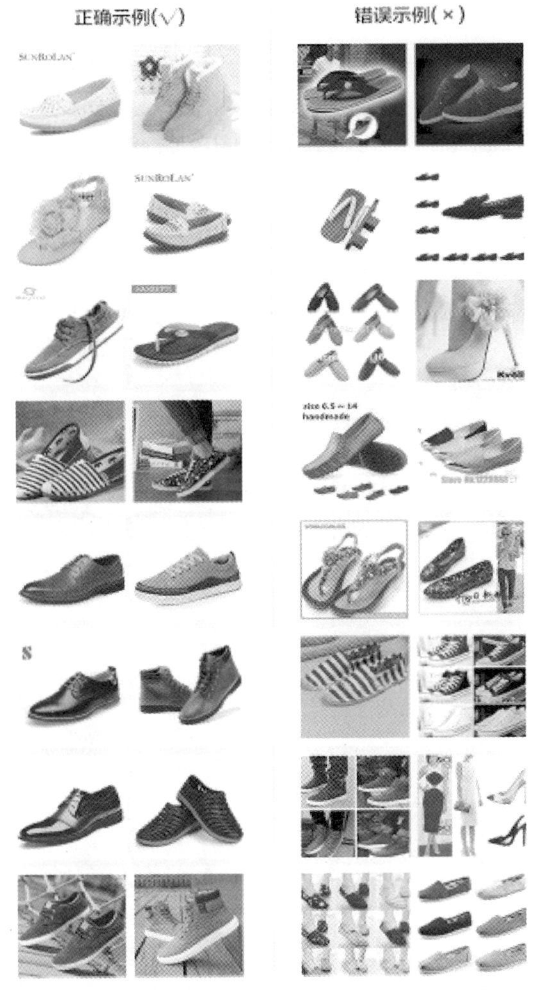

图 5－8　鞋子图片示例图

（6）包图片的规范：

①丰图尺寸大于等于 800 像素 ×800 像素，以正方形比例为佳，背景清晰，以不妨碍商品主体为唯一原则；推荐白底或纯色底背景，避免杂乱、非商品实物、深色背景、其他类目商品背景等。

②图片中不得出现除品牌外的中文字，不得加水印，不得出现文字说明（SKU、款式、价格、尺寸等）。

③主图主体必须唯一，主体清晰，细节可观，不得出现九宫格、产品堆叠等情况；避免对主图添加边框，避免多图拼接。

④主图主体大小占整体图片的 2/4～3/4，居中摆放，正面为佳，必须完整出现单一商品主体，避免主体过大或过偏而造成商品被折扣标或者 Logo 遮挡，主体过小或不完整而造成商品细节展示不全。

⑤品牌 Logo 统一居于产品左上角，Logo 不建议过大，建议以英文为优。

⑥主图第一张不建议选择模特图片或背带图片，特别是无法展示商品整体的模特图。

⑦图片数量建议五张以上，可包括包各面图（六面最佳，至少正反面）、包身细节图、包内部细节图等。

示例如图 5－9 所示。

图 5－9　背包图片示例图

（7）配饰图片的规范：

①主图尺寸必须大于 800 像素 ×800 像素，建议为正方形。

②主图不允许出现九宫格。

③商品主图建议不得少于五张组成，第一张为商品正面图，第二张为侧面图。

④主图主体数量不宜过多，主体清晰，不得添加边框，因为拍照造型需要，在一

张图片中出现多个产品是可接受的，但不允许出现拼图。

⑤商标所有人可将品牌 Logo 放置于主图左上角。

⑥图片上不允许出现中文字体。

示例如图 5－10 所示。

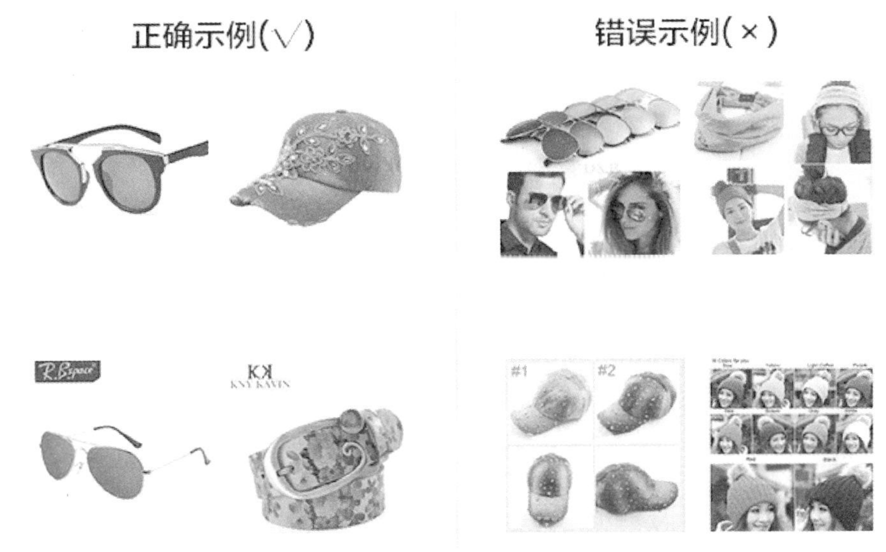

图 5－10　配饰图片示例图

（8）家居图片的规范：

①建议背景色为白色、纯色或自然场景的背景，能突出商品主题，商品图片居中展示，且需占到整体图片的 70% 以上。

②图片尺寸 800 像素 ×800 像素及以上，图片横向和纵向比例建议 1∶1 至 1∶1.3。

③图片要求无边框，无除浅色店铺编号之外的水印，无品牌之外的文字，Logo 统一在左上角。

④不允许拼图，不允许多宫格（多种颜色，同系列商品可以用细节图或 SKU 属性展示）。

⑤主图 Logo 统一放在图片左上角。

示例如图 5－11 所示。

（9）汽摩配图片的规范：

①建议背景色为白色或者纯色，禁止杂乱背景，商品图片居中展示，且需占到整体图片的 70% 以上。

②图片尺寸要求 800 像素 ×800 像素及以上，图片横向和纵向比例建议 1∶1 至1∶1.3。

③图片要求无边框，无除浅色店铺编号之外的水印，无品牌之外的文字。

④不允许拼图，不允许九宫格（多种颜色商品可以用 SKU 属性展示）。

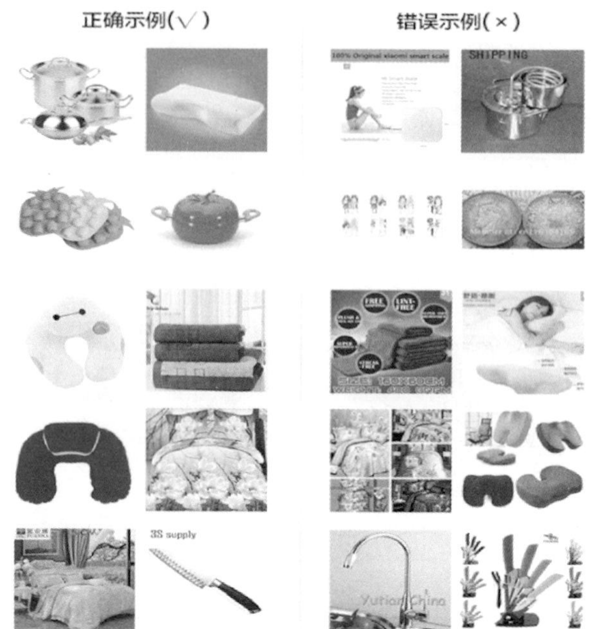

图 5－11　家居图片示例图

⑤建议五张以上，建议至少一张细节图，一张实拍图。

⑥Logo 统一放在图片左上角。

示例如图 5－12 所示。

图 5－12　汽摩配图片示例图

（10）灯具图片的规范：

①建议背景色为纯色或者和产品相关背景，禁止杂乱背景，商品图片在实际场景中展示合理。

②图片要求无水印、无边框，图片上面尽量减少文字，不能出现中文。

③主图不允许拼图，不允许九宫格。

④图片数量建议五张以上，至少一张细节图，一张实拍图；特殊效果灯，建议放一张实际效果图。

⑤图片上面尽量减少文字，Logo 统一放在图片左上角。

示例如图 5－13 所示。

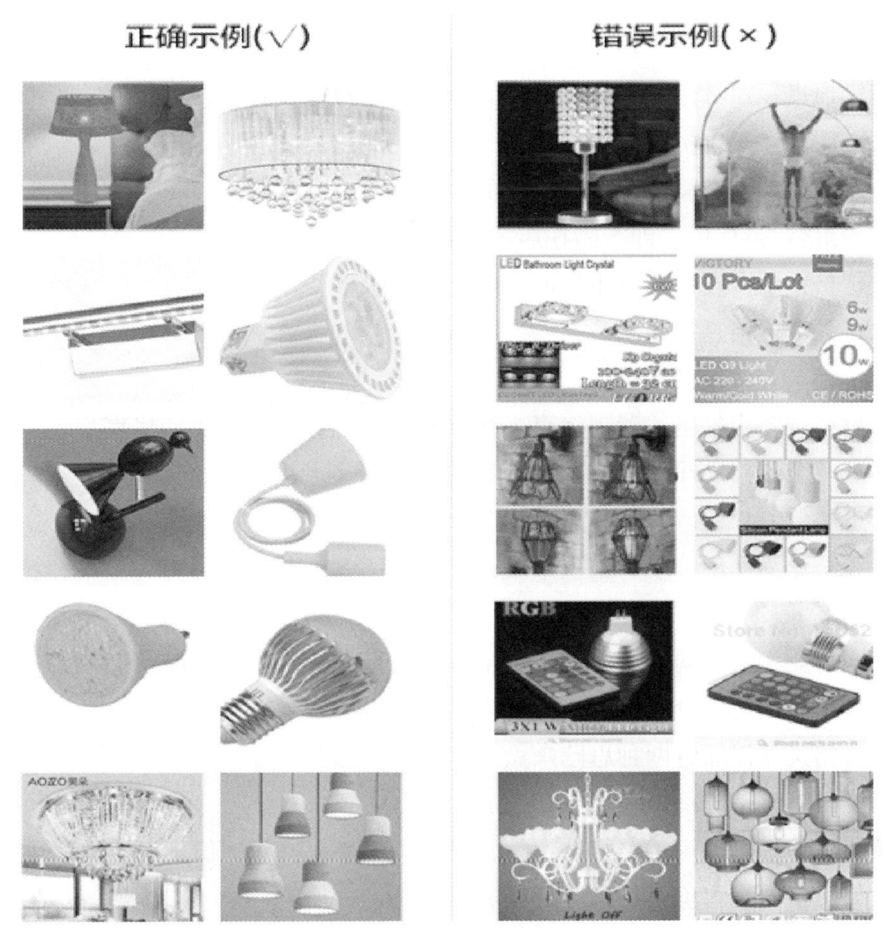

图 5－13　灯具图片示例图

（11）五金工具电器图片的规范：

①背景建议底色为白色或者纯色，禁止杂乱背景，商品图片居中展示，且需占到整体图片的 70% 以上。

②图片尺寸为 800 像素 × 800 像素及以上，图片横向和纵向比例建议 1∶1 至1∶1.3。

③图片要求无边框，无除浅色店铺编号之外的水印，无品牌之外的文字。

④不允许拼图，不允许九宫格。

⑤主图数量建议五张以上，至少一张细节图，一张实拍图。

⑥Logo 统一放在图片左上角。

⑦刀类工具图片必须有对比尺寸。

5. 产品定价

产品定价的关键不仅仅在于价位高低，而是要准确、适度，精准把握买家的心理预期。设置不同的价格区间，形成梯度价格，一方面能有针对性地满足不同层次的买家需求；另一方面也能利用价格差，吸引买家产生更多购买。

在速卖通里，对排序起着重要影响的两大因素分别是销量以及关键词。而影响销量的最关键因素在于价格，讲价格之前先解释一下几个名词：

①上架价格：是产品在上传时所填的价格。

②销售价格/折后价：即产品在店铺折扣下显示的价格。

成交价格：用户在最终下单后所支付的单位价格。

那么这几个价格直接的联系：

销售价格 = 上架价格 × 折扣

成交价格 = 销售价格 - 营销优惠（满立减、优惠券、卖家手动优惠）

清楚这几个价格之间的关系，那么就可以有针对性地对不同定位的产品采取不一样的定价策略。

定价策略分为低价策略和稳重策略：

（1）低价策略。

研究同行业卖家、同质产品销售价格，确定行业最低价，以最低价减 5% ~15% 为产品销售价格。用销售价格倒推上架价格，不计得失确定成交价。

上架价格又可以通过两种思路来做：

①上架价格 = 销售价格/（1 ~15%）。

此策略费钱，可以用重金打造爆款，简单、粗暴、有效，但不可持续，风险较大。

②上架价格 = 销售价格/（1 ~30%）。

此策略略微保守，可以通过后期调整折扣来让销售价格回到正常水平。

两种定价思路都可以在 15% 折扣下平出或者略亏，作为引流爆款。

（2）稳重策略。

比较稳妥的方式是通过计算产品的成本价，根据成本价 + 利润来确定产品的销售价格。

产品的销售价格确定后，根据店铺营销的安排，确定上架价格。

例如：产品成本是 3 美元，按照速卖通目前的平均毛利润率（15%），还有固定成本速卖通佣金费率 5% 及部分订单产生的联盟费用 3% ~5%。我们可以推导：

销售价格 =3 ÷ （1 −0. 05 −0. 05） ÷ （1 −0. 15） =3. 92 美元

再保守点，销售价格 =3 ÷ （1 −0. 05 −0. 05 −0. 15） =4 美元

那么这其中，5% 的联盟佣金并不是所有订单都会产生，但考虑到部分满立减、店铺优惠券直通车等营销投入，以 5% 作为营销费用，基本没有差错。

当然，这其中还可以加入丢包及纠纷损失的投入，按照邮政小包 1% 的丢包率来算，又可以得到：

销售价格 =3 ÷ （1 −0. 05 −0. 05 −0. 01） ÷ （1 −0. 15） =3. 96 美元

再保守点，销售价格 =3 ÷ （1 −0. 05 −0. 05 −0. 15 −0. 01） =4. 05 美元

得到销售价格后，我们需要考虑该产品是通过活动或者作为一般款来销售。

假如作为活动款，那么，按照平台通常活动折扣要求 40% 来计算：

上架价格 = 销售价格 ÷ （1 −0. 4），平时打 40% 折扣，活动最高可以到 50%。

作为一般款销售：

上架价格 = 销售价格 ÷ （1 −0. 3），平时打 30% 折扣。

建议折扣参数不低于 15%，因为平台大促所要求的折扣是这个数字，不高于 50%，因为折扣过大容易产生虚假折扣的嫌疑。而根据速卖通官方的统计，折扣在 30% 左右，是买家最钟情的折扣，属于合理预期范围。

对于 50% 折扣的活动要求，基于以上定价的模式，基本上相当于平出，不会亏本或者略亏，假如客户购买两个及两个以上，就可以赚到一笔。

价格设置的小技巧：

①多 SKU 产品，可以适当降低第一个和最后一个的 SKU 定价。

②为了维持利润，可以把中间 SKU 的产品价格适当调高。

③在同样的价格下，有折扣的商品总是更有吸引力。

④折扣快到期的限时限量商品更有吸引力，给客户紧迫感，提高转化率。

6. 产品发货期

在线交易的买家都更青睐于能在较短的时间获得购买的产品，因此越短的交货时间越能获得买家的关注。查看买家的好评留言内容，可以发现绝大部分的买家都对能快速收到货物比较满意。

一般来说，热卖产品第 1 采购量区间的交货时间不超过 3 天，这与海外买家调研得出的买家心理预期值是不谋而合的，但婚纱等定制化产品的交货时间可酌情延长。

另外，速卖通对大部分类目产品要求发货期不能超过 7 天，所以卖家的产品发货期设置在 3 ~5 天为宜。

7. **产品关联营销**

产品信息模块是一种新的管理产品信息的方式，可以为产品信息中的公共信息（例如售后物流政策、活动信息等）单独创建一个模块，并在产品中引用。如果需要修改这些信息，只需要修改相应的模块，所有使用这个模块的产品中的信息全部会自动更新。模块除了可以放置公共信息外，还可以放置关联产品（已上线）、限时打折等。

关联营销会影响访问深度、客单价以及店铺的转化率，是非常有效的推广工具，属于必须要做的一个模块。产品关联营销需要先在模板管理里面建立好产品信息模块，我们可以选择系统推荐的模板（只需要选择我们想要推广的产品即可），也可以自定义模板（需要有 Photoshop、代码基础进行自主设计）。

（1）创建产品信息模块。

①在“产品管理”界面，点击“模块管理”下的“产品信息模块”链接，打开如图 5－14 所示的界面。

图 5－14 “产品信息模块”界面

②点击“新建模块”按钮或者“创建产品信息模块”链接，弹出如图 5－15 所示的对话框。

③选择我们想要创建的模块，这里我们以“关联产品模块”的创建为例，点击“继续”按钮，打开如图 5－16 所示的界面，输入我们想要创建的模块名称（只能输入英文，模块名称用于区分不同模块），选择要推广的关联产品（最多 8 个），点击“提交”按钮，即可成功创建关联产品模板。

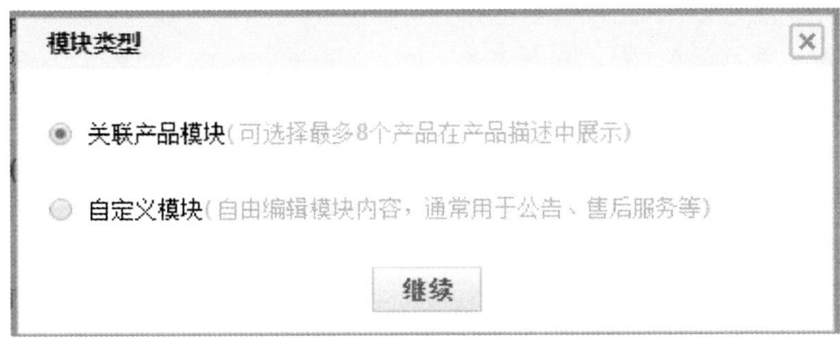

图 5－15 “模块类型”对话框

图 5－16 “新建模块”界面

（2）添加关联模板。

①上传产品的时候，在产品详细描述区域点击“关联模板”图标，如图 5－17 所示。

②在如图 5－18 所示的“选择模块”对话框中选择关联模板，点击“确定”按钮即可成功添加关联产品。

注意：在一个产品中最多只能插入两个产品信息模块，并且关联产品模块最多只能插入一个。关联模块建议推荐跟本产品相关的产品，这样可以避免给买家一种杂货铺的感觉；关联商品一般控制在两行以内（每行四个或五个），过多影响页面打开速度和转化。关联产品效果如图 5－19 所示。

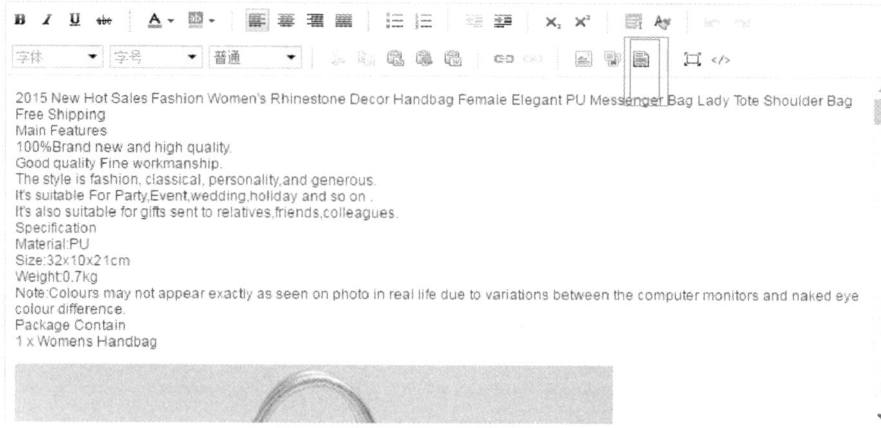

图 5－17　“关联模板”图标

选择模块

请输入模块名称　搜索

模块名称	模块类型	最后更新时间	操作
Hot Selling Phone Cases	关联产品模块	2014.12.13	☐
Hot Selling	关联产品模块	2014.11.06	☑
Women's Clothes	关联产品模块	2014.09.11	☐
Hot Selling Jewerly	关联产品模块	2014.09.02	☐
Service	自定义模块	2014.07.23	☐

确定　取消

图 5－18　“选择模块”对话框

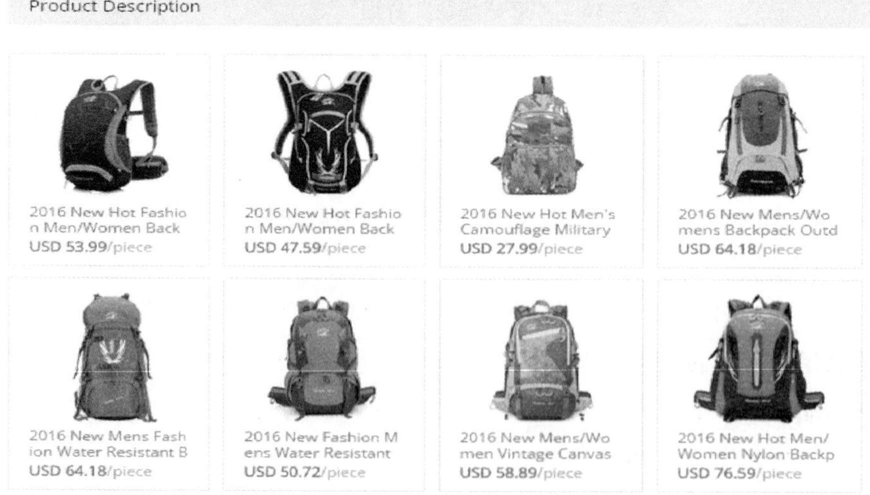

图 5－19　关联产品界面

8. **产品详细描述**

产品的详细描述是让买家全方面了解产品并形成下单意向的重要工具。一个优秀的产品描述能够打消买家对于网上购物的不信任感，给买家一个非常专业的印象。

产品的文字描述，作为对标题和属性的补充，比如自定义的一些属性和说明、细节的描述等，让买家除了通过属性和标题外，还能用这里的文本信息搜索到产品。产品文字描述一定要是文本格式，图片文字信息搜索引擎抓取不到。

产品描述要做到字体统一，页面简洁整齐，没有花哨的描述，这样会给人一种很专业的感觉。这里也给很多新卖家提个醒，不要觉得描述中用很多鲜艳的颜色，不同的字体就能起到醒目和吸引客户的作用，也许只能显得你的不专业和不上档次。

产品文字描述一般包括标题、产品卖点、产品参数、包装信息以及注意事项等。如图 5－20 所示。

2016 New Hot Fashion Men/Women Backpack Outdoor Sports Shoulder Bag Nylon Waterproof Travel Hiking Camping Cycling Back Pack 15L
Main Features
100%Brand new and high quality,you can use it freely
Made from water-resistant nylon fabric
Soft baldric, comfortable and relaxed
All nylon thread sewing, neat and beautiful
Fashion and cool design, multifunctional and practical
Portable and lightweight,convenient to carry, you won't worry about long time carrying
Suitable for outdoor using, such as hiking, climbing, camping, exploring, travelling,etc
Specification
Bag Type:Backpack
Style:Leisure,Sport
Color:Red;Purple;Green;Blue;Black;Rose Red;Yellow
Size(Package):23*16*43
Condition:New With Tags
Materia:Nylon
Waterproof:Normal water resistant
Closed form:Zipper
Country/Region of Manufacture:China
Package Include
1*Backpack
Beauty is everywhere, with this bag is your choice, also the best gift for friends.
Note:
1.Because of the different color of the product will result in the resolution of the phone there are some errors.
2.Product size is manual measurement, due to different measurement error exists.

图 5－20 产品文字描述界面

9. **产品详情图片**

详情图片一般需要 5 张以上，但也不要太多，否则会影响页面打开速度和转化。详情图片主要包括产品各颜色的正面图，其中一款侧面、背面、局部细节图，可以让买家清楚了解到各个细节、材质，提高买家的购买率。局部细节图尽量做成拼图让买家在 1～2 屏内看完，如图 5－21 所示。

图 5-21　局部细节示例

10. **服务模板**

服务条款一般包括运输方式、退换货流程、产品或店铺保证服务、买家留评提醒，以及我们店铺的一些特色或服务，从而提高买家满意度。

以上就是在速卖通平台上传产品过程中的一些注意事项，按照要求填写或优化好以上信息后，点击“提交”按钮，就可以看到产品会进入平台审核阶段（审核通过后，产品才能在平台展示和被客户搜索到），上传的产品在审核过程中无法进行编辑、删除操作，所以提交前要检查一下是否有违规或侵权，避免审核不通过被扣分，降低店铺形象。

第六章　速卖通物流方式介绍及运费模板设置

第一节　速卖通物流方式

跨境物流一直是制约整个跨境电商行业发展的关键性因素，尽管问题不断地在解决、服务水平不断地在提高，但境况仍不够理想，卖家只能感叹“适合自己的就是最好的”。那么，面对各式各样的物流方案、物流服务商，我们又该如何选择那个“适合自己的”呢？接下来就详细介绍跨境物流方式。

一、速卖通支持的物流方式

要想顺利地完成一笔交易，可靠而快捷的国际物流环节是必不可少的。但初来乍到的您如何选择适合自己的物流呢？

可以使用速卖通平台支持的 EMS、UPS、DHL、FedEx、TNT、顺丰、国际 e 邮宝、DHL Global Mail、中国香港邮政航空包裹和中国邮政航空包裹等快递运输方式。

面对这么多的国际快递方式，可以从运费、安全度、运送速度以及买家的实际需要进行考量。结合以上几个方面，再根据实际情况选择适合自己的物流。

此外，国际快递与国内快递存在诸多不同，如表 6－1 所示。

表 6－1　　国内快递与国际快递的区别

内容	国内快递	国际快递
运输方式	圆通、申通、中通、顺丰等	邮政小包、EMS、DHL、UPS、FedEx 等
产品包装信息	不用填写	需要填写产品包装后的体积和重量，以正确地计算运费

续 表

<table>
<tr><th>内容</th><th>国内快递</th><th>国际快递</th></tr>
<tr><td>快递运费计算方法</td><td>一般按照件算</td><td>按照产品包装体积、重量、买家所在地区、采购量，再根据不同物流公司的不同运费标准和运费计算公式计算</td></tr>
<tr><td>快递运费</td><td>一般 5 ~ 15 元</td><td>快递费用差异大，比国内快递要高很多</td></tr>
<tr><td>货运时间</td><td>周期短</td><td>周期长</td></tr>
<tr><td>货物跟踪信息</td><td colspan="2">卖家发货时，要填写有效发货通知和货运跟踪号，以方便货物跟踪和平台放款</td></tr>
</table>

表 6 - 2 所示为速卖通支持的各物流运输方式的特点，卖家可以根据自己的实际需求选择相应的物流方式。

表 6 - 2　　各物流运输方式的特点

<table>
<tr><th>国际物流方式</th><th>简介</th><th>运费</th><th>货运时间</th><th>货运查询</th><th>适用产品</th><th>运费计算</th><th>燃油附加费</th></tr>
<tr><td>EMS</td><td>全球只有 60 多个国家可以直接到达，主要强项在东南亚和欧洲。出关能力较强，通关能力较弱</td><td>一般</td><td>5 ~ 10 天</td><td rowspan="5">可查询</td><td>对货运时间要求不高、货物体积较大、注重运费成本的产品</td><td>只计算产品包装后的实重</td><td>无</td></tr>
<tr><td>UPS</td><td>是世界最大的快递公司。强项在美洲线路、日本线路</td><td rowspan="4">贵</td><td rowspan="4">3 ~ 7 天</td><td rowspan="4">货物价格较高，对货运时间有要求，追求质量和服务的产品</td><td rowspan="4">实重和体积重取较高者</td><td rowspan="4">每月更新</td></tr>
<tr><td>DHL</td><td>是欧洲最大的快递公司，欧洲和西亚、中东地区有绝对优势</td></tr>
<tr><td>FedEx</td><td>到东南亚价格、速度最有优势。到美国、加拿大也比较有优势</td></tr>
<tr><td>TNT</td><td>荷兰最大的快递公司，在欧洲国家具有较强的清关能力</td></tr>
</table>

续 表

国际物流方式	简介	运费	货运时间	货运查询	适用产品	运费计算	燃油附加费
中国邮政 其他国家邮政	通过中国邮政或他国邮政将货物发往国外，到达买家所在国家之后，通过当地的邮政系统送达买家手中	便宜	10～25天	需挂号	对运费成本较敏感，对货运时间要求不高，货物价格较低，体积较大的。建议货值在100美元以下的产品使用	只考虑产品包装后的实重	无
顺丰	顺丰速运（集团）有限公司于1993年成立，总部设在深圳，是一家主要经营国内、国际快递及相关业务的服务型企业	一般	3～7天	可查询	发往韩国、新加坡的产品	特别说明：如快件算出来的体积重量大于实际重量，将会按照体积重量计算运费	新加坡、韩国无

二、常用国际快递运输方式详细介绍

1. EMS国际快递

EMS国际即特快专递邮件业务，是中国邮政速递物流与各国（地区）邮政合作开办的一项特殊邮政业务。

由于是跟其他国家（地区）的邮政合办的，所以EMS在各国（地区）邮政、海关、航空等部门均享有优先处理权，这也是EMS区别于很多商业快递最根本的地方。

EMS的资费标准可以参考http：//www. ems. com. cn，不同分区，折扣不同，卖家可与邮政或货代公司协商。

EMS国际快递投递时间通常为5～10个工作日，由于各个国家和地区的邮政、海关处理时间长短不一，有些国家的包裹投递时间可能会长一些。

可登录EMS快递网站http：//www. ems. com. cn查看相应的收寄、跟踪信息。

优点：运费比较便宜，一般找货代都能拿到至少5折的折扣，EMS直达国家都是按照重量计算运费，自2012年7月1日起，EMS线上发货针对邮件长、宽、高三边中任一单边达到60cm以上（包含60cm）的，都需要进行计体积重操作，体积重量（kg）＝长（cm）×宽（cm）×高（cm）/6000。长、宽、高测量值精确到厘米，厘米以下去零取整。500克以下的物品可以按文件价格计算。可以当天收货，当天操作，当天上网，清关能力比较强。能运送出关的物品也比较多，其他公司限制运行的物品都能运送。如：化妆品、箱、服装、鞋子等各种礼品以及各种特殊商品等。

缺点：相比于商业快递速度偏慢。查询网站信息滞后、通达国家较少、一旦出现问题查询只能做书面查询、时间较长。

2. UPS

联合包裹服务公司（United Parcel Service），成立于美国，是世界上最大的快递承运商与包裹递送公司，也是运输、物流、资本与电子商务服务的提供者。一般 3 ~7 个工作日可送达。

优点：速度快、服务好，去美国的话，差不多 48 个小时能到达，货物可送达全球 200 多个国家和地区，查询网站信息更新快，遇到问题解决及时，可以在线发货、全国 109 个城市提供上门取货服务。

缺点：运费较贵，要计算产品包装后的体积重，对托运物品的限制比较严格。

3. DHL

DHL 国际快递是全球快递行业的市场领导者，可寄达 220 个国家及地区，有涵盖超过 120000 个目的地（主要邮递区码地区）的网络，向企业及私人买家提供专递及速递服务。一般 3 ~7 个工作日可送达。

优点：速度快，去欧洲一般 3 个工作日，到东南亚一般 2 个工作日，可送达国家网点比较多，查询网站货物状态更新也比较及时，遇到问题解决速度快，21kg 以上物品更有单独的大货价格，部分地区大货价格比国际 EMS 还要便宜。一般通过货代也能拿到五折左右的折扣。

缺点：走小货的话，价格较贵不划算，也需要考虑产品体积重，对托运物品限制也比较严格，拒收许多特殊商品。

4. FedEx

联邦快递（Federal Express）分 FedEx IP（优先型）及 FedEx IE（经济型）（比优先型慢 1 ~3 个工作日）。联邦快递单件最长边不能超过 274cm，最长边 + 其他边的长度的两倍不能超过 330cm；一票多件（其中每件不能超过 68kg），单票的总重量不能超过 300kg，超过 300kg 要提前预约。单件或者一票多件中单件包裹有超过 68kg，也需要提前预约。一般 2 ~4 个工作日可送达。

优点：到中南美洲和欧洲的价格较有竞争力，去其他地区的话，运费较贵。网站信息更新快，网络覆盖全，查询响应快。

缺点：价格较贵，需要考虑产品体积重，对托运物品限制也比较严格。

5. TNT

TNT 总部设于荷兰，是全球领先的快递服务供应商，为企业和个人客户提供全方位的快递服务。TNT 快递在欧洲、中国、南美洲、亚太和中东地区拥有航空和公路运输网络。一般2～4个工作日可送达。

优点：速度较快，到欧洲3个工作日左右，可送达国家比较多，查询网站信息更新快，遇到问题响应及时。

缺点：需要考虑产品体积重，对所运货物限制也比较多。

6. **顺丰快递的国际业务**

一般2～3个工作日可送达。

优点：速度较快，到韩国、新加坡无燃油附加费，货物较适宜发往以上两地。

缺点：需要考虑产品体积重，对所运货物限制也比较多。

7. **中国邮政小包**（China Post Air Mail）

一般15～25个工作日可送达。

优点：运费便宜，首重和续重都是100g，清关能力强，能邮寄的物品比较多，如化妆品、包、服装鞋子、各种礼品以及许多特殊商品等，派送网络世界各地都有。

缺点：限制重量2kg，运送时间比较长，到达许多国家的货物状态无法在网站上查询跟踪。

8. **中国邮政大包**（China Post Air Parcel）

一般15～25个工作日可送达。

优点：运费便宜，首重和续重都是1kg，清关能力强，能邮寄的物品比较多，如化妆品、包、服装鞋子、各种礼品以及许多特殊商品等，派送网络世界各地都有。

缺点：限制重量20～30kg，运送时间比较长，到达许多国家的货物状态无法在网站上查询跟踪。

9. **中国香港邮政小包**（China HK Post Air Mail）

一般7～15个工作日可送达。

优点：运费便宜，全球统一价，以10g为计量单位，一般货代给的价格在100～130元/10g，货物可以到达全球各地，只要有邮局的地方基本上都可以到达。

缺点：限制重量2kg，运送时间比较长，到达许多国家的货物状态无法在网站上查询跟踪。

10. **中国香港邮政大包**（China HK Post Air Parcel）

般7～15个工作日可送达。

优点：运费便宜，首重和续重都是0.5kg，货物可以到达全球各地，只要有邮局的地方基本上都可以到达。

缺点：限制重量30kg，运送时间比较长，到达许多国家的货物状态无法在网站上查询跟踪。

11. ePacket

ePacket俗称e邮宝，又称EUB，是中国邮政速度物流旗下的国际电子商务业务。

ePacket 目前可以发往美国、澳大利亚、英国、加拿大、法国和俄罗斯等国家和地区。ePacket 不受理查单业务，不提供邮件丢失、延误赔偿，因此 ePacket 不适合寄递一些价值比较高的产品。

ePacket 体积和重量限制：单件最高限重 2kg，最大尺寸为（非圆筒状）单件邮件长、宽、厚合计不超过 90cm，最长一边不超过 60cm；（圆筒状）直径的两倍和长度合计不超过 104cm，长度不超过 90cm；最小尺寸，（非圆筒状）单件邮件长度不小于 14cm，宽度不小于 11cm；（圆筒状）直径的两倍和长度合计不小于 17cm，长度不小于 11cm。

三、新手如何选择物流方式

速卖通平台店铺主要以销售小件物品为主，也就是 2kg 以下商品，当然也有超过 2kg 以上物品，这两种物品适用的物流发货方式不同。

针对 2kg 以下货物，一般可以选择国际小包运输方式，国际小包主要有中国邮政小包、中国香港小包、瑞士小包、马来西亚小包、新加坡小包、荷兰小包等。国际小包的主要优势是价格便宜，可以通邮 200 多个国家或地区，是速卖通卖家首选的发货渠道。

对于 2kg 以上货物，也是有很多渠道可以选择的，常用的渠道有：中国邮政大包、中国香港邮政大包、中国邮政 EMS、中国香港邮政 EMS、新加坡邮政 EMS、四大快递等。这些渠道优势主要是通关能力强，时效速度快，但价格要比国际小包贵一点，同样也是可以通邮全球 200 多个国家和地区，是邮寄贵重物品、大件货物的首选。

以上介绍的是最常见的速卖通发货渠道方式，也是针对普货，如果遇到特殊物品，比如带电产品、品牌物品、液体等需要根据每个渠道的规定去发货。比如，配套电池物品目前可以走新加坡小包、瑞士小包、马来西亚小包、荷兰小包等。

卖家在选择物流方式的时候可以从以下几个方面考虑：

（1）从买家的角度出发，卖家应该为买家所购买的货物做全方面的考虑，包括运费、安全度、运送速度、是否有关税等。

（2）尽量在满足物品安全度和速度的情况下，为买家选择运费低廉的服务。EMS 无论服务还是时效性都比其他四大国际快递公司（UPS、DHL、TNT、FedEx）要逊色，但 EMS 的价格优势是非常明显的。

（3）商品运输无须精美的外包装，重点是安全快速地将售出的商品送到买家手中。

（4）即使拥有再多的经验，也无法估计所有买家的情况，所以把选择权交给买家更为合适，只需要在物品描述中表明所支持的运输方式，再确定一种默认的运输方式，那么如果买家有别的需要自会联系卖家。

（5）有的买家可能适合多种运送方式，卖家可以写出常用的方式及折扣，为买家省去部分运费，也为自己赢得更多的回头客。

第二节 运费模板设置

开过淘宝店铺的读者都知道淘宝店铺的运费模板很容易设置，但是速卖通店铺运费模板涉及很多个国家和地区，而且涉及的因素也很多，这也是不同于淘宝运费模板设置的地方，所以接下来从以下几个方面详细讲解速卖通店铺运费模板的设置。

一、常用物流方式

（1）我们绝大部分情况都发中国邮政小包（除非您有特殊要求，那么下单的时候要注明运输方式），中国邮政小包的要求是单个包裹不超过2kg，包裹的任意边长不超过60cm。

（2）中国邮政小包通常都能在45天内送达（部分偏远国际除外）。

（3）DHL商业快递是10天内到达。

二、运费试算方式

这里以中国邮政小包发往俄罗斯为例：发往俄罗斯运费单价为96元/kg，商品重量0.3kg，那么它的运费是96×0.3+10=38.8元（10元是邮政收取的挂号费）。

三、运费模板设定

相关数据统计发现，绝大部分海外买家喜欢用带有Free Shipping（包邮）的短语来搜索商品，所以针对这种情况，很多速卖通卖家在产品标题开头都加了Free Shipping，但是全世界的国家中有离中国很近的，也有离中国很远，不同国家的运费差别很大（以中国邮政小包为例，运费最便宜的国家是日本62元/kg，而绝大部分非洲国家为176元/kg）。如果所有国家都包邮，是不现实的，所以要想在标题中加Free Shipping关键词，又不想亏钱，那么设定一个合理的运费模板就非常重要了。通常情况下将运费设为3个等级：

（1）运费在100元/kg以内的国家设置成包邮。（很多热门国家都在里面）

（2）运费在100元~120元/kg的国家设置成首重3美元，续重加1美元。

（3）其他国家设置成标准运费，也就是速卖通官方给的运费单价。（这样只会赚不会亏，速卖通官方运费价都挺高的）

在设置运费模板之前，我们先来了解一些国际物流运费设置的技巧。

1. **关注产品体积重量，选择合适的物流方式**

一般来说，UPS、TNT、DHL、FedEx 在计算运费的时候会选择产品包装后实重和体积重中的较重者，而平台支持的 EMS 直达国家是指计算产品包装后的实重，无须考虑产品的体积重。

2. **注重设置物流折扣，让商品更有吸引力**

小单外贸在线交易过程中，运费对于买家来说是一个非常重要的交易成本。买家在选择产品的时候，除了关注产品的价格，也非常关注产品的运费。运费是影响买家购买决策的重要因素。卖家只有能提供一定的物流优惠给买家，才能让自己的产品有竞争优势，从而获得买家的青睐。运费折扣过低或者没有运费折扣，是非常不利于卖家成单的。

3. **防范运费价格波动，合理设置运费优惠率**

一方面，基本上每个月末月初各大快递运输方式的燃油附加费都会调整。（速卖通平台的后台系统会自动调整，卖家基本上不用费什么精力在这上面。）另一方面，各货代给予的折扣报价也会经常调整，而且没有固定的时间点。

所以，平台建议设置的物流折扣可以比货代给予稍微贵一点点，同时注意和货代保持顺畅的沟通，以及时调整运费设置（使用批量运费修改工具方便修改设置）。

4. **推荐自定义运费，设置对热门国家发货**

对于新卖家，平台建议在设置运费类型的时候，选择只对买家比较集中的欧美发达国家发货。首先，平台上绝大部分买家主要是来自欧美等发达国家；其次，偏远地区的国家运费比较贵，有可能会给卖家造成损失；同时，像 EMS 这种运费比较优惠的物流方式，可能无法保证货物能够顺利送达比较偏远的国家；最后，欧美发达国家的物流运费基本上差不多，对欧美发达国家发货，也比较适合设置免运费，从而提高卖家的产品竞争力。

5. **几种运费类型**

（1）标准运费：平台按照各物流服务提供商给出的官方报价计算运费。决定运费的因素通常为：货物送达地、货物包装重量、货物体积重量。如果卖家为不同的运输方式减免了折扣，平台会在官方运费的基础上加入折扣后计算出的运费值呈现给下单的买家。

（2）物流折扣（减免）：在联系货运代理公司时，货运代理公司会给一定的折扣（折扣的多少视我们与货运代理公司的协议而定，也可以使用平台线上发货的折扣），卖家可以将此折扣信息填写在产品的运输折扣内容里，以吸引买家下单。

（3）卖家承担运费：即包邮，卖家可以将运费成本添加到产品价格中，买家展示页面会出现 Free Shipping 的字眼从而吸引买家下单。

（4）自定义运费：卖家可以自由选择对不同的国家设定不同的运费类型，包括标准运费、卖家承担运费或者是自定义运费；也可以根据自己的买家群分布来定运费，从而吸引自己的主要群体买家。

为了方便新手卖家，系统有一个默认的新手运费模板（Shipping Cost Template for New Sellers），在我们不知道该如何设置运费模板的时候可以先使用这个模板，如图 6－1 所示。

图 6－1 “管理运费模板”界面

以线下发货、邮政小包挂号、包邮为例详细讲解如何设置运费模板。点击“新增运费模板”按钮，出现如图 6－2 所示的界面。

图 6－2 “新增运费模板”界面

在打开的界面中填写运费模板名称（不能输入中文），点击“保存”按钮，这样我们就新建了一个运费模板，如图 6－3 所示。

图 6－3　“保存”按钮

点击“编辑”按钮，在打开的界面中勾选“标准类物流”下的 China Post Registered Air Mail 中国邮政挂号小包（线下不允许发平邮小包），如图 6－4 所示。

图 6－4　编辑运费模板界面

在 China Post Air Mail 那一行选择“自定义运费”，进入“运费组合 1”界面，每个运费组合都由两个部分组成：一个是送往的国家，一个是计算运费的方式。国家的选择有两种方式：按地区选择国家和按区域选择国家，如图 6－5 所示。

运费组合1

1: 请选择国家/地区

按照地区选择国家(标红的是热门国家)

选中全部

亚洲 [显示全部] 欧洲 [显示全部]

非洲 [显示全部] 大洋洲 [显示全部]

北美 [显示全部] 南美洲 [显示全部]

或

按区域选择国家（运往同一区域内的国家，物流公司的收费相同）

请选择国家/地区

设置发货类型 不发货

设置运费类型 标准运费 自定义运费只能选择一种设置方式（按重量/按数量）

运费减免率 0 标准运费 自定义运费 卖家承担运费

确认添加 取消

图 6－5　选择国家与地区界面

作为一个新手卖家和新开的店铺，在前期可以整个店铺只设置一个包邮的运费模板，只需要按照地区选择标红的热门国家。

全球所有国家总共分为十个区，同一区内的物流运费是一样的。一般来说速卖通上的卖家以 1～5 区位最多，6～8 区较少，最后两个区基本很少碰到。按区域选择国家的时候可以参考下面的方法。

亚洲：选择全部国家或者红色字体国家。

非洲：只有南非是前 8 区的，非洲全不要或者只选择南非。

北美：红色字体国家（加拿大、墨西哥、美国）。

欧洲：红色字体国家之中，第一个阿尔巴尼亚是属于第九区的，因此不选择，选择除了阿尔巴尼亚之外的全部红色字体国家。

大洋洲：选择红色字体国家（澳大利亚、新西兰）。

南美洲：选择阿根廷、巴西、智利、秘鲁。

选择完国家之后，运费类型选择“卖家承担运费”，点击“确认添加”按钮后再点击“保存”按钮即可完成运费组合 1 的设置，如图 6－6 所示。

好了，包邮等级我们设定完了，即组合 1，如图 6－7 所示。

设定运费在 100～120 元的等级，单击“添加一个运费组合”链接，然后按照上面的步骤选择国家。运费类型选择“自定义运费”，根据物流公司的报价，输入首重和续重运费，点击“确定添加”按钮即可，如图 6－8 所示。第二个等级也设定完了。设定第三个等级如图 6－9 所示。

运费组合1

1: 请选择国家/地区

按照地区选择国家(标红的是热门国家)

选中全部

亚洲 [显示全部]　欧洲 [显示全部]

非洲 [显示全部]　大洋洲 [显示全部]

北美 [显示全部]　南美洲 [显示全部]

或

按区域选择国家（运往同一区域内的国家，物流公司的收费相同）

您已经选择： United Arab Emirates 阿拉伯联合酋长国,Cyprus 塞浦路斯,Georgia 格鲁吉亚,Indonesia 印度尼西亚,Israel 以色列,India 印度...

设置发货类型　不发货

设置运费类型 卖家承担运费

标准运费

自定义运费

卖家承担运费

确认添加

图 6－6　运费类型选择界面

组合1，包邮等级好了

1 Japan 日本Kyrgyzstan 吉尔吉斯斯坦North Ko...　卖家承担运费　编辑　删除

添加一个运费组合

图 6－7　设置的包邮等级界面

设置运费类型 自定义运费

首重最低采购量	首重最高采购量	首重运费	每增加产品数	续加运费
1	1	US$ 3	1	US$ 1

确认添加　取消

图 6－8　自定义运费界面

1 Angola 安哥拉Ascension Island 阿森松岛Bu...　自定义运费　编辑　删除

运费等级1和运费等级2都设定好了

2 Japan 日本Kyrgyzstan 吉尔吉斯斯坦North Ko...　卖家承担运费　编辑　删除

添加一个运费组合

* 若买家不在我设定的运送国家或地区内

设置发货类型　不发货

设置运费类型 标准运费

运费减免率 0 %

这里设定运费等级3

保存

图 6－9　设置运费等级界面

点击“保存”按钮，那么中国邮政挂号小包的运费模板就设定好了，接下来我们设定一个商业快递的运费模板（以 DHL 为例），在“快速类物流”下勾选“DHL”选项，如图 6－10 所示。

经济类物流 | 标准类物流 | 快速类物流 | 其他物流 | 物流分类升级啦！查看详情

选择物流	运费设置	运达时间设置
DHL e-commerce DHL e-commerce	卖家承担运费 自定义运费	承诺运达时间 23 天 自定义运达时间
GATI GATI	标准运费 减免 0 % 即全折 卖家承担运费 自定义运费	承诺运达时间 23 天 自定义运达时间
EMS	标准运费 减免 0 % 即全折 卖家承担运费 自定义运费	承诺运达时间 27 天 自定义运达时间
e-EMS E特快	标准运费 减免 0 % 即全折 卖家承担运费 自定义运费	承诺运达时间 27 天 自定义运达时间
DHL	标准运费 减免 0 % 即全折 卖家承担运费 自定义运费	承诺运达时间 23 天 自定义运达时间

图 6－10　设定运费模板界面

点击“自定义运费”按钮，发往国家勾选所有红色的国家，然后运费计算方式选择如图 6－11 所示。

图 6－11　设置运费类型界面

点击“确定添加”按钮，为勾选国家设定标准运费，如图 6－12 所示。

点击“保存”按钮，运费模板就设定好了，上传产品时可以直接选择我们已经设

* 若买家不在我设定的运送国家或地区内

◉ 设置发货类型　○ 不发货

设置运费类型 标准运费

运费减免率 0 %

保存

图 6－12　设置运费标准界面

定好的运费模板。

特别提醒：修改运费模板后，所有使用该运费模板产品的运费将会自动更新，参加活动的产品修改运费模板后运费不会更新，活动结束后才生效。

第七章　速卖通店铺装修

第一节　店铺装修

关于速卖通的店铺装修对于每一个新手卖家来说都非常重要，一个“高大上”的店铺会让买家停留在页面的时间增加，新手卖家对于装修店铺这块可能有许多问题，本节将会为大家详细讲解如何构造一个“高大上”的店铺。

对店铺后台界面有了充分的认识后，为避免在一些细节问题上出现纰漏。我们先来了解一下店铺装修。它所包括的内容：基础模块包含店招板块、图片轮播板块、联系信息、收藏店铺、商品推荐板块、自定义内容区等部分。第三方模块相对于系统模块更加丰富一些，包含新品上市、限时导购、自定义模块、全屏轮播、优惠券、分类导航、广告墙、页角等。

店铺开通后先要给店铺命名，店铺的命名并不是简单地取一个店名，而需要考虑多方面因素，比如，店名要好记，符合客户习惯，符合店铺风格，同时还要注意不能侵权。店铺名称说明：商铺名称在速卖通平台具有唯一性，同一个商铺名称只能存在一个，不能重复，若您将商铺名称更改成平台已存在的商铺名称，系统默认为无效更改；商铺名称不得违反任何法律法规、平台规则，如不得包含任何违反第三者版权、违禁、禁止或限制销售的产品名词，不得包含任何引导线下交易的词汇（如第三方网站，Paypal 等），不得侵害他人的合法权益；阿里巴巴对您所设置的商铺名称保留最终处理权。

店铺内容排版需要注意风格整齐干净，整体色调不要超过四个色系，具体内容主要包括以下三个方面：

（1）装修页面，首先要确定装修页面的色调，建议与产品的风格相适应。

（2）布局管理页面，设置店招。需要注意三点：像素控制在 1200 ×（100 ~ 150）之间（建议高度 150 像素）；URL 格式需要速卖通的链接；图片清晰，主题突出。

（3）商品模块的添加。产品推荐：手动调整，把同一类型的产品放在一起，价格相差不要太大；对产品推荐模块进行命名，如 New Arrival，Clearance Sales 等，增加吸引度。

图片轮播：新手建议放三张就好，设置好相应的链接，可以链接到相关产品、产品组或者相应促销，建议日常收集一些漂亮的图片会对店铺装修有帮助。

下面详细介绍如何进行店铺装修。点击导航栏中的“店铺”标签，在打开的界面中点击“店铺管理”下的“店铺装修及管理”链接，进入如图7－1所示的界面，我们可以对PC店铺和无线店铺分别进行装修。

图7－1　“店铺装修及管理”界面

首先介绍PC店铺的装修，点击PC店铺下的“店铺装修”链接，跳转到如图7－2所示的界面。

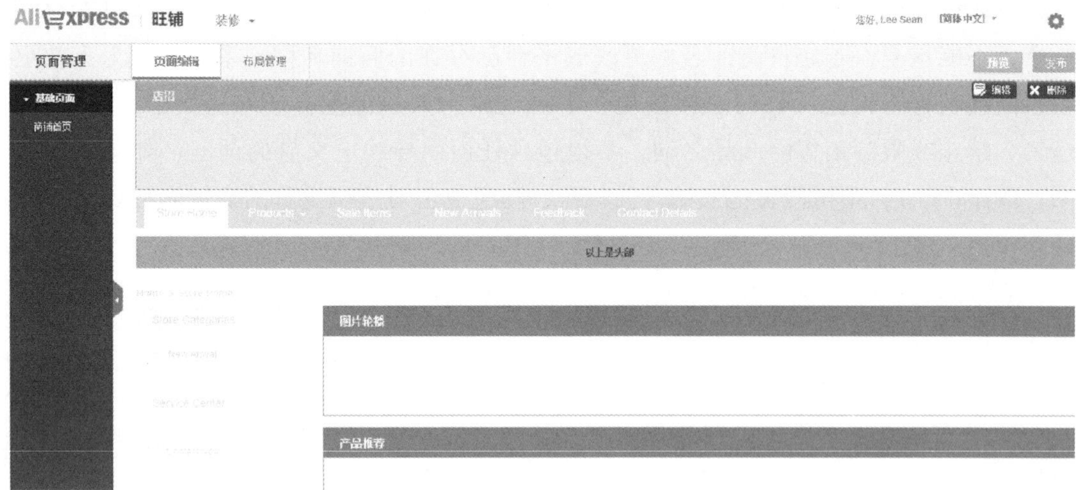

图7－2　“页面编辑”界面

进入装修界面后，将鼠标移动到左上角的“装修”按钮，选择“样式编辑”。在这里我们看到有四种配色样式可供选择。在装修旺铺之前，要从整体上去设定一个主色调，基础模板中，只有四个色调样式可供选择，分别是湖蓝、蓝色、红色和棕色，如图 7－3 所示，我们可以选择任意一种，选好后点击“保存”按钮。

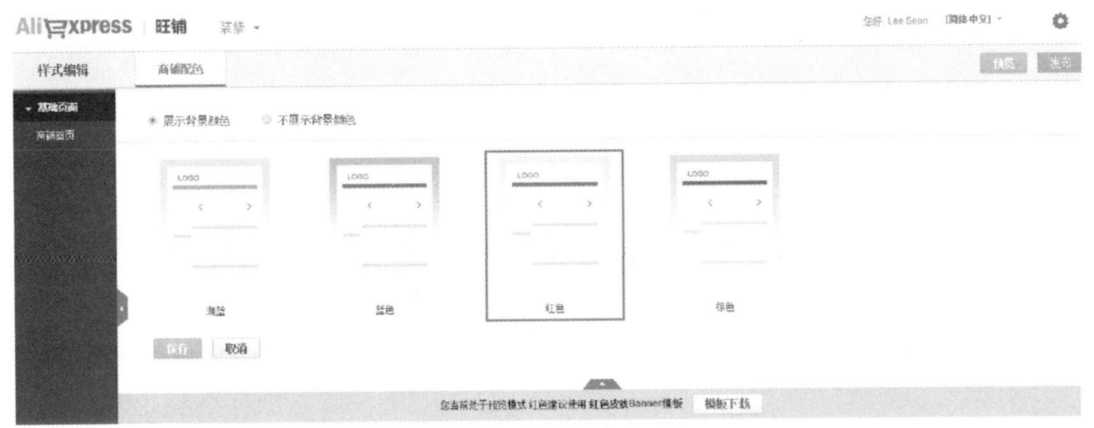

图 7－3　选择色调界面

在选取主色调的时候，我们要考虑色彩是否符合自己的产品，或者主要销售市场。在这里给大家介绍几种选色方式：

基于我们的产品来选色。当我们的产品有一定的统一度，颜色也大致相近时，就可以选择产品中的色彩来做首页构建的主色调。如产品主要以家具为主，基本都应用了木质纹理，那我们就从木质纹理出发选取土黄色或棕色，这也符合后台样式编辑中棕色的主题。

基于产品定位的人群来选色。根据人群来取色，比较好理解。比如，儿童产品应当色彩鲜艳，活泼灵动；男装产品一般色调偏深，厚重感强烈等。

基于概念性来选色。当产品颜色很多、比较杂乱的时候，我们应该如何来取色呢？比如节庆的喷彩、各种气球等，颜色非常绚丽。这时，我们要想到这款产品是用在节日中的，而节日一般是比较温馨、浪漫的，于是就可以用温馨的粉色或者橙色，速卖通后台样式中红色能表达这一信息。

1. 店铺装修－店招

在店铺装修页面，我们可以看到做上面的就是店招。店招是一个店铺的招牌，也是展示店铺形象的一个板块，因此它的重要性不言而喻。

将鼠标放在店招板块，右上角就会出现编辑的按钮（其他板块也一样），点击后我们可以看到关于店招板块的规格参数，如图 7－4 所示。店招允许加入一个链接，可以是店铺首页、产品组或者其他任何单一产品。我们可以根据自己店铺的需要，首页链接、活动链接、产品链接交替使用，以此达到高效的利用。

图 7－4 “店招”界面

从整体角度来考虑，店招建议使用 150 像素的高度，相对于 100 像素的高度，给人的感觉前者会显得店铺略为大气，而 100 像素的高度会显得有些局促。内容方面我们可以在上面标注自己店铺的名称、公司名称和产品信息等内容。

2. 店铺装修－图片轮播板块

图片轮播板块位于店招下方，是一个非常重要的产品展示板块，它将多张广告图片以滚动轮播的方式进行动态展示，更直观、更生动地表达我们的产品。最多可以重复添加 6 个图片轮播板块，位置可以上下调动，便于与其他板块之间的互相搭配。

单击板块右上角的“编辑”按钮，在打开的界面中可以设置轮播图片的规格参数，如图 7－5 所示。一个图片轮播板块最多可以添加五张图片，每张图片可以添加一个相应的产品链接。

3. 店铺装修－产品推荐板块

产品推荐板块用起来效率比较高，缺点是结构相对单一。如果能配合图片轮播和自定义内容区的应用，也可以很好地展示店铺中的产品。一个店铺最多可以添加五个产品推荐板块。点击板块右上角的“编辑”按钮，可以看到产品推荐板块的规格参数，如图 7－6 所示。

产品推荐里面的图片，系统会直接使用产品首图，因此被选产品的首图一定要整洁，尽量和店铺装修整体统一，不要破坏店铺的整体性。产品可以选择一行四个或者五个。

很多卖家在店铺装修的时候，有时候系统默认侧边栏的 Top Selling 模板隐藏起来，但在产品推荐板块又可以重新调出来。

图片轮播

店招： px 请设置100-600px之间，宽度960px

切换效果： 左右切换

点击添加图片 请输入包含www.aliexpress.com的网址

添加新图片（最多添加5张图片）

保存 取消

上传新图片 从URL添加

从您的计算机上选择图片（一次最多上传5张）

选择需要上传的文件： 从本机上传图片

单张图片大小不超过2M，图片格式为jpg、jpeg

图 7－5 “图片轮播”设置界面

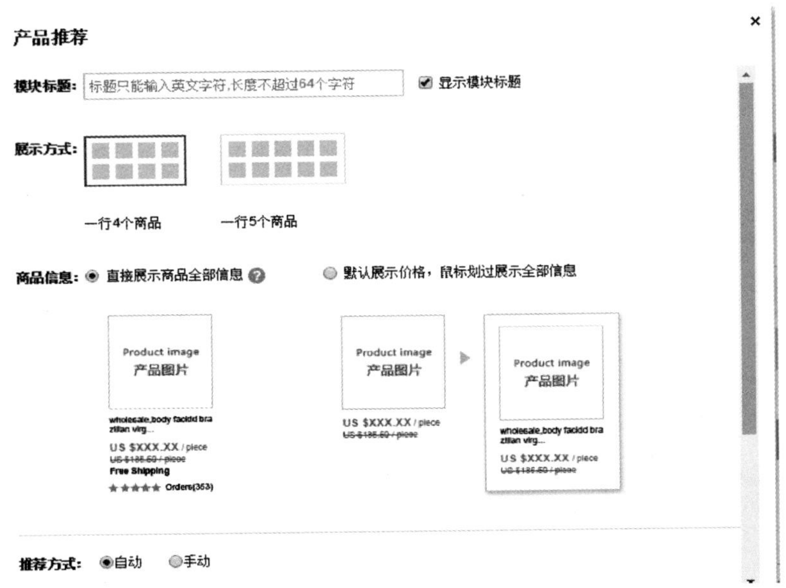

图 7－6 “产品推荐”设置界面

在侧边栏添加一个产品推荐板块，如图 7－7 所示，推荐方式选“自动”（当然也可以自己手动添加想要展示的产品），排序方式选择“按销量降序排列”，则会重新调出 Top Selling 板块。按同样的道理，我们还可以按照产品分组，添加分类产品的 Top 排行榜。

4. 店铺装修－布局管理

点击“布局管理”标签，打开如图 7－8 所示的界面。

Top Selling Products

模块标题：Top Selling Products　显示模块标题

展示方式：

一列4~20个商品

商品信息：直接展示商品全部信息

Product image
产品图片
wholesale,body xxxxxxxx
zilian virg...
US $XXX XX / piece
Orders (xxx)

推荐方式：自动　手动

排序方式：按销量降序排列

最新发布在前
最新发布在后
按价格降序排列
按价格升序排列
按销量降序排列

产品分组：

商品数量：

保存　取消

图 7－7　产品推荐板块

图 7－8　“布局管理”界面

这里可以对店铺首页进行布局的装修，如果我们想对页面的页头进行编辑装修，点击“＋”按钮，打开如图 7－9 所示的界面。

这里可以对店招、图片轮播、商品推荐自定义区进行编辑。

装修建议：建议新手卖家要做到图片干净，以淡色色调为主；相应链接设置到热销/新品/促销；如有活动或特色，可在首页明确公布。相信通过认真的装修，会让店铺的产品销量大大提升。

图 7－9 “模块管理”界面

速卖通的装修相对淘宝店铺的装修要简单很多，在这里如果我们想装修更好看的店铺又不愿意自己做，那么可以购买第三方模板。在左上角“装修”下拉列表中选择“模板管理”，进入如图 7－10 所示的界面。

图 7－10 “旺铺”下拉列表

点击“装修市场”按钮即可进入第三方付费模板市场，如图 7－11 所示。选择一款自己满意的模板，可以先点击使用，确认板块符合自己的要求后，再选择购买，可以选择一个月、三个月或六个月。

图 7－11　装修市场界面

第二节　如何在店铺首页添加多语言图标

我们都知道速卖通的客户来自全球各地，作为非英语本语言的国家就算会英语，但是总还喜欢看本土语言；就好比本人虽然会英语但是有中文选择还是会选择中文页面。

如果自己的店铺有多语言页面，那会吸引很多客户爱上你的店铺。多语言设置店铺界面如图 7－12 所示。

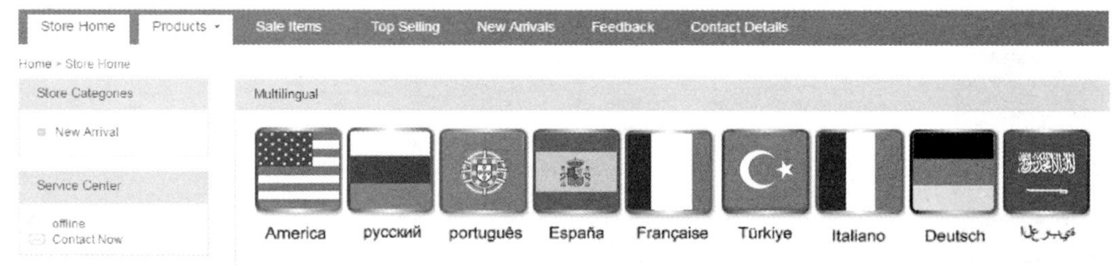

图 7－12　多语言店铺

下面介绍在店铺首页添加多语言图标的方法。

首先要准备好素材“国旗”图标（12 国图标下载地址 1：http：//pan. baidu. com/share/home？ uk＝2718179613#category/type＝0），准备好素材后我们进入自己的店铺装修。

（1）登录后台，在“店铺界面”中的“商铺管理”下打开“店铺装修及管理”界面，点击“进入装修”按钮，在打开的界面中点击“添加模块”按钮，进入如图 7－13所示的界面。

图7－13 “模块管理”界面

（2）点击“自定义内容区”后的“添加”按钮，添加一个自定义内容区板块，出现如图7－14所示的界面。

图7－14 自定义内容区

（3）鼠标放在“用户自定义区域”板块上，点击右上角的“编辑”按钮，进入“用户自定义区域”的编辑界面，如图7－15所示。

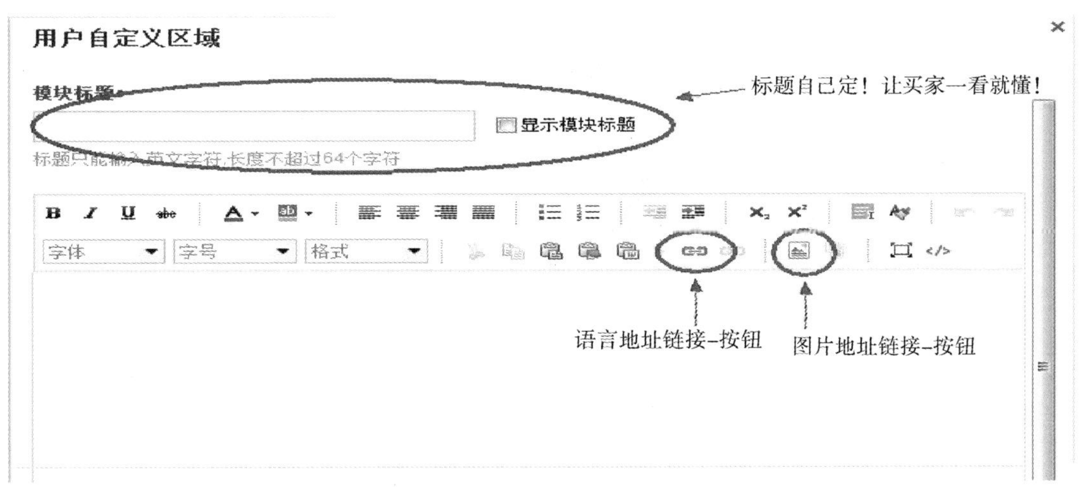

图7－15 “用户自定义区域”编辑界面

（4）填写模块标题，点击“添加图片地址链接”按钮，在打开的界面中添加各国图标，如图 7－16 所示。

图 7－16 “选择文件”按钮

（5）添加完各国图标后的效果如图 7－17 所示。

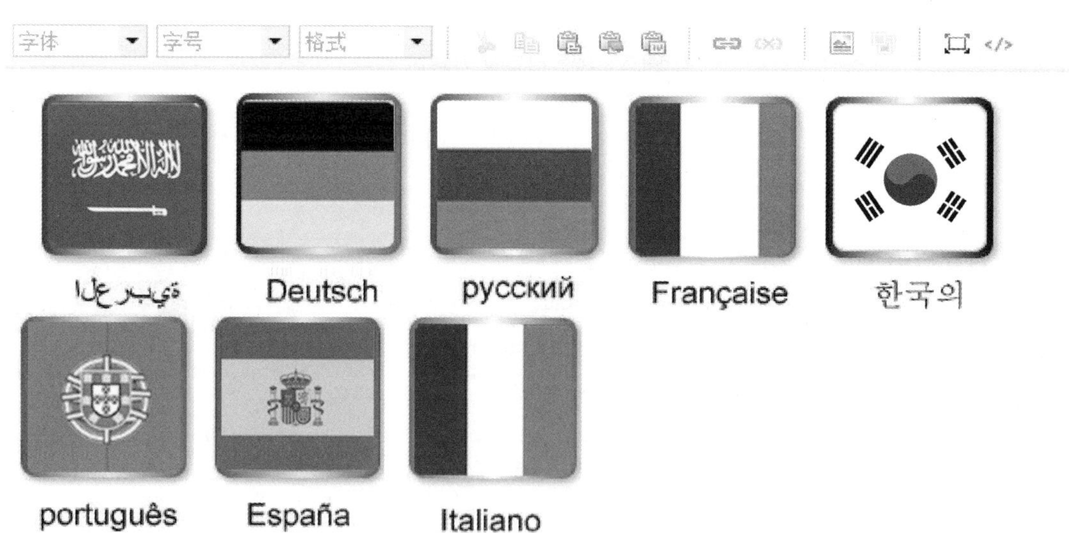

图 7－17 选择各个国家的图标

注：每一个图之间最好留 2 至 3 个空格，后期效果比较美观。

（6）点击某一个国家的图标，再点击“语言地址链接”按钮，添加语言地址，如图7－18所示。

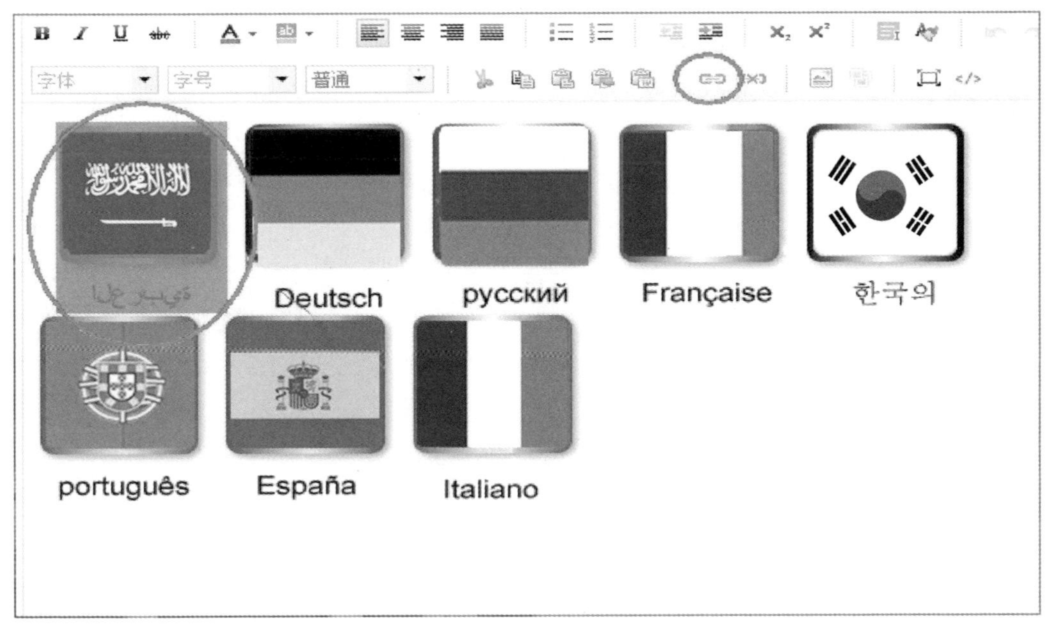

图7－18　添加语言链接

（7）在打开的“超链接”对话框中填写各国语言链接加上我们店铺的编号，点击“确定”按钮即可成功添加各国语言链接，如图7－19所示。

图7－19　“超链接”对话框

常用的各国语言链接如下：

意大利：http：//it. aliexpress. com/

葡萄牙：http：//pt. aliexpress. com/

俄罗斯：http：//ru. aliexpress. com/

韩国：http：//ko. aliexpress. com/

阿拉伯：http：//ar. aliexpress. com/

德国：http：//de. aliexpress. com/

西班牙：http：//es. aliexpress. com/

荷兰：http：//nl. aliexpress. com/

日本：http：//ja. aliexpress. com/

法国：http：//fr. aliexpress. com/

第八章　速卖通店铺诊断

店铺诊断是速卖通运营过程中，卖家朋友们需要注意的一个方面，因为做店铺诊断可以及时发现店铺内部的一些问题，根据问题制订方案，然后查漏补缺完善店铺，让店铺健康运营并得到良好的收益。

速卖通店铺整体诊断思路如图 8－1 所示。

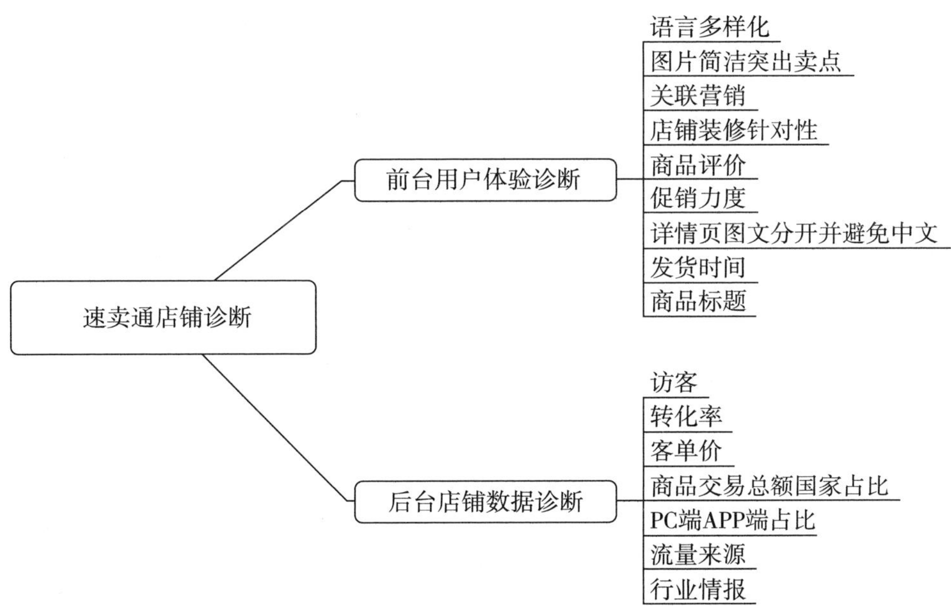

图 8－1　速卖通店铺诊断分类图

了解店铺的情况，也就是店铺诊断的过程，那么我们该如何诊断呢？先看店铺的整体表现，主要分为每日服务分和当月服务等级，如图 8－2 所示。

下面详细介绍每日服务分和当月服务等级。

（1）卖家服务等级。

卖家服务等级每月末评定一次，下月 3 日前在后台更新，根据上月服务分均值计算得来，根据计算结果将卖家划分为优秀、良好、及格和不及格卖家，不同等级的卖家将获得不同的平台资源。

图 8-2　店铺的整体表现

（2）每日服务分。

每日服务分采用百分制考核方式，一共 8 个考核项，每天更新，每日服务分等于 8 个考核单项得分之和，即每日服务分（满分 100）=拍而不卖率得分（单项满分 5）+未收到货物纠纷提起率得分（单项满分 5）+货不对版纠纷提起率得分（单项满分 10）+货不对版仲裁有责率得分（单项满分 15）+好评率得分（单项满分 10）+DSR 商品描述得分（单项满分 30）+DSR 卖家服务得分（单项满分 15）+DSR 物流服务得分（单项满分 10）。具体考核内容如表 8-1 所示。

表 8-1　每日服务分考核项及具体内容

考核项	单项满分	修改后的指标详解
拍而不卖率	5	考核期内卖家未全部发货且（卖家发货超时或者买家选择由于卖家原因并成功取消订单）/考核期内（卖家未全部发货且（卖家发货超时或者买家选择由于卖家原因并成功取消订单）+全部发货的订单数）
未收到货物纠纷提起率	5	考核期内（买家因未收到货物提起退款订单数-买家主动撤销退款的订单数）/考核期内（买家确认收货+确认收货超时+买家提起退款的订单数）
货不对版纠纷提起率	10	考核期内（买家因货不对版提起退款订单数-买家主动撤销退款的订单数）/考核期内（买家确认收货+确认收货超时+买家提起退款的订单数）
货不对版仲裁有责率	15	考核期内提交至平台进行裁决且最终被裁定为卖家责任的货不对版纠纷订单数/过去 30 天（买家确认收货+确认收货超时+买家提起退款并解决+提交到速卖通进行裁决并裁决结束的订单数）

续 表

考核项	单项满分	修改后的指标详解
好评率	10	考核期内产生的好评数/（考核期内的好评数和差评数总和），更多规则查看这里
DSR 商品描述	30	考核期内 DSR 商品描述的准确性平均分
DSR 卖家服务	15	考核期内 DSR 沟通质量及回应速度平均分
DSR 物流服务	10	考核期内 DSR 物品运送时间合理性平均分（不包含采用线上发货且 DSR 物品运送时间合理性等于 1、2、3 分的订单）

注：每个考核项最低分为 -100 分，只有该项表现特别差的时候才可能得到负分。
（DSR：Detailed Seller Ratings，主要包括商品描述、卖家服务、物流服务三个方面）

（3）每日服务分对店铺的影响如下：

每日服务分数越高，对搜索排序越有利（排序受多个维度影响，服务分为其中一个影响因素）；卖家服务分更新周期为每天更新。

（4）每日服务分考核周期如下：

截至上月底，过去 90 天内考核订单量 <60 笔的卖家，不参加卖家服务等级考核；

截至上月底，开店时间≥180 天且过去 30 天内考核订单量≥60 笔的卖家，考核周期为 30 天；其他卖家，考核周期为 90 天。

不参加卖家服务等级考核的卖家，默认享有的权益等同于及格，这部分卖家请努力提升订单量，以获得参加考核资格。

（5）每日服务分考核的订单。

考核订单指以下任一时间点发生在考核期内的订单：卖家发货超时的时间、买家选择卖家原因并成功取消订单的时间、买家确收或确认收货超时的时间、买家提起纠纷时间、仲裁提起或结束时间、评价生效或超时时间。

（6）服务等级的分级标准和资源奖励。

当月服务等级是根据上月的每日服务分均值计算得来，用以给予每日服务分持续较好的卖家更多的奖励；不同等级的卖家将在橱窗数量、平台活动、店铺活动等方面享有不同的资源。等级越高的卖家享受的资源奖励越多，“优秀”卖家将获得 Top Rated Seller 的标志，买家可以在搜索商品时快速发现优秀卖家，并选择优秀卖家的商品下单。指标表现较差的卖家将无法报名平台活动，且搜索排序上会受到不同程度的影响。详见表 8-2。

表 8－2　　服务等级的分级标准及奖惩措施

等级/权益	不及格	及格	良好	优秀
定义描述	上月每日服务分均值小于60分	上月每日服务分均值大于等于60分且小于80分	上月每日服务分均值大于等于80分且小于90分	上月每日服务分均值大于等于90分
橱窗推荐数	无	无	1个	3个
特殊标识	无	无	无	有
平台活动权利	不允许参加	正常参加	正常参加	优先参加
营销邮件数量	0	500	1000	2000
直通车权利	无特权	无特权	开户金额返利15%，充值金额返利5%（需至直通车后台报名）	开户金额返利20%，充值金额返利10%（需至直通车后台报名）

每月1日至3日是服务等级计算及资源发放周期，期间会逐步完成各项奖励资源的发完，请耐心等待。在卖家后台首页，或卖家服务等级页面查看每日服务分、当月服务等级、产生不良体验的订单或商品。

注意：①搜索排序曝光受每日服务分影响，与当月服务等级无关。

②提前放款享受最高比例特权，不再与服务等级挂钩。

对于已经开始运营店铺的速卖通卖家，我们在平常运营过程中需要关注哪些数据呢？可以从店铺层面和单品层面进行分析，如图8－3所示。

而新手卖家更适合使用简单的维度，比如第一层的维度来构建数据表格进行分析。同时除了关注数据之外，每天最好也能进行数据统计。

下面对速卖通数据纵横中的各大模块的作用进行简单的介绍。

（1）实时风暴：实时观测店铺流量动态的工具。

（2）商品分析：提供商品13个维度近30天的数据下载；单品流量来源分析、产品转化、成交等维度分析。

（3）成交分析：提供商铺经营情况（GMV、UV）、商铺全球访客分布、商铺核心指标分析等数据。

（4）商铺流量来源：提供商铺流量来源数据。

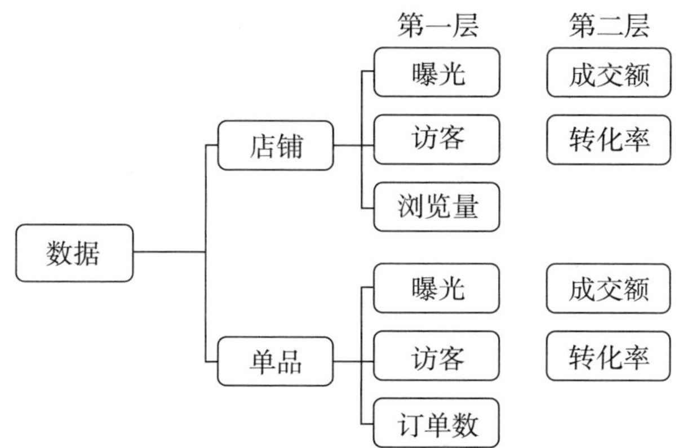

图 8－3　速卖通卖家需要关注的数据

（5）商铺装修：提供商铺各个国家访问的数据（浏览量、访客、访问平均深度等）。

理解了数据纵横中各大模块数据的作用之后，接下来讲解新手卖家分析店铺数据的思路。我们先从店铺和单品两个层面来分析：

（1）店铺层面包括这个店铺的曝光量、访客数、浏览量以及订单数等，如图 8－4 所示。

曝光量：平台判断店铺各方面表现给予展现机会

↓ 点击率：产品在平台买家面前总体展现后获得买家的点击概率

访客数：买家点击进入店铺的人数

↓

浏览量：店铺所有页面被进入店铺买家查看的页面次数

↓ 转化率：进入店铺买家成功下单的比例

订单数：买家下单数量

图 8－4　店铺层面数据思路

①曝光量：根据每日统计的数据，分析店铺的曝光程度，来控制直通车的运用。

②访客数：有曝光而访客数突然降低的原因，可能是活动结束，店铺限时限量折扣结束导致。

③浏览量：浏览量低有可能是店铺装修效果不好，或者是关联营销差。

④订单数：订单数减少的原因可能是活动结束或店铺推广途径结束。

（2）单品层面：与店铺层面思路类似，对单个商品的数据进行分析，如图 8－5 所示。

以单品的曝光量为例，新品要快速出单必须有持续不断的曝光、活动资源的配合以及广告费用的投入，不断增加页面的浏览量，增加单品的点击率，最终达到提高转

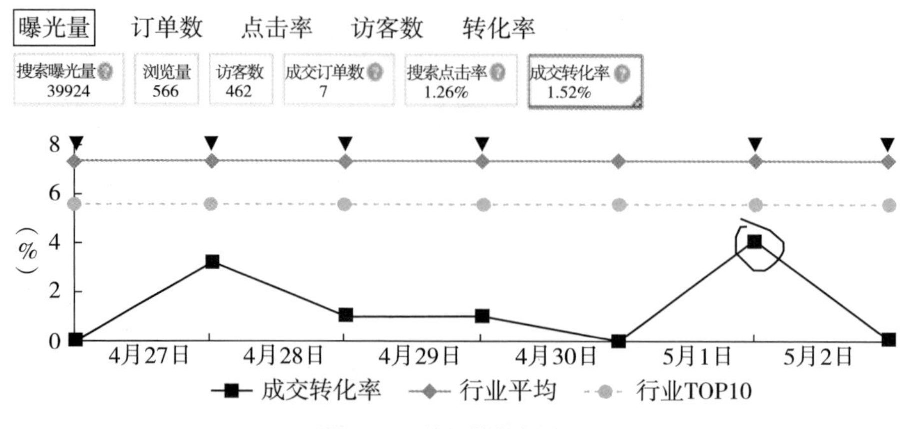

图 8－5　单品的数据分析

化率的目的。

店铺诊断需要卖家经常去做，有时还需要我们从不同的角度去分析，根据发现的问题来制订方案以完善店铺。下面我们从不同的问题模块进行分析：

1. **账号表现**

账号表现需要通过当月服务等级和下月等级预估来判断。账号表现中，发现店铺评分距离优秀还有差距，可以通过以下几种方法来解决：

（1）ODR（Online Dispute Resolution，电子商务在线非诉讼纠纷解决）超标——打造爆款提升订单量（加大分母）。

（2）发放无门槛优惠券提升订单（加大分母）。

（3）集中改差评（缩小分子）。

（4）90 天好评低——集中改 5 美元以上的中差评。

（5）跟客户群发要好评，在下个月 3 日前好评率达 97%。

2. **七天成交订单**

从数据纵横的商品分析中查看成交订单数，进行排序。查看七天是否有新品售出，热卖款是否每天都一样，售出产品是否类型都一样。如果答案是否定的，可以参考以下解决办法：

（1）限时限量每月时间用完，设置三类产品：流量排名前 80 的产品；新上架产品；全店铺打折不成功产品。长期确保三组产品在进行限时限量打折。

（2）全店铺打折一个月无间断，每个活动设置时长 3 天。每个月月底设置好下月所有全店铺打折活动。

（3）设置好满立减活动。

（4）优惠券多种尝试：满 8 美元减 2 美元，满 15 美元减 3 美元，满 30 美元减 5 美元等。

3. **客单价**

从数据纵横中的店铺概况中进行查看，如果客单价低，则可以通过以下方式改进：

（1）店铺设置符合客单价的满立减，如满 15 美元减 2 美元。

（2）店铺设置符合客单价的优惠券，客单价 6.4 美元，优惠券应该设置满 8 美元减 2 美元。一个月 5 个活动要用完，可设成满 15 美元减 2 美元，满 30 美元减 3 美元，满 50 美元减 4 美元，满 80 美元减 5 美元，满 100 美元减 6 美元。

（3）店铺设置支持批发，购买 2 个以上减 5%（其他卖家一般留 25% 的利润）。

注意：优惠券与满立减可叠加使用。

4. 店铺营销

速卖通的营销活动中合理设置店铺活动是其重要的优化形式，可以通过灵活搭配使用限时限量折扣、全店铺打折、店铺满立减、优惠券四种工具来引流转化。

（1）限时限量折扣是由卖家自主选择活动商品和活动时间，设置促销折扣及库存量的店铺营销工具。利用不同的折扣力度推新品、造爆品、清库存，是卖家最爱的一款工具。

温馨提示：利用“数据纵横”的“热门商品”选择活动商品，提前优化好商品信息后再创建活动。

优势：商品主图有明显折扣标识；买家搜索页面 Saleitems（折扣商品）额外曝光；买家购物车和收藏夹会有折扣提醒。

（2）全店铺满立减是由卖家在自身客单价基础上设置订单满 X 美元系统自动减 Y 美元的促销规则，可刺激买家多买，提升客单价的店铺营销工具。

温馨提示：搭配“产品互链工具”推荐关联商品可大幅提升满立减的效果。

优势：搜索页面满立减标志额外曝光；店铺首页明显标识吸引买家关注；商品详情页标识进一步刺激买家下单。

（3）店铺优惠券是由卖家自主设置优惠金额和使用条件，买家领取后在有效期内使用的优惠券，可以刺激新买家下单和老买家回头购买，提升购买率及客单价。

温馨提示：同一时间段可设置多个店铺优惠券活动，满足不同购买力买家的需求，从而获得更多订单。

优势：买家页面 All Coupons（所有优惠）专区推广；商品详情页头部明显标志；平台邮件直接推荐给买家。

（4）全店铺打折是一款可根据商品分组对全店商品批量设置不同折扣的打折工具，可帮助卖家在短时间内快速提升流量和销量。

温馨提示：根据商品不同分组的利润率设置不同的折扣力度，10% 折扣以上的商品更易出单。

优势：全店铺商品主图批量折扣标识；买家搜索页面 Sale items（特价商品）额外曝光；买家购物车和收藏夹会有折扣提醒。

5. **平台活动**

在营销活动中，要注意平台活动的信息，看看有哪些适合的活动。速卖通是个活动引流效果很好的平台，所以平台活动能报就一定要报；能够入选平台活动的产品有三大要点，其中包括产品累计销量高，产品好评率高，产品图片精美并且首图最好为白底无水印图片。平台活动报名的时机也很重要，每月月初是竞争者最少的时候，要抓住这个好时机报活动。

6. **查漏补缺**

在诊断完这些问题之后，要进行最后一步，查漏补缺：

（1）店铺表现需要确保达成 TOP（靠前的），账号表现与销售是相辅相成的，表现好与不好单量差距可以达到 30%。

（2）店铺四大营销工具一定要全部充分利用，不要有结余数量或时长。

（3）店铺每天确保有 10 款左右新品上架，根据店铺规划价格设定为爆款，引流款或者利润款。

（4）平台活动能报的全部报完，首选销量高、图片漂亮、好评高的产品报名。

充分利用好以上几点，卖家朋友们就可以达到店铺的健康运营，实现收益。

以上就是一些店铺诊断的方法，以及一些解决方案，我们在进行店铺诊断的时候，要根据自己店铺的实际情况，有针对性地制订一些方案，不管什么办法，都需要勇气和时间去试验，适合我们的就是最好的。

第九章　速卖通店铺综合营销

第一节　速卖通关键词优化

一、搜索词与产品本身描述的相关性

当卖家在速卖通界面中输入搜索关键词，搜索引擎会在大量的产品中依据用户的搜索词来找到相关的产品，这时候就是要看产品本身和用户搜索输入词的相关程度，考虑相关程度主要看以下两个主要维度：

（1）商品的标题描述。

商品的标题描述作为商品描述的主要信息项，是在搜索匹配的关键因素。如图 9－1所示，搜索 homecoming dresses，在商品标题中有 homecoming dresses 的产品在搜索排序中就会有较高的得分。

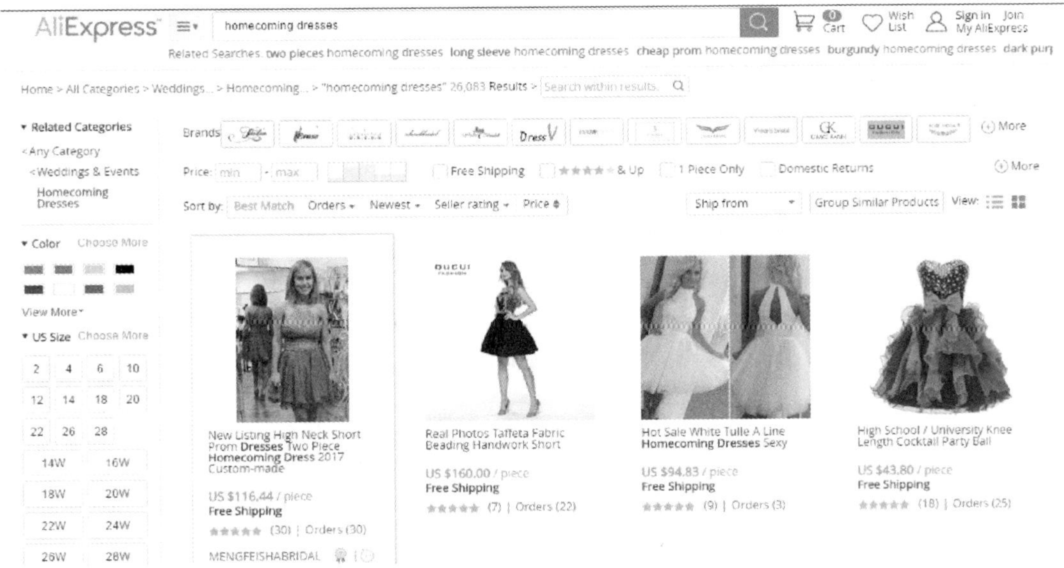

图 9－1　搜索 homecoming dresses

（2）商品的属性。

商品的属性作为描述商品的关键信息，也作为搜索排序的主要因素。这就需要卖家尽量完善产品的属性信息，确保每一个产品的属性都全面准确，这对获取优质排名非常有帮助。

如图 9－2、图 9－3 和图 9－4 所示，搜索 XXLdress，有些商品虽然在产品列表的描述中没有 XXLdress，但是在产品的属性中有 XXLdress，其也会被搜索命中。

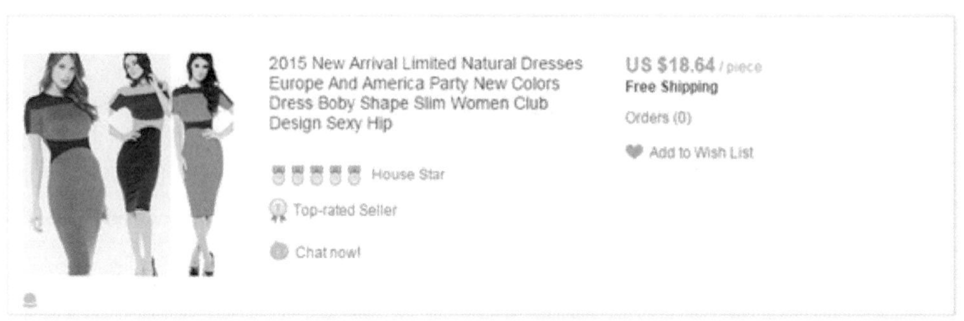

图 9－2　列表中无 XXL

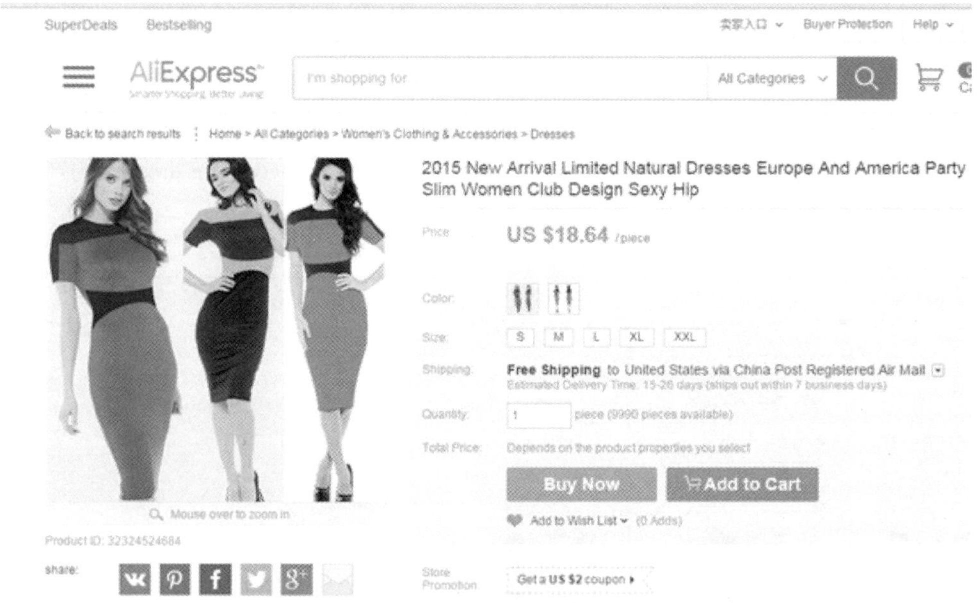

图 9－3　Size 中有 XXL

二、搜索词和产品类目的相关性

产品所在类目和搜索关键词的相关性也会有一定的得分。简单来说，同一个搜索

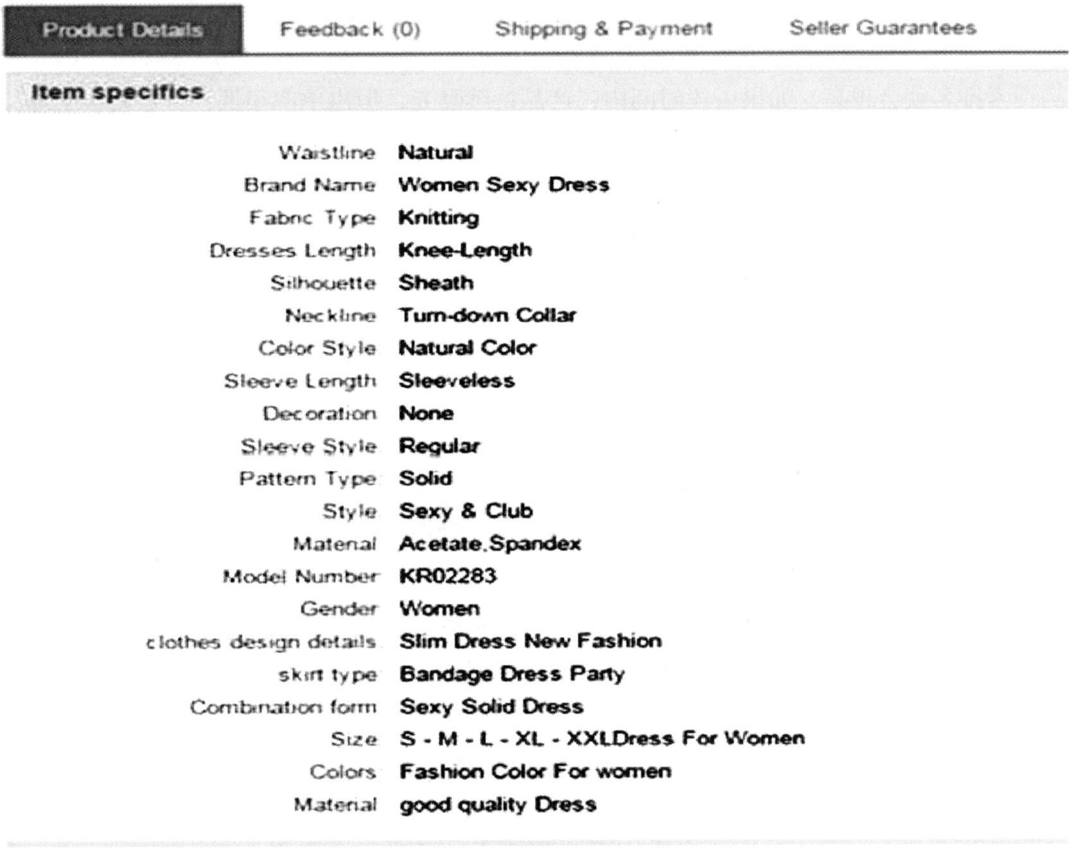

Product Details　Feedback (0)　Shipping & Payment　Seller Guarantees

Item specifics

Waistline	Natural
Brand Name	Women Sexy Dress
Fabric Type	Knitting
Dresses Length	Knee-Length
Silhouette	Sheath
Neckline	Turn-down Collar
Color Style	Natural Color
Sleeve Length	Sleeveless
Decoration	None
Sleeve Style	Regular
Pattern Type	Solid
Style	Sexy & Club
Material	Acetate,Spandex
Model Number	KR02283
Gender	Women
clothes design details	Slim Dress New Fashion
skirt type	Bandage Dress Party
Combination form	Sexy Solid Dress
Size	S - M - L - XL - XXLDress For Women
Colors	Fashion Color For women
Material	good quality Dress

图 9－4　设置属性中有 XXL

关键词，在搜索后被点击的产品属于哪个类目的数量就决定了这个类目和这个搜索关键词的相关性。而对卖家来说，在上传商品时，选择商品的所属类目就成了影响产品搜索排序的主要因素。

三、产品的本身质量

产品自身的质量主要包含四个因素：产品的价格、产品的销售情况、产品的图片质量和产品的销售转化率。

（1）对于卖家来说最容易理解的就是产品图片质量，只要卖家能够在上传产品图片时，保证主副图上传 6～8 张，且图片清晰，包含了产品的主体图、细节图、包装图、材质图等，足以让买家通过图片了解到产品的主要特性，相应地，就可以在产品质量的图片分数上得到一个比较高的得分。

（2）价格方面，鼓励卖家上传商品的价格符合平台上该类产品的主流卖价，越贴近平台上的主流价格，就会在价格方面有更多的得分。

（3）产品的销售情况即历史销售数据。

（4）产品的销售转化率：如果其他条件相同时，在近期内商品的销量越高，该商品的搜索排名就会越高。如果一段时间内，产品持续曝光，但出单率很低，分数就会下降。

四、卖家服务水平

卖家的服务水平本身也是影响商品成交的主要因素，我们在搜索排序时会把卖家在以往交易中体现出的服务水平作为卖家的服务水平得分进行加分奖励。而具体的服务得分由以下几个项目组成：

（1）订单的用户评价（Feedback），是客户对卖家产品及服务的综合反馈，好评率越高，卖家的服务水平越高。

（2）交易纠纷率，如果店铺交易纠纷的比率越低，卖家的服务水平越低，平台给予卖家对应的商品得分越高。

（3）交易退款率，其与交易纠纷率类似，如果交易退款的比率越低，卖家的服务水平也就越低，给予卖家对应的商品得分就会越高。

（4）买家的重复购买率，如果一个卖家服务的所有买家中，能在未来回到平台继续产生购买的比率越高，意味着这个卖家的服务水平就越高，他就会得到更多的加分。

（5）在线时长以及在线消息的回复效率，在外贸大额交易过程中，尽管卖家上传的产品信息很丰富，但是往往买家也会有很多个性化的需求以及问题，需要和买家进行及时的沟通，这就需要我们经常在线以及尽量快地回复买家，这样搜索排序的时候就会得到更高的得分。当然，这里的回复必须是有效的。

以上就是平台搜索排序最主要的一些搜索排名规则，也是很多新手需要了解的知识点，希望各位卖家能够根据规则不断优化自己的产品和服务，提高产品的搜索得分，从而获取更多的曝光和订单。

第二节　如何通过数据分析提升店铺

所谓的数据分析，就是把一堆杂乱的信息用带有逻辑的方式去思考，把隐藏信息间的规律提炼出来。

对于速卖通平台而言，数据就是平台给卖家的成绩单。成绩好平台分配的资源就更多。同时，数据也是平台给买家的调查表，根据结果引导平台的市场方向。从市场分析角度来说，选品、打造爆款、直通车、营销活动、运营的每一个环节都离不开数据，数据就是卖家经营的依据。

通过数据分析，可以调整产品的格局、标题以及相关的优化策略，数据分析也是提升店铺最科学有效的方法。所谓的“数据”，具体指哪些数据呢？我们又怎么去分析呢？接下来我们就详细地介绍一下。

一、实时风暴

实时风暴分为实时概况、实时营销两项。通过实时风暴可以及时了解店铺流量的变化，判断商品信息优化、营销活动等调整带来的直接效果，还可以在流量集中的时段，调整产品上传时间、客服工作时间及直通车投放时间。如图 9 – 5 所示为服装/服饰配件为例，当日与周同比的情况。

图 9 – 5　当日与周同比图

实时风暴为我们提供了哪些有用数据呢？每个行业其实访客访问行为都不太一样，比如在访问时间上，如果店铺经营的是欧美服装，访客基本在美国时间早上 9 点到中午 11 点的时候数量是最多的。但是咨询了几个卖 3C 和家具生活类用品的卖家，访客数量基本都是在晚上 8 点到 10 点时候最高。

另外，在实时分析下面还有每个产品的曝光量、访客数、成交订单数、购物车数量、收藏数量。我觉得这个才是这个栏目中我们需要关注的核心店。下面抛几个问题给大家思考：

（1）有曝光量但是没访客是什么原因造成的？

（2）有访客数但是订单不多是什么原因造成的？

（3）有访客、有曝光、有收藏，但是没人下单是什么原因？

（4）收藏量非常高，为什么没人下单？

（5）购物车非常多，但为什么成交订单数量不多？

（6）出现上述问题的原因是什么，是否有分析过原因，是否有去对比下同行产品为什么比我们的要好？

这几点问题大家认真分析一下都会明白其中的缘由，只是很多人存在着惰性，不愿意做出改变而已。

二、经营分析

1. 访客地域分布

店铺初期重点关注的是访客地区分布图，为用户人群画像，将客户群体细分。访客地区分布在美国、俄罗斯、乌克兰、日本、智利、墨西哥、以色列、西班牙、荷兰、爱沙尼亚等国家和地区。

因为店铺风格是偏向欧美国家，所以美国地区的访客自然比较多。很多人店铺风格不明确，导致店铺没有特色，目前平台倡导店铺应该小而美（专业），如此一来更应该注重店铺整体的风格。

杂货铺的特点：价格竞争为主，访客回头率低。

小而美店铺的特点：品牌 + 服务，用户黏性高。

访客地域分布功能主要是方便卖家监测自己店铺产品的客户国家，如果店铺风格偏向于俄罗斯客户，那判定店铺成功的唯一标准就是访客比例。

2. 成交分析

速卖通店铺的成交分析功能由两部分组成：成交概况和波动分析。

（1）成交概况。

店铺的行业排名：速卖通会根据店铺支付成功的金额情况，按照最近 30 天以内支付成功的金额在同行、同城中的比例进行排名。

值得注意的是，目前行业排名改为二级行业，在旧版本的商铺概况里属于一级行业，但是由于一级行业在很多情况下比较宽泛，拆分到二级行业对维度的定位相对具体且合理。同时，把因风控关闭订单金额的统计做了不同级别的调整，新旧版本整体不会有太大差别。

成交概况是由一组公式构成：支付金额 = 访客数 × 浏览 – 支付转化率 × 客单价

整个公式构成支付金额，这是一种最基本的组成，支付金额的涨幅和跌幅可以由这三组数据得出，并且通过这种方式可以知道如果要提升商品的支付金额，通过提升访客数、支付转化率、客单价这三种途径达到提升支付金额的目的。

比如，提升店铺 20% 的访客量，在支付转化率保持不变的情况下，支付金额相应也提升 20%。当然如何提升数据，可根据每个店铺的自身情况，来决定我们的运营方式侧重点。提升访客数、支付转化率或者客单价，它们的运营策略是不一样的。访客量，简单来说就是引流，我们可以通过各种方式如 Facebook、P4P、联盟引流。浏览转化率一般是通过老客户的营销，新客户的优惠券发放来提升的。客单价一般的营销方式是做相关的观点营销，或者对应的优惠券。

（2）成交波动分析。

首先，在一定订单量的基础上，才需要做波动分析。建议最近 30 天支付订单 30 笔以上时再做波动分析，否则波动受单个买家、订单的影响很大，数据较少的情况下分析结果可靠性不高。

其次，波动超过一定范围时，才需要引导分析波动原因。整体波动 10% 以内，不代表没有异常，根据卖家店铺的实际情况判断，在各维度下某个值波动超过 10%，也会有引导。例如，整体波动 3%，但 US 波动 15%，建议分析该国家（US）的波动。

成交波动分析的原因和思路如下：

①在有波动的前提下先找店铺自身的原因，再考虑整个行业引起的原因，如果方向错误，很容易导致后面的分析进入误区使我们无法进行相关的运营策略调整。

②如果是店铺的原因，可以通过公式找到流量、转化、客单原因。

③通过维度拆解，找到国家、平台、商品等主要原因，一般以找到商品为最终目的，也可直接通过商品维度切分找到原因，具体原因因店铺而异。

④单维度拆解分析，通过成交公式，找该维度的原因。

3. 商铺流量来源

商铺流量来源可以查看店铺内流量构成，每个渠道流量占比以及走势，可以帮助卖家了解店铺流量来源以及如何优化提升店铺流量。卖家可以查看最长时间段为最近 30 天的流量来源、流量来源分布以及在详细数据报表中可以查看近 30 天每个渠道的趋势。卖家也可以通过自定义时间选择最近 30 天内的某一天来查看这天的效果；方便卖家在某一天进行了引流操作后查看效果（例如：参加活动、付费推广、优化标题关键词等）。

流量涉及两个词：

- PV（Page View）：访问量，即页面的访问量或点击量。
- UV（Unique Visitor）：独立访客，访问您网站的一台电脑客户端为一个访客。

如果站内搜索不能排名前三，那说明店铺是亚健康的，如图 9－6 所示。

下面详细介绍各个渠道流量来源：

（1）直接访问：A 客户在店铺买了产品，收到后非常满意，把产品链接发给他朋

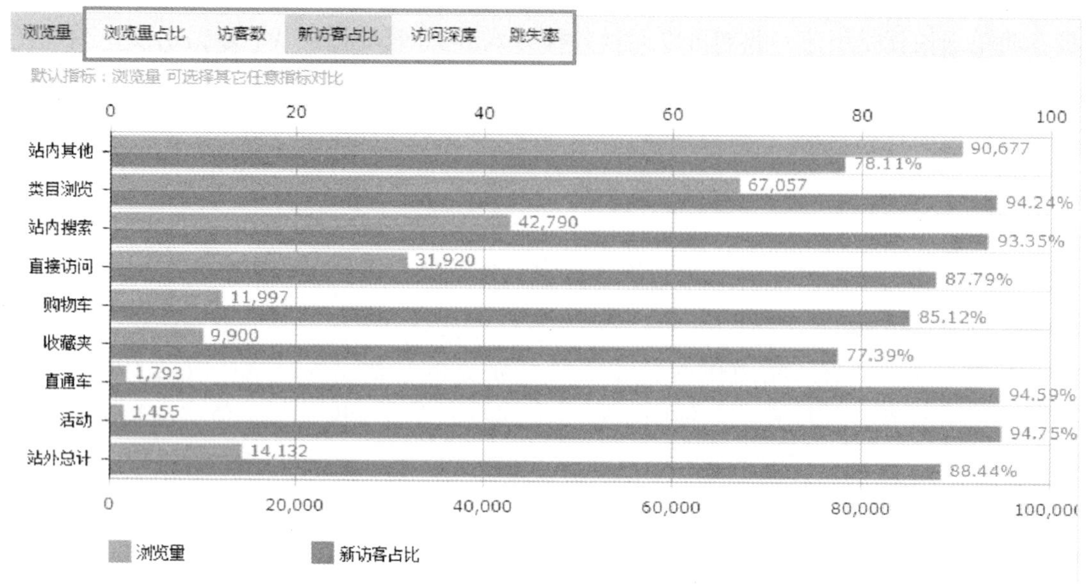

图 9－6　商铺来源排序界面

友 B，B 客户通过链接直接购买。

（2）站内其他：比如关联营销流量等。

（3）站内搜索：买家通过关键词搜索直接点击产品页面比例。一般通过这种方式来的客户目标性非常强。例如，买家要买件雪纺连衣裙，打开速卖通首页，搜索框中直接输入 chiffon dress 关键词进行搜索，在页面第一页看到一款合适的连衣裙便立即下单购买。（流量来源：站内搜索）

（4）类目浏览：买家大部分都属于无意识浏览，对于产品没有目标性。这类客户对于店铺的跳失率比较高，针对此类客户我们需要把重点放在产品图片以及详情页的优化上。例如，买家想要给自己买双靴子，但还不确定哪款好看。打开首页，选择类目 CATEGORIES－Bag&Shoes－Men's boots，看中一款鞋子，立即下单购买。（流量来源：类目浏览）

（5）活动：买家闲来无事，上 AE 看下，进首页的时候就看到活动海报上写着：Super Deal，Up to 99.99% off（超值交易，优惠高达 99.99%），草帽的折后价 0.1 美元，速来抢购。（流量来源：促销活动）

（6）直通车：按点击付费的引流方式。

（7）收藏夹：前几天收藏了几款店铺的产品，快“双 11”了，赶紧去看看有没有打折的货物，上 AE，点开收藏夹浏览产品。（流量来源：收藏夹）

（8）购物车：买家逛了店铺，发现几款不错的产品，并且添加到了购物车，结账时发现钱不够或暂时还没确定是否下单，之后可以从购物车点开产品。（流量来

源：购物车）

（9）站外总计：用习惯了 Google，直接在 Google 搜索，站外总计一般都是通过速卖通联盟营销或者自己站外推广，比如 Facebook、EDM 等，这里可以检测我们的站外推广能力。

不同的流量转化率有所不同，按转换由高到低且可以这么排序：活动（便宜）>直接访问（老顾客）>站内搜索>直通车>站外推广（SNS）。

4. 店铺装修

要想进行装修效果分析，可以查看在最近 30 天内哪些天做过店铺装修，装修后店铺的流量、访问深度、访问时长及跳失率的变化，以此来衡量店铺装修效果。

装修的作用仅仅在于店铺的首页，一般访客访问习惯：通过搜索功能进入产品页面，如果对产品感兴趣，可能会去其他产品页或者店铺首页看下一个产品，如此循环。那店铺装修则是店铺第一个产品到第二个产品的桥梁，还是比较重要的。

5. 商品分析

卖家通过商品分析可以经常查看商品曝光量、浏览量、访客数、加购物车数、成交转化率、订单数等，偶尔也要看看产品收藏量。卖家要通过分析，思考这些数据所反映出的问题，想想这些数据能带来的逻辑映射。

如图 9－7 所示的“商品分析界面”，商品效果排行不仅可以从时间、行业维度进行分析，还可以从国家维度查看数据（图 9－7 中标注 1 处）。新增的高级搜索功能可更灵活地进行商品数据的筛选与分析（图 9－7 中标注 2 处），高级搜索功能展开后如图 9－8 所示。

图 9－7 “商品分析”界面

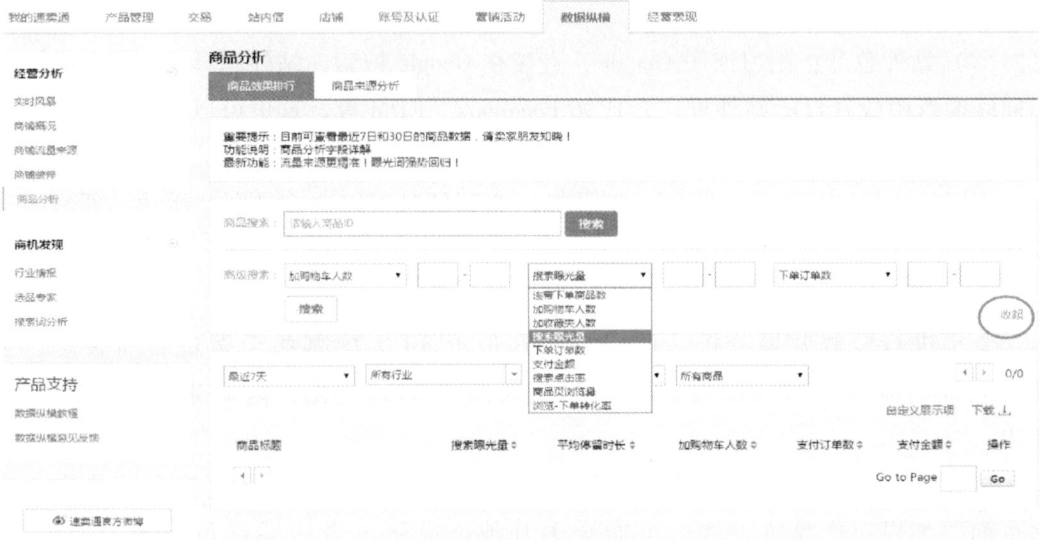

图 9－8　搜索曝光量

速卖通商品流量来源去向分析可帮助卖家了解自己店铺内热门商品流量的来源和去向，以及商品投 P4P（Proactive network Provider Participation for P2P）带来的流量，如图 9－9 所示。该功能为卖家提供了最近 15 天的数据分析结果，卖家也能查看最近

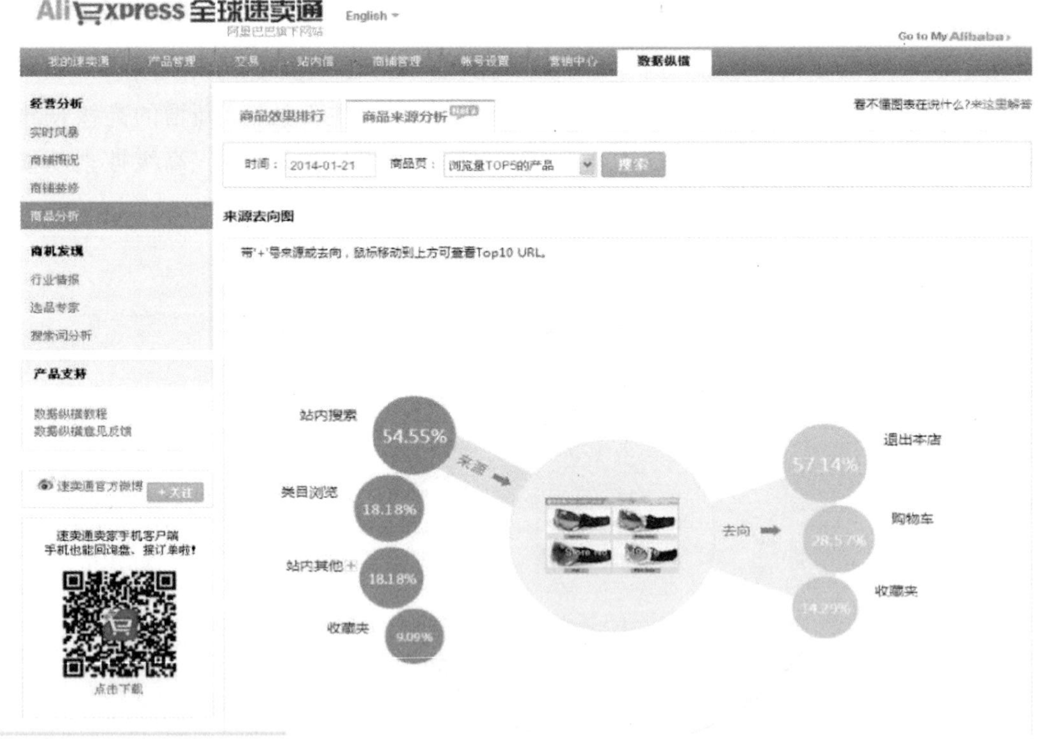

图 9－9　“商品来源分析”界面

30 天浏览量 TOP 商品的来源去向。同时，商品分析还提供了数据预览和下载功能，卖家可下载数据到本地进行分析。

通过去向分析和来源明细，可以给卖家指引方向，利于总结经验和问题，并获取精准营销的实际数据支撑。商品分析下面还有每个产品的曝光量、访客数、成交订单数、购物车数量、收藏数量的详细数据，这才是本模块中需要我们关注的核心点。

三、行业情报

行业情报分为行业概况和蓝海行业。

1. 行业情报——行业概况

行业概况包括周数据、月数据和季度数据三个方面，含有行业数据、行业趋势和行业国家三个维度。一般使用这个工具主要是分析目前整个行业的大趋势。比如夏季有哪些产品是我们需要去关注的？我们可以先来看看雪纺衫的情况，如图 9－10 所示。

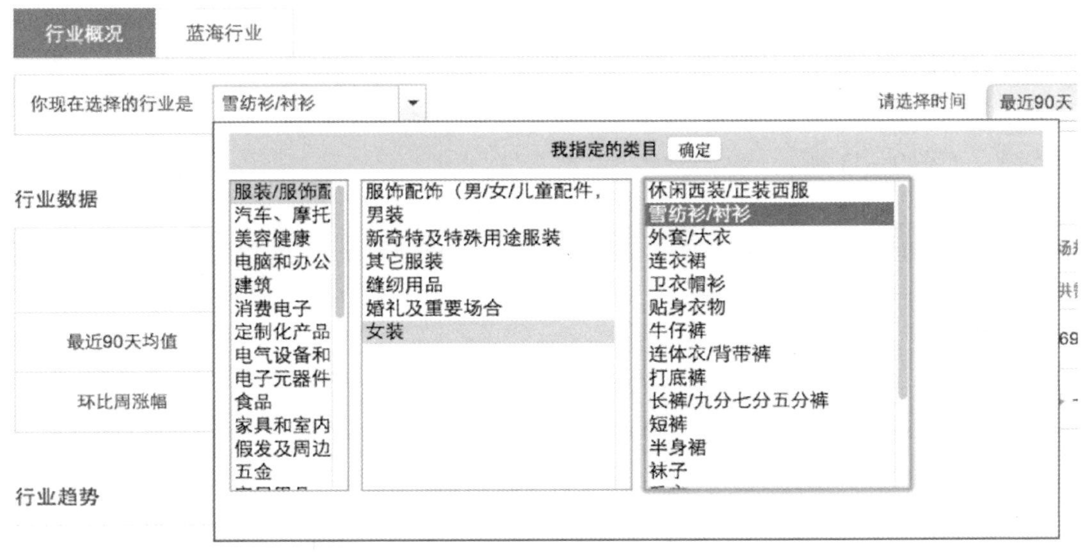

图 9－10　选择夏季衣服

选择好后，点击“确定”按钮就可以看到整个行业目前是处于上升趋势还是下降趋势，如表 9－1 所示。

从表 9－1 可以看到，最近 90 天平均访客数占比是 20.32%，这个比例的计算是根据产品上一级类目来进行比较的，雪纺衫上衣类目是女装。也就是说雪纺衫在整个女装行业的访客占比是 20% 以上，5 个人就有一个人是想要购买雪纺衫的。再看看其他女装下的类目，例如外套/大衣行业下的数据，如表 9－2 所示。

表 9 – 1　　行业数据分析

	流量分析		成交转化分析		市场规模分析
	访客数占比	浏览量占比	成交额占比	成交订单数占比	供需指数
最近 90 天均值	20. 32%	12. 27%	12. 38%	18. 0%	69. 19%
环比周涨幅	↑2. 68%	↑0. 82%	↑1. 64%	↑0. 73%	↓ –1. 59%

表 9 – 2　　外套/大衣行业数据分析

	流量分析		成交转化分析		市场规模分析
	访客数占比	浏览量占比	成交额占比	成交订单数占比	供需指数
最近 90 天均值	20. 96%	14. 0%	18. 86%	8. 05%	112. 52%
环比周涨幅	↓ –1. 09%	↓ –4. 5%	↓4. 89%	↓ –4. 28%	↑0. 93%

在外套、大衣这个类目下，虽然访客数占比差不多，但是成交额占比、浏览量占比等各种数据已经开始出现下滑，毕竟现在是夏天，如果想要近期提升店铺数据，应该选择趋势产品。

2. 行业情报——蓝海行业

蓝海指的是未知的、有待开拓的市场空间。蓝海行业指那些竞争尚不大但又充满买家需求的行业。所以，蓝海行业充满新的商机。平台为我们提供了一些蓝海行业以供参考，如图 9 – 11 所示。

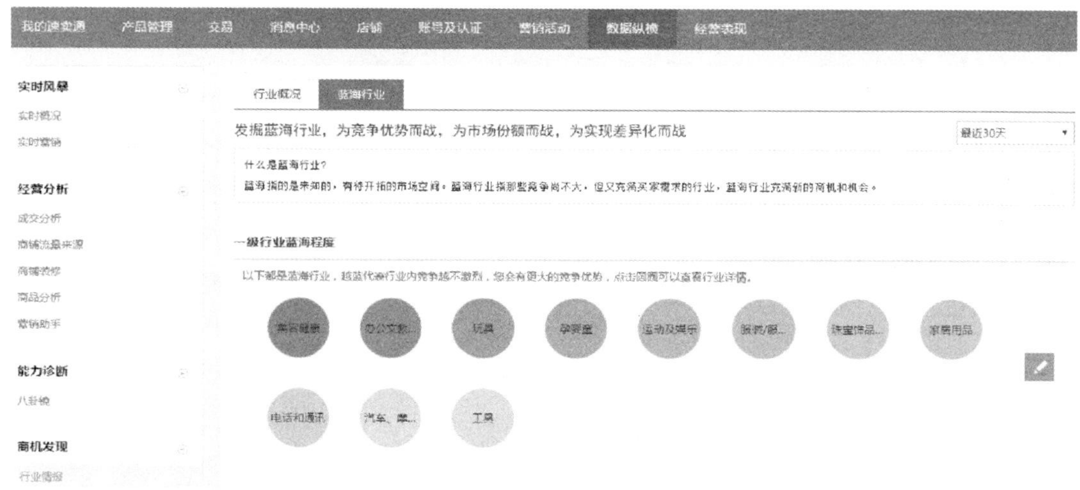

图 9 – 11　蓝海行业界面

在蓝海行业下面还有蓝海行业细分，在这里可以通过筛选，查找特定行业下的蓝海行业，如图 9 – 12 所示。

蓝海行业细分

美容健康 您可以通过筛选，查找特定行业下的蓝海行业

叶子行业名称	供需指数	操作
美甲用品及修甲工具 > 美甲艺术 > 多功能底油盖油	12.73%	查看行业详情
美甲用品及修甲工具 > 美甲艺术 > 底油	4.42%	查看行业详情
彩妆 > 脸部彩妆 > 底妆	48.94%	查看行业详情
成人用品 > 安全/避孕 > 润滑剂	79.34%	查看行业详情
彩妆 > 脸部彩妆 > 高光/阴影	77.33%	查看行业详情
美甲用品及修甲工具 > 美甲艺术 > 水晶粉	37.26%	查看行业详情
彩妆 > 唇部彩妆 > 口红	108.27%	查看行业详情
美甲用品及修甲工具 > 美甲艺术 > 盖油	9.86%	查看行业详情
彩妆 > 眼部彩妆 > 闪粉	15.17%	查看行业详情
美甲用品及修甲工具 > 美甲艺术 > 指甲胶	70.06%	查看行业详情

1 2 3 4 5 6 7 Go to Page Go

图 9－12 蓝海行业细分界面

点击图 9－12 所示的“查看行业详情”。可以查看该行业的相关数据、趋势以及国家分布，如图 9－13、图 9－14 和图 9－15 所示。

行业概览

你现在选择的行业是 多功能底油盖油 请选择时间 最近7天

行业数据

	流量分析		成交转化分析		市场规模分析
	访客数占比	浏览量占比	支付金额占比	支付订单数占比	供需指数
最近7天均值	1.98%	0.66%	0.44%	0.39%	11.83%
环比周涨幅	↑ 5.88%	↓ -2.94%	↓ -20.0%	↓ -7.14%	↓ -5.06%

图 9－13 行业数据界面

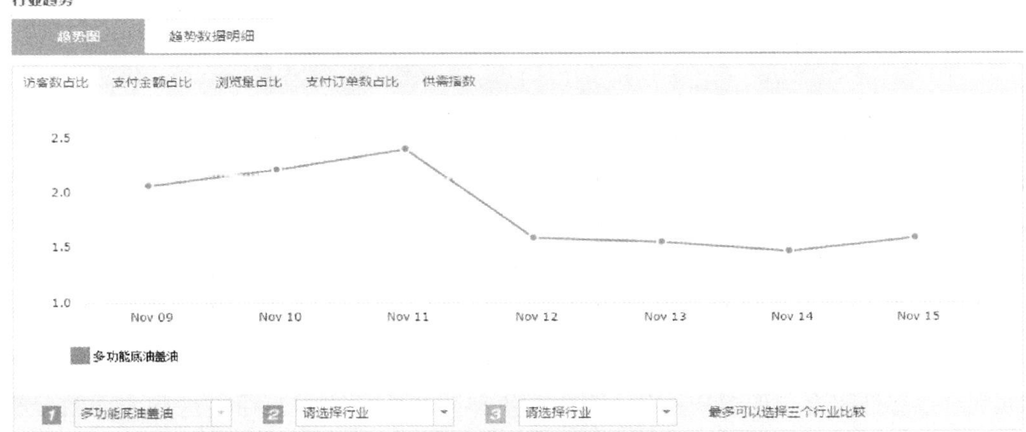

图 9－14 行业趋势

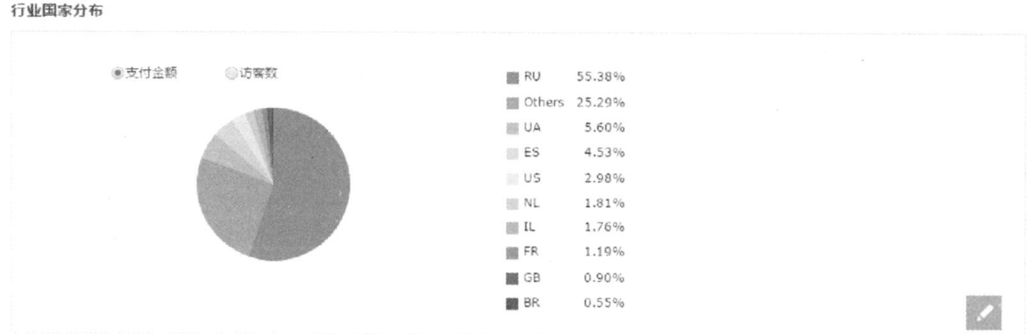

图 9-15　行业国家分布

3. 选品专家（通过数据分析选品）

选品专家以行业为维度，提供行业下热卖商品和热门搜索关键词的数据，让您能够查看大量丰富的热卖商品资讯，并多角度分析买家搜索的关键词。您可以根据选品专家提供的内容调整产品，优化关键词设置。

选品专家中具体细分为热销、热搜、潮流趋势三个板块，其中潮流趋势平台暂时取消。选品专家工具通过图形来标示数据关系，比较形象直观。在确定了店铺上传什么样的产品以后，卖家通过这个工具可以快速知道目前该行业下哪些是热销品，如图 9-16 所示。

图 9-16　热销产品词

点击代表行业的圆圈，可以进入该行业下的销量详细分析。如点击图 9-16 的 blouse 行业，进入 blouse 销量详细分析界面，包括三个方面：TOP 关联产品、TOP 热销属性和热销属性组合，如图 9-17、图 9-18 和图 9-19 所示，通过这些方面的分析，卖家可以根据属性组合结合供应情况进行选品。

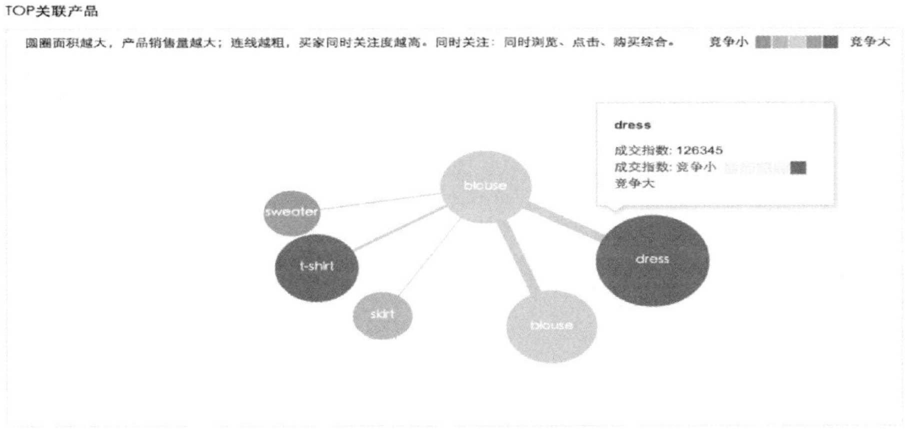

图 9－17　关联产品图

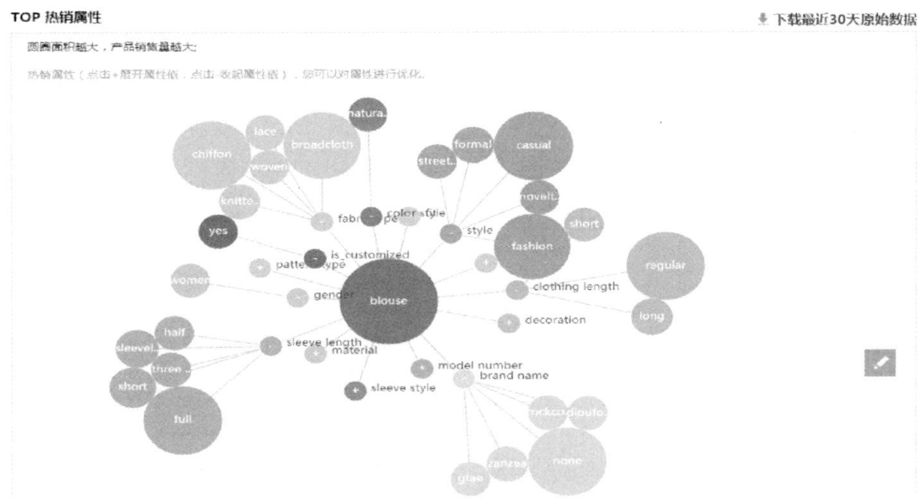

图 9－18　热销属性

图 9－19　热销属性组合

通过以上的分析我们可以总结为：材质为 polyester、袖长为 full、常规款的 blouse 是目前最热销的产品。据此，我们可以轻松找到适销对路的产品。同样，通过热搜我们也可以了解到客户最近搜索的关键词及属性。

四、搜索词分析

选择产品的关键词方式很简单，“热搜词 + 飙升词 + 零少词”组合，这样可以全面兼顾用户的搜索习惯。

1. 搜索词分析

搜索词可以通过以下途径收集：数据纵横——搜索词分析；Ebay，Amazon，Wish 等跨境电商网站；利用 Watch editem，Google Adwords 等工具；搜索引擎选词；平台买家首页和搜索页。

2. 如何利用数据分析写标题

卖家可以在热搜词中下载行业最近 30 天的原始数据（Excel 表格），因为下载下来的 Excel 表格里面的数据是文本格式的，首先要转化成数字，选择任一有数字的单元格，按 Ctrl + A 组合键全选表格，然后点击表格中的感叹号，将表格转化为数字，如图 9－20 所示。

	A	B	C	D	E	F	G	H	I
1	NO.	搜索词	是否品牌原词	搜索人气	搜索指数	点击率	浏览-支付转化率	竞争指数	TOP3热搜国家
2	1	шапки женские зи	N	74,923	637,062	36.32%	0.67%	24.00	RU,UA,BY
3	2	очки	N	100,749	484,249	34.75%	1.15%	17.00	RU,UA,BY
4	3	шарф	N	75,531	470,742	43.96%	1.37%	27.00	RU,UA,BY
5	4	шапка	N	81,687	456,467	32.40%	0.90%	23.00	RU,UA,BY
6	5	шапка женская	N	54,103	427,451	37.51%	0.70%	16.00	RU,UA,BY
7	6	резинки для волос	N	55,406	346,607	39.89%	3.43%	17.00	RU,UA,BY
8	7	заколки для волос	N	41,409	314,744	35.06%	2.31%	24.00	RU,UA,BY
9	8	шапки женские	N	29,972	269,597	31.45%	0.62%	36.00	RU,UA,BY
10	9	шапка женская зи	N	30,381	263,481	37.01%	0.76%	36.00	RU,UA,BY
11	10	перчатки женские	N	36,400	237,249	46.19%	1.31%	12.00	RU,UA,BY
12	11	scarf	N	45,173	225,933	49.48%	2.70%	52.00	CZ,SK,US
13	12	hair accessories	N	38,094	194,934	39.97%	3.79%	64.00	US,CZ,SK
14	13	ремень	N	28,526	193,867	41.39%	1.65%	36.00	RU,UA,BY
15	14	шапка мужская зи	N	28,642	189,684	34.98%	1.40%	30.00	RU,UA,BY
16	15	балаклава	N	38,210	187,515	46.56%	2.37%	7.00	RU,UA,BY
17	16	перчатки	N	38,315	180,523	30.13%	0.86%	21.00	RU,UA,BY
18	17	шапки	N	52,551	166,497	17.99%	0.36%	19.00	RU,UA,BY
19	18	шарфы женские	N	16,928	141,555	48.68%	1.15%	48.00	RU,BY,UA
20	19	sunglasses women	N	32,412	136,055	51.38%	2.02%	55.00	US,CZ,IL
21	20	очки прозрачные	N	33,972	134,038	46.93%	1.79%	9.00	RU,UA,BY
22	21	заколки	N	20,480	127,870	30.69%	2.14%	25.00	RU,UA,BY
23	22	belt	N	24,479	121,529	40.88%	2.35%	72.00	CZ,SK,US
24	23	женские шапки	N	11,620	119,111	32.58%	0.63%	60.00	RU,UA,BY
25	24	hat	N	26,077	110,240	34.28%	1.06%	67.00	CZ,RU,US
26	25	варежки	N	20,580	108,873	31.48%	0.84%	25.00	RU,UA,BY
27	26	sunglasses	N	31,225	106,233	44.35%	2.40%	45.00	US,BR,AU
28	27	oculos de sol femir	N	20,993	101,834	41.61%	0.69%	14.00	BR,US,PT
29	28	шапки мужские зи	N	15,084	100,452	34.80%	1.51%	32.00	RU,UA,BY
30	29	sunglasses men	N	25,988	100,272	47.37%	2.66%	52.00	US,IL,HU

图 9－20　原始数据

在 Excel 表格里面插入一列“成交转化指数”，用搜索指数乘以成交转化率，得到成交转化指数，按降序排列，如图 9－21 所示。

	A	B	C	D	E	F	G	H	I	J
1	NO.	搜索词	是否品牌原词	搜索人气	搜索指数	点击率	浏览-支付转化率	成交转化指数	竞争指数	TOP3热搜国家
2	6	резинки для волос	N	55,406	346,607	39.89%	3.43%	11888.6201	17	RU,UA,BY
3	12	hair accessories	N	38,094	194,934	39.97%	3.79%	7387.9986	64	US,CZ,SK
4	7	заколки для волос	N	41,409	314,744	35.06%	2.31%	7270.5864	24	RU,UA,BY
5	3	шарф	N	75,531	470,742	43.96%	1.37%	6449.1654	27	RU,UA,BY
6	11	scarf	N	45,173	225,933	49.48%	2.70%	6100.191	52	CZ,SK,US
7	2	очки	N	100,749	484,249	34.75%	1.15%	5588.8035	17	RU,UA,BY
8	15	балаклава	N	38,210	187,515	46.56%	2.37%	4444.1055	7	RU,UA,BY
9	1	шапки женские зи	N	74,923	637,062	36.32%	0.67%	4268.3154	24	RU,UA,BY
10	4	шапка	N	81,687	456,467	32.40%	0.90%	4108.203	23	RU,UA,BY
11	35	резинка для волос	N	15,260	92,922	40.22%	3.56%	3308.0232	28	RU,UA,BY
12	13	ремень	N	28,526	193,867	41.39%	1.65%	3198.8055	36	RU,UA,BY
13	10	перчатки женские	N	36,400	237,249	46.19%	1.31%	3107.9619	12	RU,UA,BY
14	5	шапка женская	N	54,103	427,451	37.51%	0.70%	2992.157	16	RU,UA,BY
15	22	belt	N	24,479	121,529	40.88%	2.35%	2855.9315	72	CZ,SK,US
16	19	sunglasses women	N	32,412	136,055	51.38%	2.02%	2748.311	55	US,CZ,IL
17	21	заколки	N	20,480	127,870	30.69%	2.14%	2736.418	25	RU,UA,BY
18	29	sunglasses men	N	25,988	100,272	47.37%	2.66%	2667.2352	52	US,IL,HU
19	14	шапка мужская зи	N	28,642	189,684	34.98%	1.40%	2655.576	30	RU,UA,BY
20	26	sunglasses	N	31,225	106,233	44.35%	2.40%	2549.592	45	US,BR,AU
21	20	очки прозрачные	N	33,972	134,038	46.93%	1.79%	2399.2802	9	RU,UA,BY
22	36	очки для чтения	N	12,459	92,297	50.86%	2.58%	2381.2626	29	RU,UA,BY
23	9	шапка женская зи	N	30,381	263,481	37.01%	0.76%	2002.4556	36	RU,UA,BY
24	34	аксессуары для в	N	12,386	96,000	34.66%	2.05%	1968	45	RU,BY,UA
25	92	tie	N	7,770	42,782	52.92%	4.54%	1942.3028	82	CZ,US,CA
26	51	резинки	N	15,379	66,917	32.26%	2.88%	1927.2096	15	RU,UA,BY
27	111	bandana	N	11,237	37,133	51.64%	4.62%	1715.5446	34	TR,BR,ES
28	59	галстук	N	9,519	58,640	50.41%	2.89%	1694.696	40	RU,UA,BY
29	8	шапки женские	N	29,972	269,597	31.45%	0.62%	1671.5014	36	RU,UA,BY
30	18	шарфы женские	N	16,928	141,555	48.68%	1.15%	1627.8825	48	RU,BY,UA

图 9－21　成交转化指数

卖家可以按照表格中的排序，选择适合自己产品的标题关键词（成交转化指数高，竞争指数相对较小）。一般建议大家着重在搜索指数和成交转化率上。搜索指数越高，代表当下该类目产品行情越好，成交转化可以从侧面总结出竞争卖家数量。我们可以尽量寻找搜索指数高但是竞争指数相对来说不高的产品。

卖家需要注意的是，在选词时要避开“品牌词”（是否品牌原词下标注为 Y 的关键词），筛选出的词在主页面试着搜索下，查看匹配度是否适合自己的产品。撰写产品标题时还要注意以下几点：

（1）单复数词用复数比较好一些。

（2）不是英语但是是英文字母的一些词可以放在标题尾部作为流量词。

（3）有些词不知道是什么意思，可以搜索查看是否属于自己产品的类目。

（4）标题前半部分要清楚地表达出产品，否则无线端标题只展示前半部分，对点击率有影响。

（5）各种词顺序可调，但尽量要使标题读起来通顺。

（6）部分流量词可以填写到自定义属性中。

相关的名词解释如下：

曝光量：指商品在搜索结果列表页和按照类目浏览列表中被买家看到的次数（网页上的显示次数）。

浏览量：指买家点击进入商品详细描述页面，浏览商品的次数（网页上的点击次数）。

UV：Unique Visitor，独立访客数，访问店铺的一个独立 IP 为一个访客。

PV：Page View，页面浏览量或点击量，用户每次刷新就会计算一次。

PV/UV：平均访问深度，数值越大则买家页面停留时间越长，购买意向越强。

搜索人气：搜索该关键词的人数经过数据处理后得到的对应指数。

搜索指数：搜索该关键词的次数经过数据处理后得到的对应指数。

点击率：搜索该关键词后并点击进入商品页面的次数。

成交转化率：关键词带来的成交转化率。

竞争指数：供需比经过指数化处理的结果。

供需比：所选时间段内每天关键词曝光的最大产品数/所选时间段内每天平均搜索人气。该值越大竞争越激烈。

第十章　速卖通平台活动全攻略

第一节　速卖通平台活动

速卖通平台活动是迅速提高产品销量的利器，每一款爆款在爆发之前，毋庸置疑都要参加平台活动。平台活动主要包括每日和每周末的大促、团购活动以及节日促销。参加平台活动对于店铺等级、好评率、订单数量以及类目都有特定的要求，其中参加团购活动的要求是最高的，每日和每周的大促要求较低，一般店铺开始有交易和好评后都可以参加。参加平台活动的整体流程如图 10－1 所示。

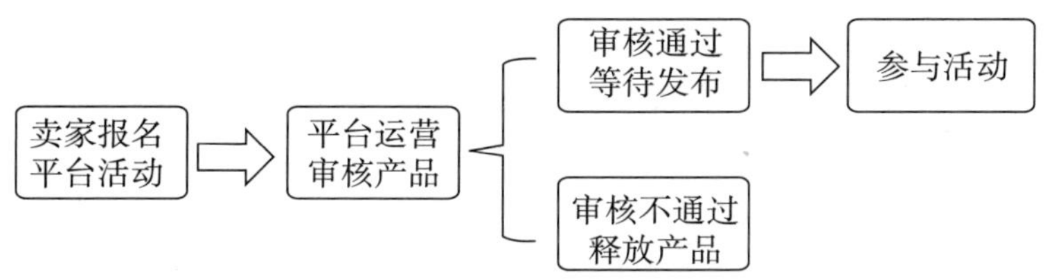

图 10－1　平台活动整体流程

如图 10－2 所示，打开速卖通后台的营销活动中心，点击左边的平台活动，选择可参加的活动，就可看到店铺在当前情况下可参加活动的名称、活动时间、店铺产品要求以及可参加的类目及其折扣要求，点击“我要报名”按钮，然后选择产品报名就可以了。一般情况下，一个活动最少选择一个产品参加一个活动。

平台活动报名具体图示说明：

（1）选择找到对应想要报名的平台活动。可以通过筛选栏找到符合您要求的平台活动，目前的筛选支持 2 个维度的筛选功能：活动状态和活动类型，活动状态包括“所有活动”和“可参加的活动”，如图 10－3 所示。

（2）查看活动报名要求，找到符合要求的活动进行报名，如图 10－4 所示，符合要求时，“我要报名”按钮即显示为可点击，若不符合要求，“我要报名”按钮显示为不可点击，且在下方会显示“不符合资质原因”，未达到的报名门槛可以通过不符合资质原因进行确认，然后根据实际情况进行调整。

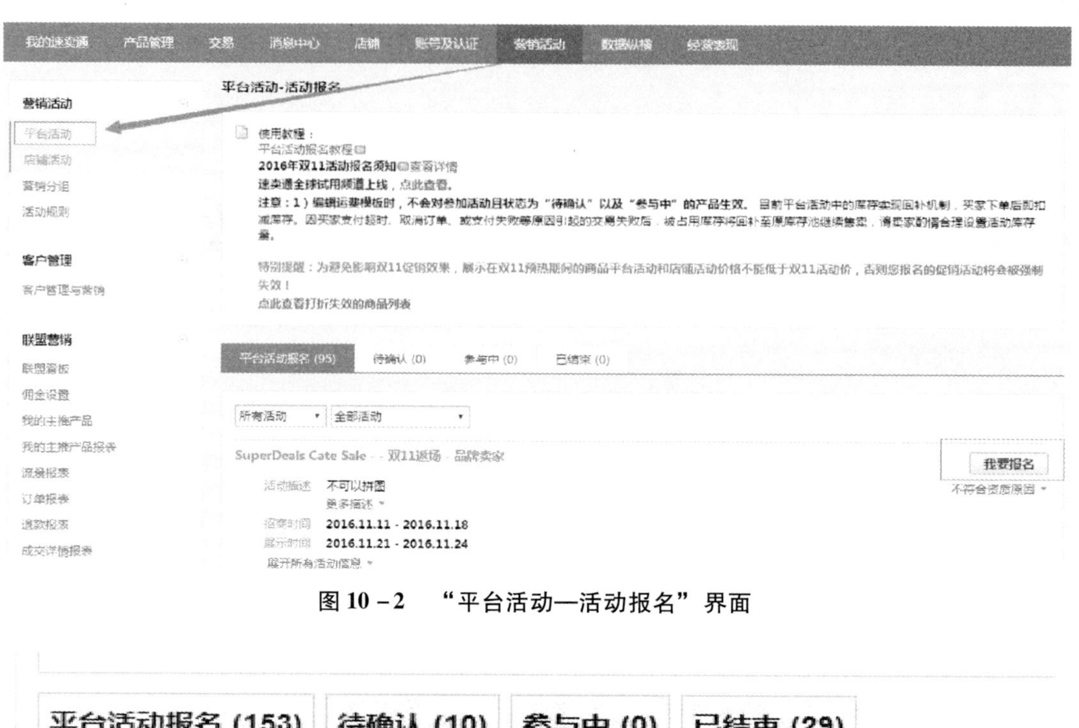

图 10－2 “平台活动—活动报名”界面

图 10－3 活动状态界面

注意：由于数据源的问题，针对店铺维度的数据，平台校验的是两天前的店铺维度的指标数据是否符合要求，而针对店铺满立减和店铺优惠券校验的是即时性的数据，即您设置了符合要求的立即就可以同步。

点击“展开所有活动信息”按钮后即可以看到所有的活动要求，只有满足所有的活动要求后，才可以进行报名的操作，活动要求详情举例如图 10－5 所示。

（3）选择符合要求的产品，设置对应的活动折扣和库存要求。目前根据 SKU 维度设置活动折扣和活动库存，设置完对应的信息即可报名活动，如图 10－6 所示。

【2015年双11大促】数码3c馆-小配件，大品质特色主题活动 我要报名
活动描述 1111购物狂欢节，已经成为中国最具影响力的消费节日之一。今年阿里集团的全球购物狂欢节是集团上
更多描述
招商时间 2015.09.22 - 2015.10.14
展示时间 2015.11.11 - 2015.11.12
展开所有活动信息 点击这里，展开查看更多的活动要求
报名情况 查看报名情况
我可以报名哦！

【2015年双11大促】数码3c馆-快乐工作，认真生活特色主题活动 我要报名
活动描述 1111购物狂欢节，已经成为中国最具影响力的消费节日之一。今年阿里集团的全球购物狂欢节是集团上 不符合资质原因
更多描述
招商时间 2015.09.22 - 2015.10.14
展示时间 2015.11.11 - 2015.11.12
展开所有活动信息
若您不符合活动要求，点击这里查看

图 10－4 活动要求界面

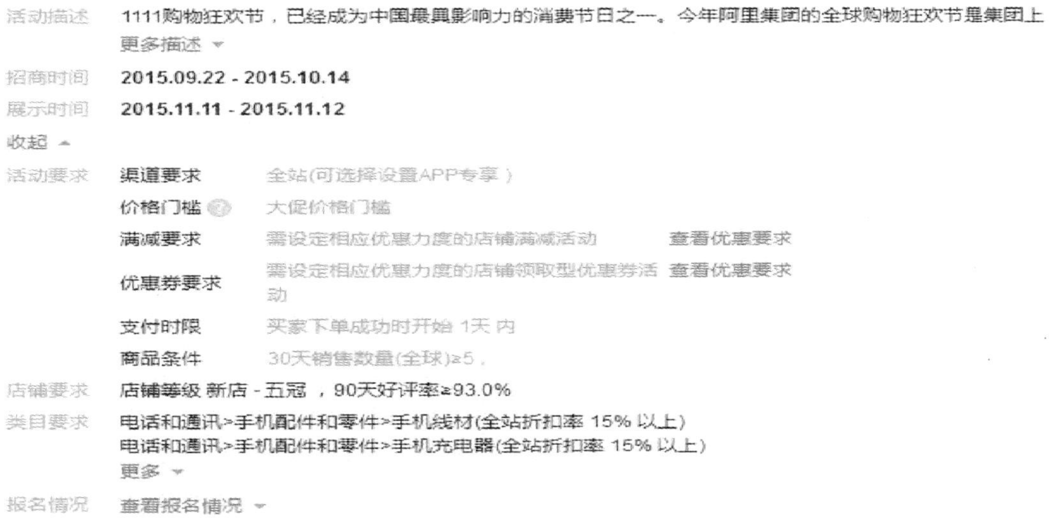

活动描述 1111购物狂欢节，已经成为中国最具影响力的消费节日之一。今年阿里集团的全球购物狂欢节是集团上
更多描述
招商时间 2015.09.22 - 2015.10.14
展示时间 2015.11.11 - 2015.11.12
收起
活动要求 渠道要求 全站(可选择设置APP专享)
价格门槛 大促价格门槛
满减要求 需设定相应优惠力度的店铺满减活动 查看优惠要求
优惠券要求 需设定相应优惠力度的店铺领取型优惠券活动 查看优惠要求
支付时限 买家下单成功时开始 1天 内
商品条件 30天销售数量(全球)≥5，
店铺要求 店铺等级 新店 - 五冠 ，90天好评率≥93.0%
类目要求 电话和通讯>手机配件和零件>手机线材(全站折扣率 15% 以上)
电话和通讯>手机配件和零件>手机充电器(全站折扣率 15% 以上)
更多
报名情况 查看报名情况

图 10－5 展开活动要求界面

活动库存以及折扣设置界面如图 10－7 所示。

填写好合理的折扣率之后，点击“提交”按钮即可完成平台活动的报名。报名成功后会进入平台运营审核阶段，如果审核通过就会进入等待发布阶段，此时该产品就被锁定，不能再参加其他活动，也不能对该产品进行编辑操作，活动时间一到，卖家报名通过的产品就会自动参与活动；如果审核不通过，系统将会释放产品，卖家可以报名参加其他活动或对该产品进行编辑。

注意：默认页面上的活动要求都是没有展示的，需要点击“展开所有活动的信息”

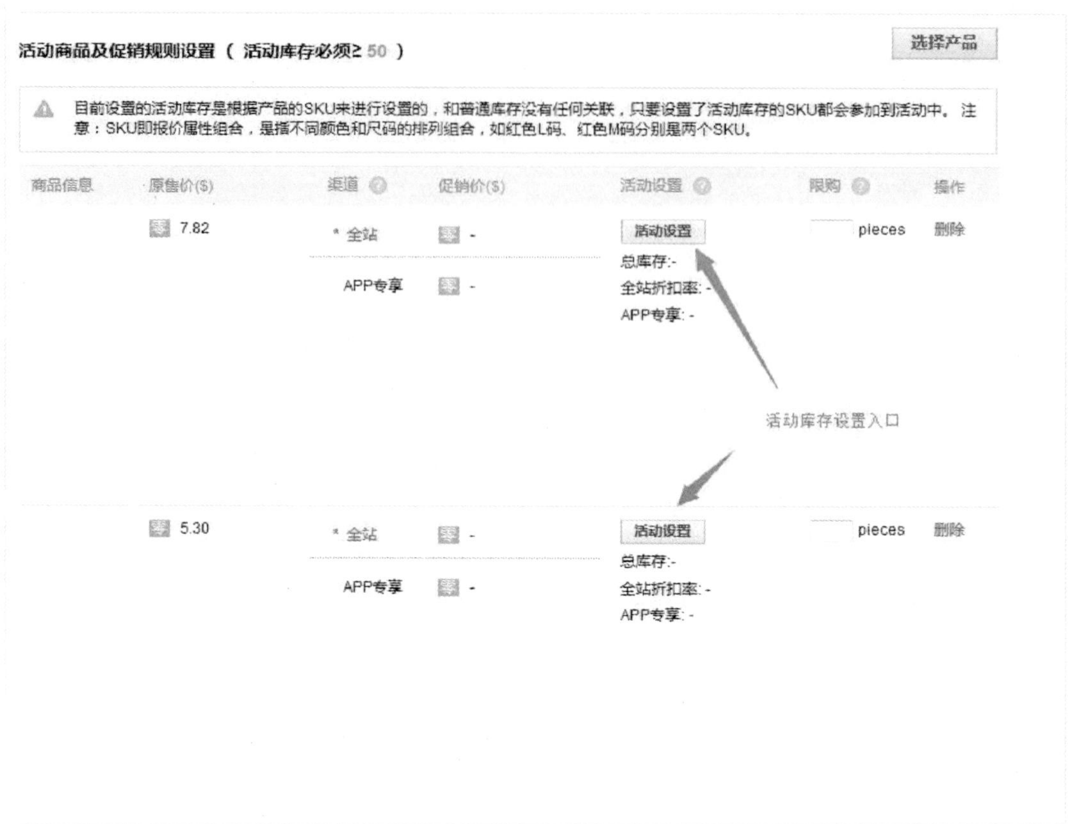

图 10－6　活动折扣和库存要求

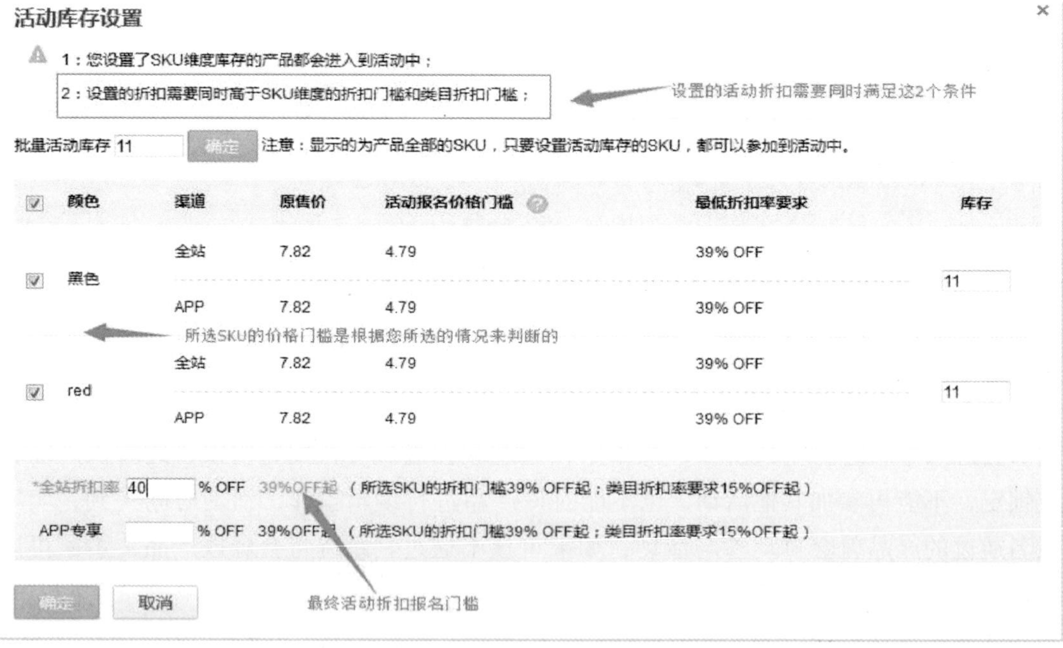

图 10－7　活动库存及折扣设置界面

才能进行查看；设置的折扣要求需要根据多个要求来综合考量，具体可以设置的折扣请见填写栏右侧显示内容；由于报名平台活动后不能进行更改，所以请您谨慎报名设置对应的活动。

在参加平台活动之前，要注意以下问题：

（1）90 天均价问题。速卖通后台所有的店铺营销活动都有一个 90 天均价的限制，就是说每一次在做活动折扣的时候，我们的定价不能超过以往做活动时 90 天的均价。所以我们在日常的运营过程中，如果计划要将某一款产品报名参加平台活动，那么我们一定要注意价格的折扣程度，否则会亏损很多。平台活动的折扣价格不计入 90 天均价。

（2）基础销量问题。产品在参加活动之前的销量越高，参加活动的效果就越好，如果产品本身的销量没有多少，那参加活动后也不会出多少单。所以在参加活动之前，我们要尽量做好产品图片、标题、描述等信息，提高单个产品的搜索权重，提高销量。在平台活动中表现优异的产品将会获得额外的流量。

（3）做好关联销售。在参加平台活动之前，很多商家会选择以亏损的价格卖出产品，这样做就是为了以单个产品的销售拉动店铺所有产品的销售，所以我们一定要做好关联模块，关联店铺的一些利润款产品，带动全店铺产品销售，增加整体的利润。

（4）优化产品信息，提高搜索排名。在参加活动之前，最好要对照同类爆款的详情来优化自身产品的详情，补充或改进详情模板，提高转化；优化标题，尽量使产品对主要关键词的搜索结果排名靠前。

速卖通平台所有的营销活动中，平台活动优先于店铺活动，店铺活动中限时限量折扣活动优先于全店铺折扣活动，如果一款产品同时参加多个活动，那么折扣是按照平台活动、限时限量折扣、全店铺折扣这样的顺序进行展示。活动的审核时间是在每星期四，如果产品通过审核，就可以参加展示了。在活动之前，我们要准备好产品的库存，活动中及时补充库存。

速卖通平台活动主要有以下几类：

（1）常规活动，如 Super Deal（超级优惠）、俄罗斯团购、巴西团购。

（2）行业主题活动，如童装、母婴产品的活动。

（3）平台大促，每年在 3 月、8 月和 12 月会有大规模的平台大促。

（4）品牌馆 Brand showcase（商品展示）活动。

不能参加平台活动有以下几方面的原因：

（1）时间问题。

例如，招商时间为 5 月 4 日到 6 日，展示时间则为 5 月 9 日到 12 日，先到先得。

技巧：建议每天查看活动更新，平台一般会在下午 5 ~ 6 点更新活动。

（2）报名产品和招商目的不符。

例如，参加巴西团购，运费模板却设置巴西不发货。

（3）价格优势不明显。

价格优势只是一方面，并不是主要因素。

（4）报名产品信息不完整。

例如，产品参数不完整，或者没有产品细节图片，客户无法获得产品的所有信息。

平台活动技巧总结：

（1）确定活动对产品和店铺的要求：不同的活动对店铺好评率、产品销量、商品评分要求是不同的，要严格按照活动要求参加，不然就是浪费平台资源了。

（2）参加活动的商品需要注意以下几点：

①商品是否应季。例如，3 月 25 日活动针对夏装；8 月 19 日活动则是针对秋装和圣诞节。

②款式是否符合活动对象的审美习惯。

③价格是否能够被接受。

④好评率低于 94% 的产品会很难入选。

⑤是否包邮。俄罗斯团购和巴西团购如果免邮，被选上的几率会比较大。

⑥产品要有历史销量数据。

⑦商品详情页。页面的整洁与否，尺寸是否清晰，不该出现的中文字是否清除干净都很重要。

⑧把握好报名时间。报名时间选择不当，在前面的列表就看不到你的产品了。

第二节　俄罗斯团购

速卖通销售排名前五的国家是：俄罗斯、巴西、西班牙、印度尼西亚共和国（简称印尼）、美国。俄罗斯是世界上面积最大的国家，总人口 1.431 亿，地广人稀，以俄语为主，共有 193 个民族，其中俄罗斯族占 77%。俄罗斯经济结构严重失衡，重工业占工业总产值的 80%，轻工业和食品工业合计比重约 16%，这一经济结构造成了日常消费品长期严重缺乏，需要依靠国外进口，这为跨境电商在俄罗斯的发展提供了良好的市场。

如今速卖通已成为俄罗斯首屈一指的电子商务网站，中国市场每天都有成千上万件包裹被送到俄罗斯的消费者手中，如此火爆的分站市场，受到许多人关注，对于俄罗斯市场的具体情况，是每个俄罗斯分站卖家想了解的事情，其中俄罗斯团购则是重要的环节之一。

俄罗斯团购是全平台最好的推广方式之一，它直接面向速卖通平台最大的买家群体——俄语系 15 个国家。那么如何才能参与到俄罗斯团购呢？接下来我们详细地介绍俄罗斯团购活动。

1. **俄罗斯团购活动规则**

（1）通用活动规则：

①商品价格必须为唯一和俄罗斯免运费。

②商家不得发布任何带有虚假折扣、虚假价格的商品，或将有历史销售记录的老产品修改为不同的商品。

③商品需满足各行业类目的折扣要求：3C（计算机 Computer、通信 Communication、消费类电子产品 Consumer Electronics）整机及配件类商品折扣率须达到 25%，即 7.5 折起；其他商品折扣率须达到 40%，即 6 折起。

④商家需同时遵守《全球速卖通平台规则（卖家规则）》，包括但不限于商品发布规则、促销活动规则等。

速卖通平台发现或有合理理由怀疑任何卖家提供的相关资料或信息虚假、错误、失效或不完整的，有权取消商家参加俄罗斯团购活动的资格，并根据速卖通平台规则进行处罚。

卖家有义务接受速卖通平台对其出售（或将售）商品是否具有合法进货来源作不定期检查，并根据速卖通平台的要求提供相应的凭证，速卖通有权根据实际情况对商品的合法合规情况进行初步判断，并根据相关规则的规定进行处理。

参加俄罗斯团购的商品禁止使用无挂号小包物流（注：速卖通认可的线上物流 China Post Ordinary Small Packet Plus“中国邮政平常小包”除外）。一经发现，速卖通将禁止商家参加所有平台活动 6 个月，同时有权根据平台规则对违规行为进行处罚。

若商家严重违反速卖通平台规则，速卖通有权取消商家参加团购活动资格，并根据评估规则进行处罚。

（2）KA（Key Account，重要客户）商家特殊活动规则。

商家符合如下条件可申请成为 KA 商家：

①店铺好评率在 90% 以上，店铺级别 2 徽章，店铺有超过 50 个 SKU 商品。

②截至审核之日，未存在速卖通平台规则中限制参加营销活动的情形。

③截至申请之日，两周内的任意两期团购活动，每期俄罗斯团购活动中单坑位（即展示位置）的产出订单数均超过 500 单，或者单坑位成交金额超过 3000 美元。

KA 商家特殊活动规则如下：

①需完成入驻时确认的业绩考核指标；准备期考核指标为每周团购活动总订单数不得低于 900 单。基础考核指标：每周团购活动总订单数不得低于 1800 单。速卖通将根据行业发展等实际情况调整商家的考核指标。

②根据行业要求参加各项团购活动。

③如 KA 商家发生下列任何一种情形，将被取消 KA 商家资格。

a. 在准备期内未完成业绩目标。

b. 在连续 2 个月内累计 3 周未完成业绩目标。

c. 因违反任何速卖通平台规则被速卖通处罚，导致停止参加团购活动连续四周或以上的。

d. 未跟团购小二申请并获得同意的情况下，停止参加团购活动连续四周或以上。

e. 商家在小二通知后，拒不参加重要团购活动（包含但不限于平台大促和团购专题活动等）。

④KA 商家自清退之日起 6 个月内，不获受理其 KA 商家申请。

规则提醒：爆品团、大促等俄罗斯团购重要活动，参与当期活动的商品不适用于 KA 申请考核指标；两周内任意两期达标的申请商品不能是同一款商品；每周是三期展示活动，连续两周内的任意两期必须是起点周一衔接到下下周一的任意两期时间。

俄罗斯团购的宗旨是提供俄语系买家极致性价比的商品和服务。高性价比不是指低价，而是指价格比同类商品要低，并且服务有明确的保证，甚至提供差异优质服务。

俄罗斯团购的目标是打造俄罗斯电商网站最火爆的折扣频道。基于这个宗旨，俄罗斯团购在招商的时候非常重视几个维度：价格（商家供应链能力）、商家服务能力（服务保障）、商品好评和销量。下面推荐一些参加俄罗斯团购活动的小技巧：

（1）全平台同款最低价。

目的：挑选平台供应链能力强的商家，提供买家无须比价快速购物的平台。

核心判断依据：不能高于商品 30 天均价（卖家可以看 Feedback）；比较平台同款商品价格（会排除一些恶意定价），不是所有商家都有这个能力。

（2）店铺级别和商品好评。

目的：挑选有服务能力和品质保障的商家，给买家提供放心购物的平台。

核心判断的依据：商家店铺好评率；单品好评率；单品近期差评情况。

（3）商家服务能力。

目的：挑选有优质服务能力的商家，为买家提供极致的服务体验。

主要看俄语能力（俄语客服和商品俄语描述）、发货速度、到货速度和售后保障（退换货和保修等）。有俄罗斯本地服务能力的商家是俄罗斯团购重点招募的对象。

（4）适合俄语系买家的新品。

新品包含两个概念：俄罗斯团购出现少的商品；平台很少的商品。前提是这两类商品具备市场需求潜力。俄罗斯团购后续会在团购商家中心里面开辟每周市场需求信息，商家可以关注页面：http：//seller. aliexpress. com/so/seller – groupbuy – ru. php？spm = 0. 0. 0. 0. zsOrNa。

即使你具备了上述的这些条件，也不一定能够被选上，因为还有很多商家与你竞争。那么如何才能从众多商家中脱颖而出，从而被选入参加团购呢？推荐几个小技巧给大家：

（1）尽早报名。团购都是周一开放报名，优先报名进来的商品会优先被小二看到。

（2）实际折扣大。比较 Feedback（反馈）中近期实际成交的价格来设定活动价格。

（3）销量、好评高的商品。选择店铺热销以及当季的商品，好评绝对不能低于 90%。比如当前热销的冬季服装、配饰等。

（4）最好的办法是成为俄罗斯团购的 KA 商家（核心商家）。KA 商家能够得到小二的重点指导，并且会给予零单新品参团的机会，商家可以获得足够的流量支持来打造全新的爆品。（KA 规则请见 http：//bbs. seller. aliexpress. com/bbs/read. php？tid = 203796）

当然，不少卖家会有疑问，怎样才能赚钱？赚钱是王道。答案是：绝对不能靠团购来赚钱。

参加团购的目的不是赚钱，而是做比赚钱更重要的事情：引流。

（1）如何通过团购引流。流量为王是句老话，这个道理在这里不多做解释。但是怎样才能够充分发挥团购的引流作用呢？核心把握：①挑选销量大好评高的商品；②关键词优化获取关键词搜索流量；③团购结束之后的合理定价。全平台流量最大的地方不是活动，而是搜索排名。通过团购快速获取的销量来提升单品的排名，在产品排序上获取优质排名，然后获取长期优质流量。

（2）如何把流量变为成交。转化是检验商家电商能力的核心。这里包含了商品丰富度、商品定价合理性、描述专业度、店铺动线设计（首页内容分配、类目设置、商品排放）等综合能力。

（3）回头客口碑相传。做电商跟任何生意一样，做的是人情。这里说的是服务。只有进得多，出得少，才能聚得多。

希望俄团能够帮你赚到更多的钱，也希望大家一起来打造俄罗斯未来最火爆的折扣平台。

2. 俄罗斯团购活动页面

俄文站首页如图 10 -8 所示。

俄罗斯团购活动首页如图 10 -9 所示。

3. 俄罗斯团购定位

俄罗斯团购的定位是最大流量，最快出货，最优体验。

最大流量：俄罗斯分站的流量是目前速卖通各个国外站点中流量最大的，活跃用户最多的，其中俄罗斯团购占整个站点流量 15% 以上。

最快出货：俄罗斯站点力求物流最快，减少物流纠纷。

最优体验：给客户质量上有所保障，提高购买体验度。

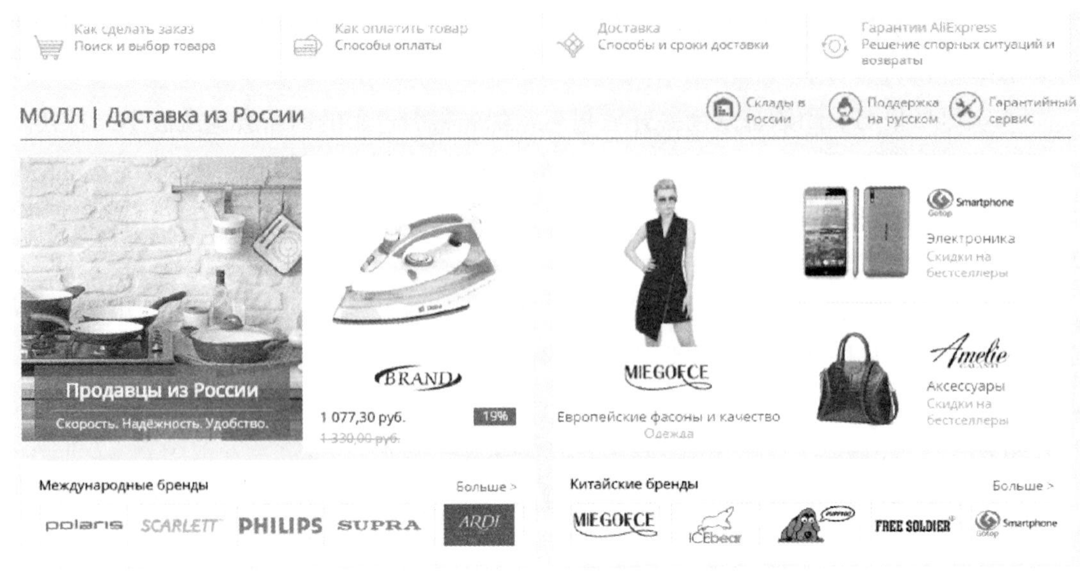

图 10－8　俄文站首页

图 10－9　俄罗斯团购活动首页

4. **招商活动**

俄罗斯团购分为爆品团和秒购团，分别有不同的报名要求：

（1）爆品团：

店铺：好评 93% + DSR（Detail Seller Rating，卖家服务评价）如实描述 4.6，其他 4.5。

商品：俄语系近 30 天销量 10 个加商品分 4.6。

折扣：90 天最低价 10% off（折扣），手机平板 5% off。

物流：7 天内发货，俄罗斯、白俄罗斯、乌克兰包邮。

（2）秒购团：

店铺：好评 93% + DSR 如实描述 4.6，其他 4.5。

折扣：90% off，2 美元以内。

库存：100 以内。

物流：3 天内发货，俄罗斯、白俄罗斯、乌克兰包邮。

5. **报名攻略**

（1）俄罗斯团购报名路径。在平台活动报名页面，选择俄罗斯团购，点击“我要报名”按钮，进入如图 10－10 所示的页面。

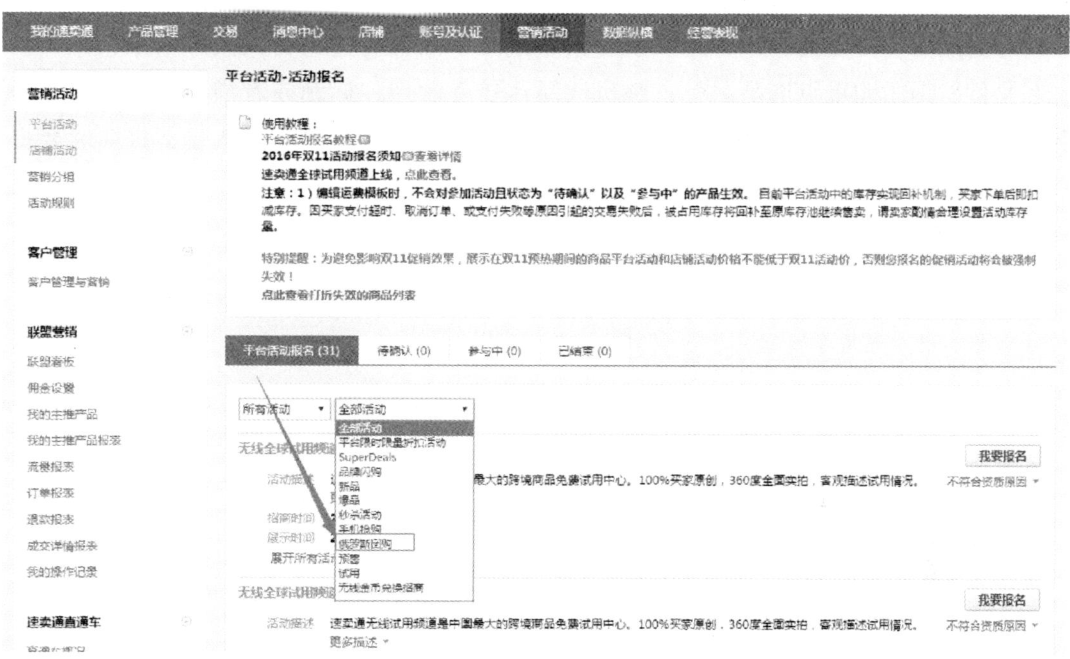

图 10－10 平台活动报名页面

报名之后，要对团购的产品进行选品工作。建议遵守以下原则：

优选新款：每天花 5 分钟了解新款，不选已经参加过团购的老产品。

市场热需：选择俄团热销产品，平台和店铺热需的产品。

买家好评：选择 Feedback，商品好评多的产品。

（2）优质描述。主图的像素要清晰，避免误会；标题和实际单位一致；详情页描述中，分解图要清晰，描述要专业。

（3）定价。团购活动定价主要考虑两个方面：与 90 天最低成交价的价格差，以及同类商品平台平均售价。

合理定价是能否参与到俄罗斯团购普招活动的关键。团购活动的定价一定要跟最近成交价格做好比较再报名，至少要比最低的价格还要便宜5%以上。精准的方法是看后台的交易页面，比较粗糙的办法是看 Feedback。可以不用比较大促和团购的价格，这些都由强大的算法解决，没有实际折扣的商家就不用再费力了。

另外，报名团购活动之后，该报名商品不要再参加店铺其他折扣活动，一定要确保团购商品的价格不会比参团期间店铺其他活动的价格高。俄罗斯团购新规里面已经明确规定了，千万不要出现这样的实物，毕竟是团购活动，价格高于平常活动的价格，那会给买家带来非常不好的体验。

（4）选品。尽量选择商品单品好评分高于4.5分的商品，单品分低于4.5分的商品没有机会上俄罗斯团购；选择总销量高且近期俄语系销量多的商品；商品描述中避免出现中文，要保证主图清晰、商品一目了然；首页评价中有2个差评的不建议选择；平台对商品有疲劳度控制，不建议重复报名俄罗斯团购有过销售的同样商品；大众消费品是俄罗斯团购重点选品目标；整机成品比较受欢迎；标题或者描述中有设置最小起订量的不会入选；使用平台认可的优质的物流方式的商品更容易入选；报名时要提前确定好商品库存数，参加团购活动的商品不支持中间增加库存。

第十一章　速卖通直通车推广

什么是直通车？在车手眼里，是工作；在运营眼里，是引流渠道；在老板眼里，是要花钱的推广。

速卖通直通车是阿里巴巴全球速卖通平台会员通过自主设置多维度关键词，免费展示产品信息，通过大量曝光产品来吸引潜在买家，并按照点击付费的推广方式。当买家搜索一个关键词，设置了该关键词推广的商品就会在相应的展示位上出现，当买家点击了推广的商品，就会进行扣费，这是典型的点击付费广告。推广费用界面如图 11－1 所示。

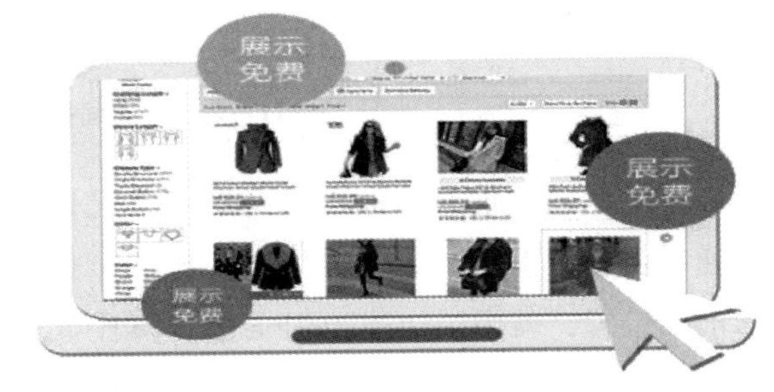

图 11－1　推广费用界面

由于直通车可以让广告主在推广与成交之间畅通无阻，迅速获得切实的推广效果，所以被人们形象地称作“直通车”。比如，阿里巴巴的淘宝直通车、外贸直通车，当然还有我们的速卖通直通车。可以说这种广告模式已经成为互联网上广泛应用的推广营销工具。

1. 直通车的优势

速卖通直通车是为全球速卖通卖家量身定制的，能够实现快速提升店铺流量，按点击付费的效果营销工具。它最大的价值就在于为卖家引流，很多卖家用此工具来测试新品或者打造爆款。接下来具体介绍一下速卖通直通车的几大优势。

（1）黄金“地段”，大量展现。

速卖通直通车目前有两种投放方式：关键词投放和商品推荐投放。

关键词投放会将产品带到搜索结果页面的右侧，以及搜索结果页面下方的位置；商品推荐投放功能，也会将商品带到任意商品详情页面下方的推荐位置。这些位置都是平台上最能吸引买家眼球的位置，而且这些位置在每一页都有。

直通车买家页面关键词投放及商品推荐投放的展现位置如图 11 －2 所示。

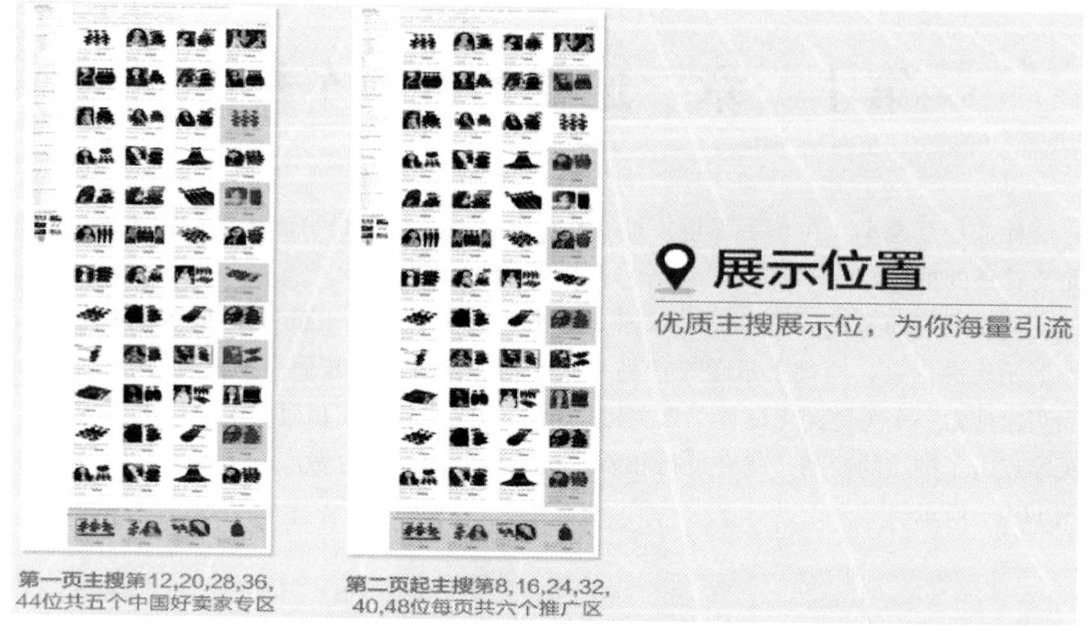

图 11 －2　关键词投放和商品推荐投放

也就是说，直通车将会以大量的多元化展示投放方式，让商品尽可能多地占据速卖通平台最吸引眼球的黄金位置。比如，想要快推新品，只要让新商品排在这些地方靠前的位置，就可以快速吸引买家；再比如想打造爆款，就可以让畅销商品占领所有相关关键词靠前的位置。这就是最为直接的引流方式，与此同时在商品排名靠前及大量曝光的过程中，也间接地帮卖家实现了全店铺曝光和品牌知名度的快速提升。这是其他的广告营销手段无法比拟的，也正是直通车最核心的价值体现。

（2）精准点击，扣费合理。

直通车的曝光是绝对免费的，有了点击才会产生扣费。系统会屏蔽所有无效点击，比如重复性的人工点击等，所以说卖家通过直通车收到的必然是具有买家购买意愿的精准点击。关键词出价会在一定程度上影响点击花费，但是这个价格只是为一次点击支付的最高金额，实际扣费小于或等于出价金额。

（3）自主选择，收放自如。

推广计划可以分为重点推广计划和快捷推广计划，无论是商品，还是关键词，卖家都可以按照自己的需求选择推广投放。卖家还可以根据不同的推广目的选择单品、多品进行区别性推广。另外，卖家也可以对店铺中的单品进行整合，利用大量的关键词去测试和筛选我们的热销商品，去探索我们的蓝海市场。

直通车后台如图 11 －3 所示。

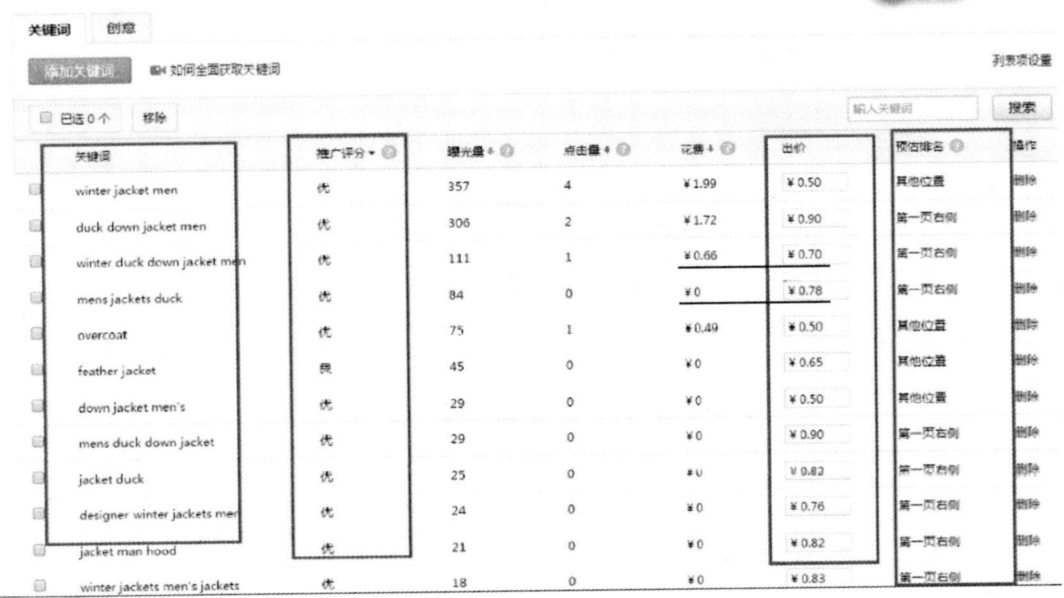

关键词 创意

添加关键词 如何全面获取关键词 列表项设置

已选 0 个 移除 输入关键词 搜索

关键词	推广评分	曝光量	点击量	花费	出价	预估排名	操作
winter jacket men	优	357	4	¥1.99	¥0.50	其他位置	删除
duck down jacket men	优	306	2	¥1.72	¥0.90	第一页右侧	删除
winter duck down jacket men	优	111	1	¥0.66	¥0.70	第一页右侧	删除
mens jackets duck	优	84	0	¥0	¥0.78	第一页右侧	删除
overcoat	优	75	1	¥0.49	¥0.50	其他位置	删除
feather jacket	良	45	0	¥0	¥0.65	其他位置	删除
down jacket men's	优	29	0	¥0	¥0.50	其他位置	删除
mens duck down jacket	优	29	0	¥0	¥0.90	第一页右侧	删除
jacket duck	优	25	0	¥0	¥0.82	第一页右侧	删除
designer winter jackets men	优	24	0	¥0	¥0.76	第一页右侧	删除
jacket man hood	优	21	0	¥0	¥0.82	第一页右侧	删除
winter jackets men's jackets	优	18	0	¥0	¥0.83	第一页右侧	删除

图 11－3 直通车后台

直通车原理：

①直通车的概念：按点击付费的竞价排名，展现不收费，按点击付费。

②竞价排名规则：综合排名＝关键词质量评分×出价，关键词质量由产品的属性、标题关键词、详细描述决定。

③扣费规则：本人实际扣费（元）＝（下一名出价×下一名质量得分/本人质量得分＋0.01 元）。

2. 直通车开通步骤

（1）准备好产品。

产品包括出单产品，提高它的销量。点击率高，转化率高，客户停留时间长的明星产品。需测试的新品。对产品质量有自信，没有硬伤的产品，可快速测试出产品的市场反应，价格是否合适，是否受欢迎。

（2）准备好关键词。

①从热搜词词表、飙升词词表中，按转化率或者点击率排序，筛选出与产品相关性高的关键词（注意不要选到品牌词），如图 11－4 所示。

②从速卖通平台买家页面、同类平台或 Google 搜索框中选取联想词，如图 11－5 所示。

（3）新建快捷推广。

目前直通车的推广方法有两种，一种是专为打造爆款的重点推广计划，另一种是方便产品的快捷推广计划，两种方法各有优点并都带有自动选品的功能，系统会根据近期数据向我们展示近期表现不错的商品，更方便我们选品。

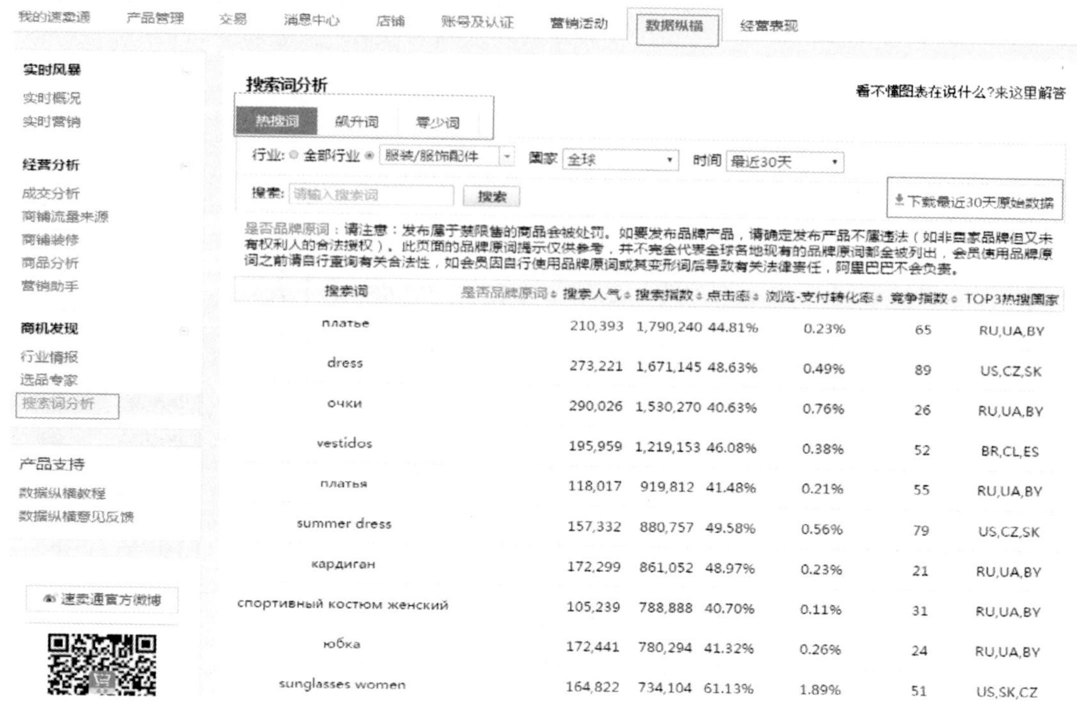

图 11－4 “搜索词分析”界面

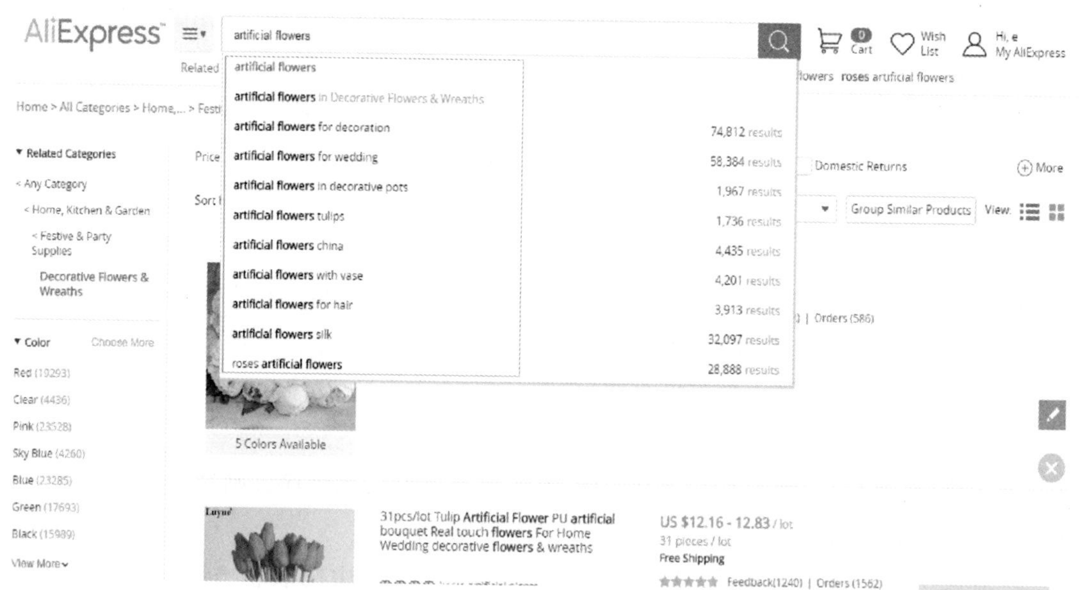

图 11－5 搜索界面

新建快捷推广的步骤如下：

①登录速卖通后台，点击“营销活动”下的“直通车概况”链接，如图 11－6 所示，进入如图 11－7 所示的直通车管理后台。

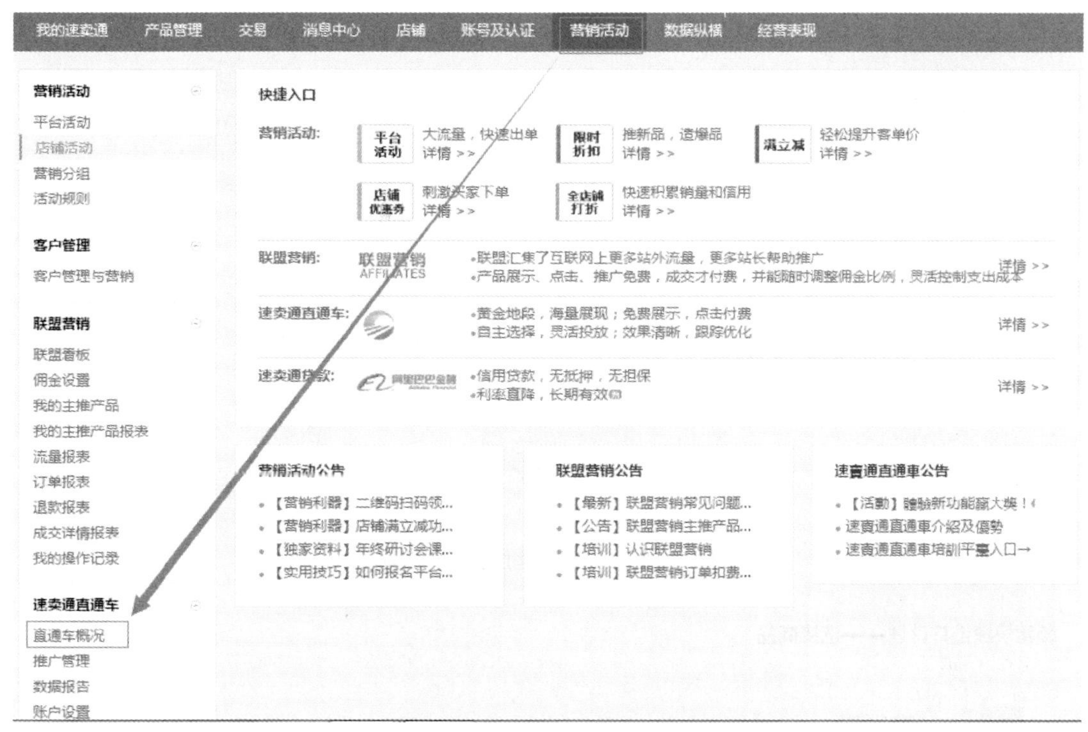

图 11－6 “营销活动”界面

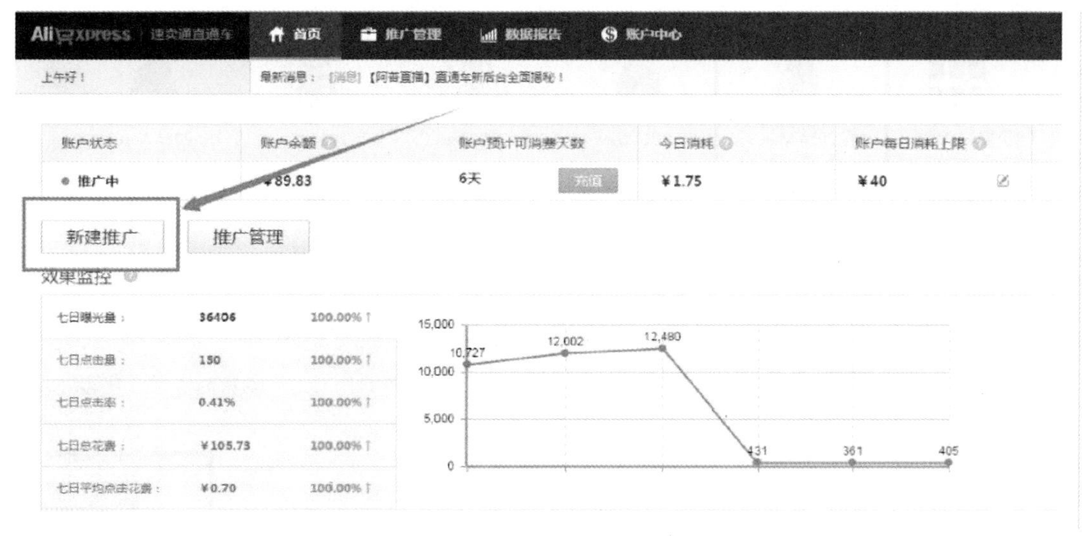

图 11－7 直通车管理后台界面

②点击“新建推广”按钮，进入直通车新建推广计划界面，如图 11－8 所示。

③选择新建推广计划的类型，填写推广计划的名称后，点击“开始创建”按钮，进入“选择商品”界面，如图 11－9 所示。

④点击“下一步”按钮，进入“选择关键词”界面，如图 11－10 所示。

图 11－8 “新建推广计划”界面

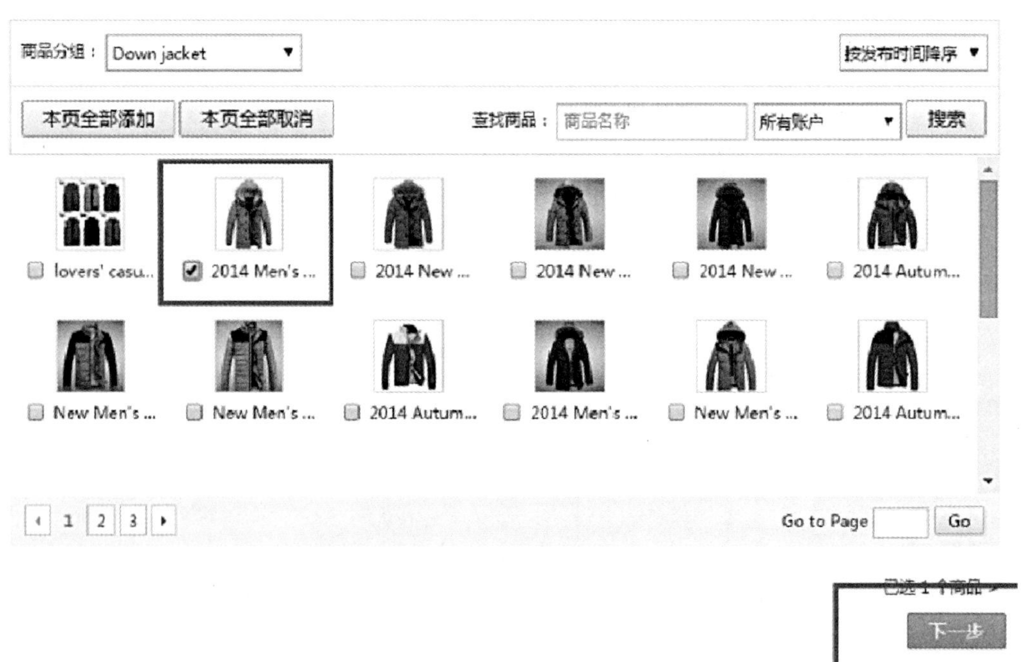

图 11－9 选择商品界面

我们可以选择系统推荐的关键词，也可以自己添加关键词，可以添加准备好的，以平均数法则筛选出来的关键词和联想词，如图 11－11 所示。

⑤选好关键词，点击“下一步”按钮，即可成功创建快捷推广计划，如图 11－12 所示。

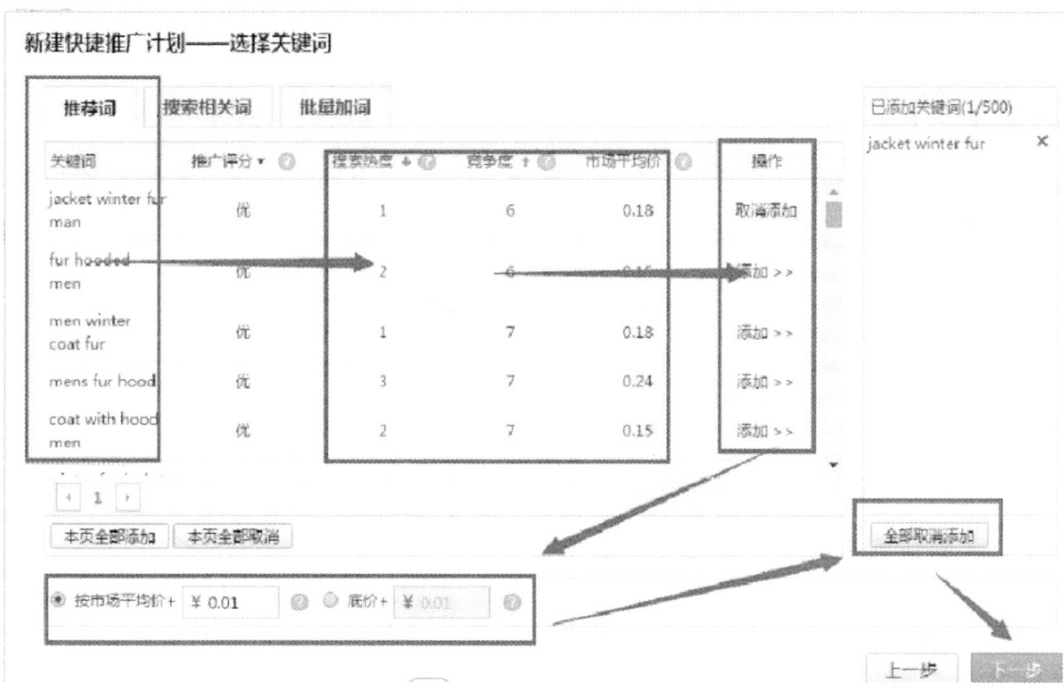

图 11－10　选择关键词界面

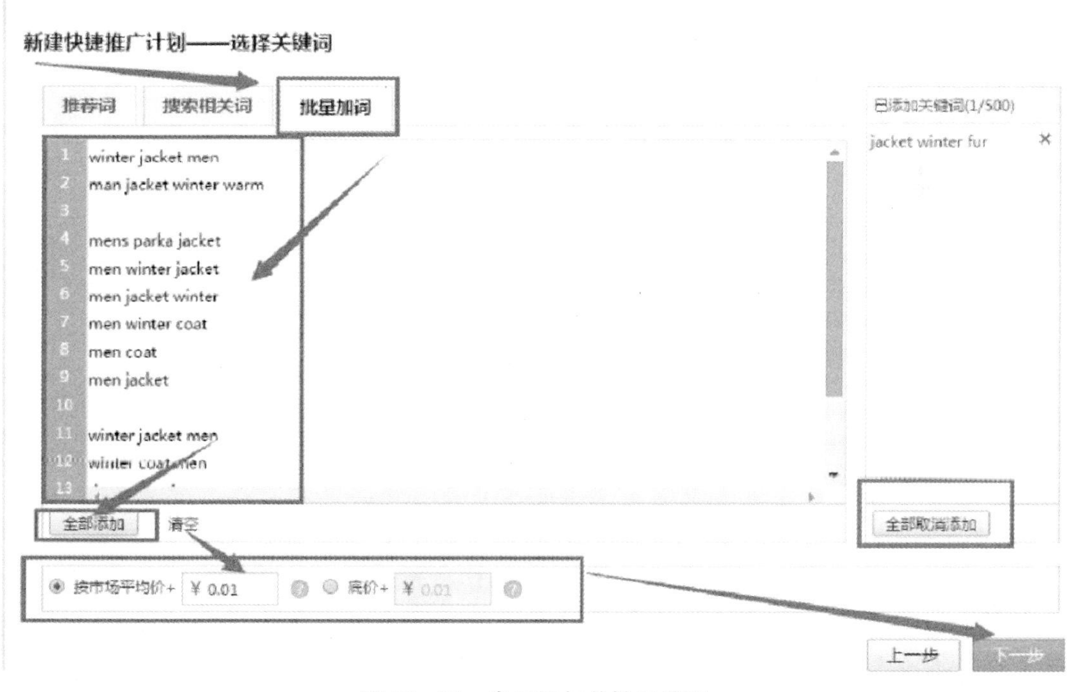

图 11－11　自己添加关键词界面

图 11－12　快捷推广计划完成界面

创建完推广计划，还要修改关键词出价，点击如图 11－12 所示的“修改关键词出价”按钮，进入关键词出价修改界面，如图 11－13 所示。

关键词　商品

添加关键词　如何全面获取关键词　列表项设置

已选 0 个　移除　输入关键词　搜索

关键词	推广评分	推广商品数	曝光量	点击量	花费	出价	预估排名	操作
duck down jacket men	优	2					第一页右侧	删除
winter men	优	2					其他位置	删除
winter coat men	优	2					其他位置	删除
men jacket	优	2					第一页右侧	删除
men coat	优	2					其他位置	删除
men winter coat	优	2					其他位置	删除
men jacket winter	优	2	0	0	¥0	¥0.98	第一页右侧	删除
men winter jacket	优	2	0	0	¥0	¥1.41	其他位置	删除
winter jacket men	优	2	0	0	¥0	¥1.34	其他位置	删除

商品（最多展示推广评分最高的5个商品）	推广评分	操作
2014 New Men's Down jacket With Hood 90% Duck Down Winter Overcoat Outwear Winter Coat Free	优	编辑商品
2014 Men's Down Jacket With Natural Fur Hood 90% Duck Down Winter Overcoat Plus Size Outwear	优	编辑商品

图 11－13　关键词出价修改界面

如果与产品相关性很高的词系统评分为良或者无评分，说明产品的标题关键词没有突出这个词，可以考虑优化关键词、标题和详细描述；逐个审视关键词的相关性，再出价，相关度高，要敢于出价；相关度差，要谨慎出价或删除。

关键词的出价不是一成不变的，我们要注意观察和分析直通车数据，及时调整关键词出价，建议至少每周修改两次关键词的出价。

推广计划创建好了，关键词出价也完成了，并不代表万事大吉，后续还要根据实际情况进行优化。第一个小时的调整跟踪为同时打开直通车和实时风暴的首页，如图 11－14 所示，查看实时风暴中开车产品是否有访客，有访客后再看扣费情况，观察一个小时，看消费额是否符合自己的预算，高峰期最适合观察，如图 11－15 所示。

消费太高：消费额/访客数＝平均出价，找到出这个价的关键词，调整价格。

消费太低：提升相关性高的关键词出价，继续观察。

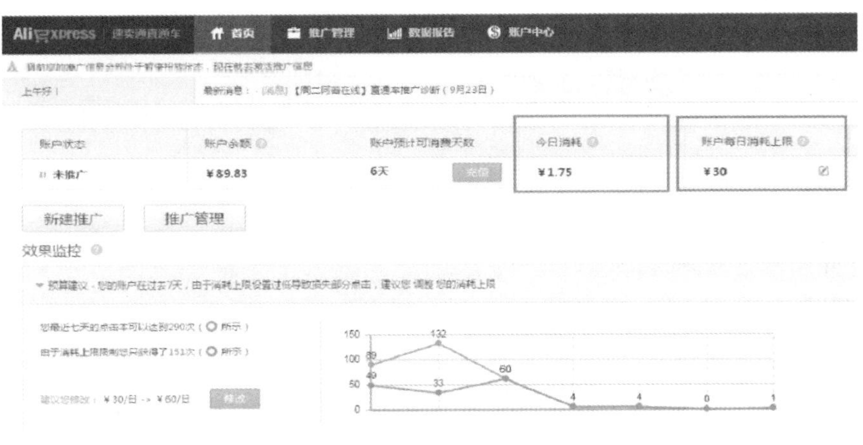

图 11－14　速卖通直通车首页

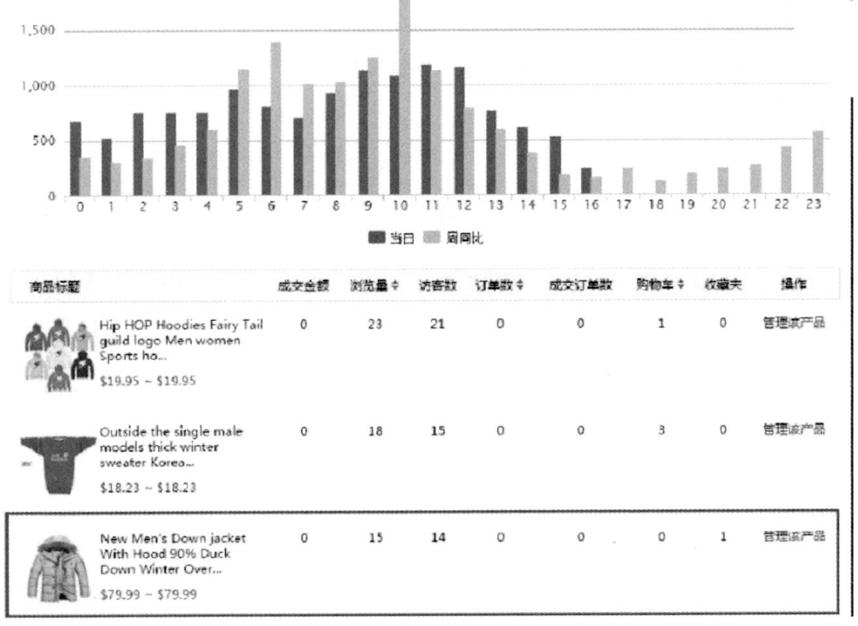

图 11－15　直通车数据显示界面

于 15 点前再次跟踪调整（平台数据更新时间）。

调整后，设置一个 3 天的限时限量折扣；3 天后再次跟踪调整，观察关键词的曝光、点击情况。

曝光高，点击率低——搜索量大但相关度一般，建议不动。

曝光低，点击率高——相关度高，保留并可考虑提价。

曝光低，无点击——废词，可以更换。

点击率高，价格高——保留，降价。

我们可以通过数据纵横下的“商品分析”功能，查看产品流量来源，如图 11 – 16 和图 11 – 17 所示。

图 11 – 16　数据纵横界面

图 11 – 17　产品流量来源

点击产品下方的“展开数据分析”按钮，可以对数据进行具体的分析，如图 11－18和图 11－19 所示。

图 11－18　“展开数据分析”按钮

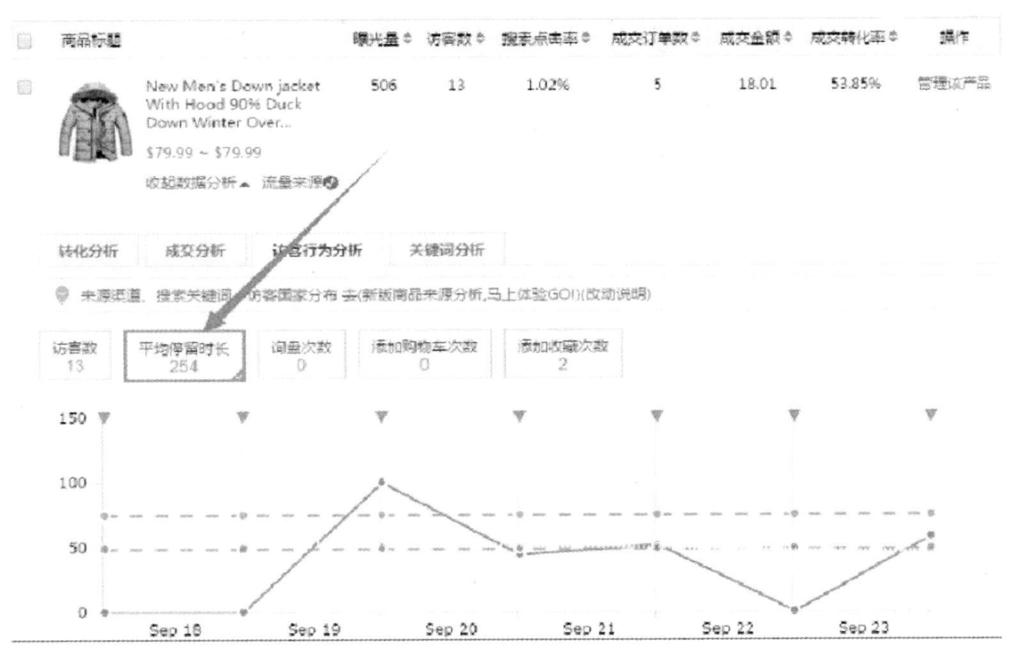

图 11－19　具体数据分析

分析优化产品曝光和点击情况：曝光高、点击低的产品，可能是价格和主图的问题；跳失率高，可能是产品价格、产品描述没有吸引力；转化率低，也可能是价格、产品本身是硬伤。

分析出问题的关键所在，我们才能有针对性地去解决这些问题，从而提升店铺的整体水平。以上就是直通车快捷推广计划的具体步骤以及后续的优化调整。下面介绍重点推广计划的创建。

重点推广计划独有的创意推广功能，可以更好地协助我们打造爆款。重点推广计划最多允许创建 10 个，每个计划建议推广同类目的商品以便于后期管理，并且选择想要重点推广的商品，集中精力做推广。重点推广计划创建步骤如下：

①进入直通车管理后台，点击“我要推广”按钮，如图 11－20 所示。

图 11－20　“我要推广”按钮

②在打开的推广方式界面中选择计划类型为“重点推广计划”，如图 11－21 所示，填写推广计划的名称，点击“开始新建”按钮。

图 11－21　选择“重点推广计划”类型界面

③选择快捷推广计划中要重点推广的商品，点击如图 11－22 所示的“移动到”按钮。

图 11－22　“移动到”按钮

④在弹出的界面中选择将商品移动到我们新创建的重点推广计划中，如图 11－23 所示。

图 11－23　商品移动到“重点推广计划”中

⑤移动后出现如图 11－24 所示的界面。

对于重点推广计划中的商品，我们可以添加创意图片和标题，“添加创意”按钮如图 11－25 所示，在如图 11－26 所示的界面中根据创意展示的图片设置对应的标题。

重点推广的商品应该选择应季商品，买家搜索的词每天都在变化，搜索的词会不断增加，因此关键词一定要每天进行优化，删除无展现的词，保证有点击的词不断增加。

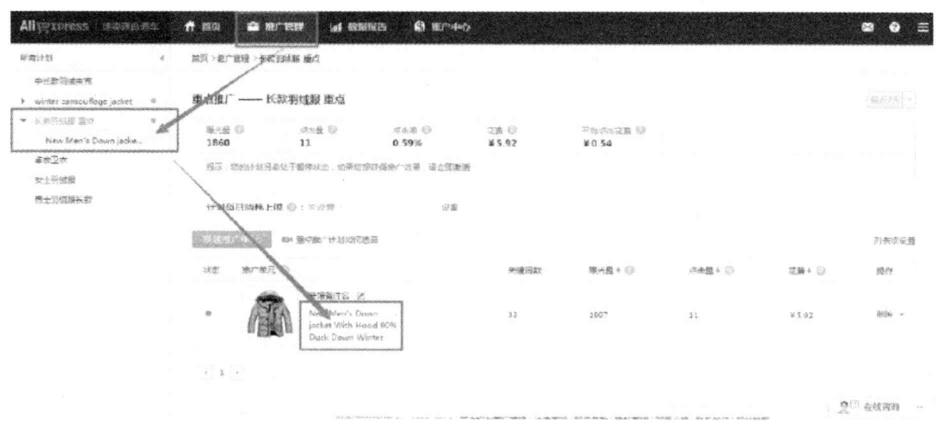

图 11－24　移动后效果图

图 11－25　“添加创意”按钮

新增加创意

商品展示图片：（来自于商品主图，用于直通车展示，选择后可随时更改）

商品展示名称：（用于该推广商品的直通车展示标题，可灵活设定，不影响自然排名）

请输入商品展示名称

提交审核　取消

图 11－26　设置创意标题界面

第十二章　速卖通社交网络的推广

速卖通的营销主要为引入流量。如何让流量进入店铺，这是最大的问题。流量分两种，一种是免费的，另一种是付费的。对于新手来说，可以先从免费的入手。

引入免费流量最重要和最有效的方法，是关键词和标题的设置和优化。这是免费流量的最大入口。其次是速卖通类目设置，准确的类目设置会带来意想不到的流量及相关资金的收入。还有一个巨大的免费流量，来自平台活动，针对性很强，流量也很大，有时候说不定在首页或者在频道首页会出现你的产品。还有一种就是利用站外社交网络（Social Network Service，SNS）的方式，也会有不错的效果。

SNS 中有着众多的客户，假设一个客户的 SNS 账户里有 1000 个好友，那么当他发布一条他喜欢的产品信息时，该信息就会被 1000 个人同时接收到，如果这 1000 个朋友当中，有 20% 的人去转发这条产品信息的话，该产品的受众将是 1000 + 200 + N，因为这 200 个朋友的转发，又会吸引很大一批受众。这就是 SNS 中的阶梯效应。如果速卖通卖家利用好 SNS 平台，就有利于打造专业的口碑和良好的传播效果，吸引更多的客户进入速卖通店铺，同时还能迅速提升店铺的销量。

SNS 网站有很多类型，包括单纯的文字分享型、视频分享型和图片分享型，有很多网站里的信息增加了“分享到”按钮，可将其分享到 SNS 上面来。我们可以通过 SNS 提供的搜索框，搜索到客户分享了什么内容，客户之所以会分享这些内容，是因为他们喜欢这样的内容。同理可知，被客户分享的产品，一定是有它的亮点，吸引到了国外客户。所以，我们结合自己销售的产品，可以在 SNS 平台上搜索客户喜欢的产品，关注的产品，可以了解到广大客户的喜好。并且，可以了解到他们对新产品的反馈和喜爱程度。同时，我们还可以利用社交网络了解到客户加入了怎样的群，售前、售中、售后客户会关注哪些群组，哪些类型的产品是深受客户喜爱的，对于产品的售前、售中、售后客户都有着怎样的诉求。下面详细介绍 SNS 在速卖通平台主要买家所在国家的应用，以巴西为例。

1. **巴西人使用 SNS 的情况**

巴西人对 SNS 的情有独钟，从以下三点可以看出巴西人在 SNS 中的活跃程度。

（1）SNS 在巴西当地的使用频率。

SNS 使用频率世界排名前五的国家为阿根廷、巴西、俄罗斯、泰国、土耳其。巴西是第二活跃的社交网络国家，远远高于世界平均水平。用户花在社交网络上的平均时间如图 12－1 所示。

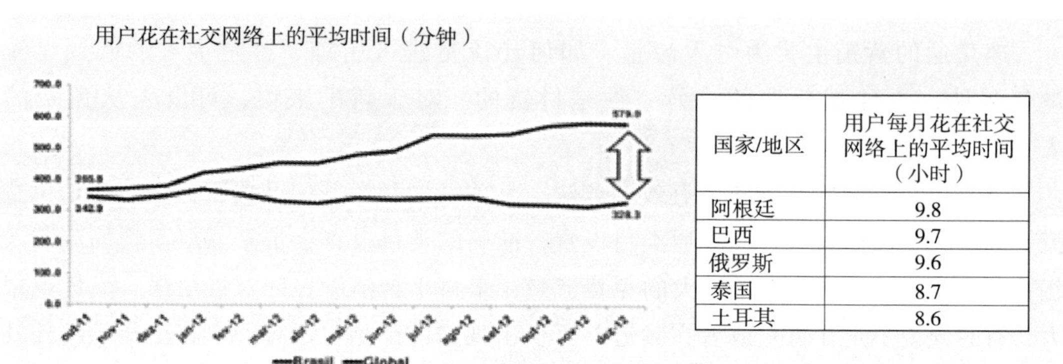

国家/地区	用户每月花在社交网络上的平均时间（小时）
阿根廷	9.8
巴西	9.7
俄罗斯	9.6
泰国	8.7
土耳其	8.6

图 12－1　用户花在社交网络上的平均时间

（2）巴西当地主要的几大 SNS 推广方式。

从图 12－2 中可以看出，巴西人对许多社交网络方式都有涉及，其中 Facebook 和 YouTube 占据了 80% 左右的市场，还有 Instagram、Modait 等。

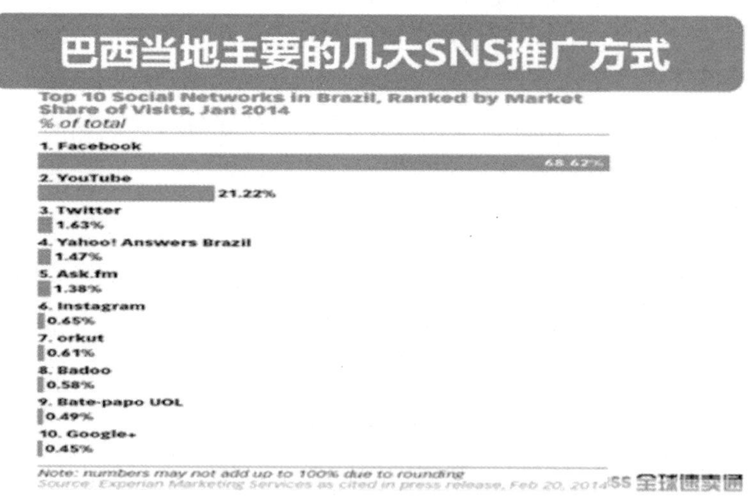

图 12－2　主要推广方式

（3）应用案例——Netshoes。

巴西最大体育电商 Netshoes 在 YouTube 上做了很好的运营，在 YouTube 上吸引了众多关注者，并有定制的品牌频道，如图 12－3 所示。因此，做相关时尚潮流服装、鞋业等商品的店铺关注 YouTube 对引流很有帮助。

图 12－3 品牌频道

2. 巴西社交网络 Facebook（脸书）、Youtube、Instagram（照片墙）、Modait 的介绍

（1）Facebook。

Facebook 速卖通巴西站公共页拥有团购入口，可以推荐平台活动、优秀卖家以及展示买家秀（对买家秀要有回复，好的还可以分享）；卖家还可以在主页的粉丝展示中加好友，如图 12－4 所示。

图 12－4 展示页面

作为卖家的公共页可以通过设置简介、上传照片以及设定明确的主题营销内容进行推广；还有分享事件营销，以及买家秀互动营销，如图 12－5 所示。

（2）YouTube。

YouTube 在巴西是第一大视频来源，第二大搜索引擎，覆盖率高达 71%。许多巴西零售商都将 YouTube 的首页访问者作为目标受众群体，意味着一天内向 2400 万用户传达你的品牌信息。同时，巴西知名球队对 YouTube 的参与度也很高，对于巴西这个足球王国来说，是非常具有向导性的，如图 12－6 所示。

图 12－5　买家秀互动

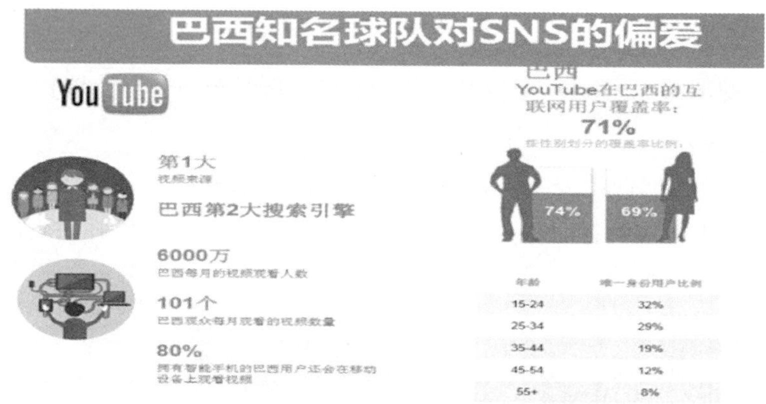

图 12－6　巴西知名球队参与 YouTube

（3）Instagram。

在 Instagram 上进行图片营销也是一个非常好的渠道，将自己的一些好产品进行实拍，另外也可以引导买家进行买家秀。Instagram 界面如图 12－7 所示。

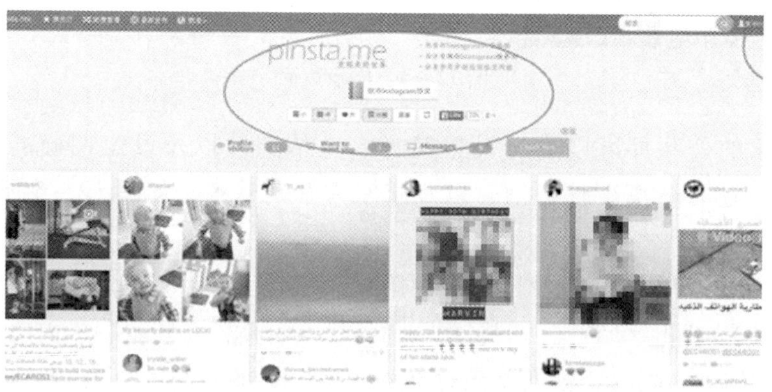

图 12－7　Instagram 界面

（4） Modait。

巴西人开放，爱分享，喜欢看别人的购买评论，喜欢买朋友推荐的服装。Modait 就是巴西信息流分享的一个平台。Modait 界面如图 12－8 所示。

图 12－8 Modait 界面

3. SNS 推广技巧

SNS 推广需要花一定精力去运营，讲究一些技巧。这里介绍几个小技巧给卖家参考。

（1） 增加好友技巧。

通过购买市面上的邮箱导入好友；购买红人粉丝店铺产品并分享该产品，反向加强自身账号影响力；进行同等量级账号交换好友。

（2） 阶段性推广。

阶段性推广分为四个阶段。

店铺发布初期：提高访问量，促成转化发生。

店铺增长期：总结各项渠道，流量以提升转化率为目标。

店铺稳定期：稳定销售额（本身产品有自然生命周期销售额会下降）。

店铺突破期：突破瓶颈，提升销售额。

（3） 重点商品推广。

由于大于 100 美元的订单决定了店铺的销售额，因此网站广告引流和营销重点应该是大于 100 美元的客户和潜在客户。SNS + CRM 营销，将 100 美元以上的老客户加入 SNS 群，增加用户黏度，对之前阶段性推广起关键性作用。

（4） 通过 Twitter（推特） 推广。

Twitter 是一个社交网络及微博客服务的网站，是全球互联网上访问量最大的十个网站之一，是微博客的典型应用。它允许用户将自己的最新动态和想法以短信形式发送给手机和个性化网站群，而不仅仅是发送给个人。

Twitter 是一个广受欢迎的社交网络及微博客服务的网站，允许用户将自己的最新动态和想法以移动电话中的短信息形式（推文）发布（发推），可绑定 IM（即时通信软件）。所有的 Twitter 消息都被限制在 140 个字符之内。2006 年，博客技术先驱创始人埃文·威廉姆斯（Evan Williams）创建的新兴公司 Obvious 推出了大微博服务。在最初阶段，这项服务只是用于向好友的手机发送文本信息。

2012 年 2 月，Twitter 称有能力针对不同国家和地区实施网络内容过滤，引发关注；10 月，Twitter 收购美移动应用开发工具厂商 Cabana。

2013 年 9 月，Twitter 进行首次公开募股。11 月 7 日，Twitter 股票在纽约证券交易所挂牌，开盘 45.1 美元，较发行价大涨 73.46%，目前市值接近 400 亿美元。

2014 年 3 月 7 日，Twitter 支付 3600 万美元收购 IBM 900 项专利，终结双方的专利权争议。

使用 Twitter 方法：

①使用 Twitter 来做外贸推广，首先就要注册 Twitter 的账号，目前国内还无法访问这个网站，使用 VPN 就可以访问。

②在最短的时间 follow 更多的人，可以使用国外的免费 Twitter 工具 Twittr Adder，输入 Twitter 账号和密码，一次就可以随即 follow20 个好友。可以同时打开多个窗口，就可以 follow 更多的人。比如，你一次打开 5 个窗口，一轮下来就 follow 100 人，一天 10 轮就可以 follow1000 人，即使只有 100 人反过来 follow 你，一个月也会有上千人 follow 你。

③Twitter 营销吸引粉丝还可以借助名人效应，可以找国外 Twitter 里面的名人，比如 Ladygaga，在她 Twitter 发布信息的第一时间回复，后面会有很多人回帖，你又排在前面，就会有很多人点开看你。每次你都在前面，就会有很多人 follow 你。

④利用 Twitter 的搜索功能。现在 Twitter 内部搜索结果是按照时间进行排名的，只要你是最新的，相关关键词你就排在前面，围绕一个关键词不停地更新，你就会排在 Twitter 搜索的前面。另外，Google 搜索结果里面开始融入 Twitter 结果，这样的话，只要 Twitter 是最新的且包含关键词，在别人没有更新之前，你就在 Twitter 里排在前面，同时也显示在 Google 首页。

Twitter 代表了实时搜索，Google 也会把实时搜索的结果考虑进去。

⑤可以在 Twitter 上面发起活动。活动要能够吸引 Twitter 用户，让他们踊跃参加，而要想吸引他们，最切合实际的做法就是给予一定的回报，当然，有物质回报是最好不过的了。

4. 通过 SNS 来增加速卖通订单量

（1）适应平台特点。

每个平台都有其自身的特点和不足，我们不要老是想着“我能在这个平台做什么”，而是“大家在这儿做什么”。要学会总结用户的行为习惯，并试图创造一个他们感兴趣的活动来吸引他们。

（2）人性化思维。

社会化的平台本来就是人的集散地，因此在这里要采用人性化的思维方式，设法解决用户的实际问题，发布贴近用户的内容，而不是冷冰冰的要求用户转发什么内容，要真正的符合用户的需求，这样才算是一次成功的 Twitter 营销。

（3）正面面对客户的言论。

在社会化媒体中每个人都有平等的话语权，而每个人看待一个问题的角度都不可能是一样的，也许在开展 Twitter 营销时要有敢于面对客户言论的勇气。

现阶段 Twitter 的用户基数已经接近 2 亿人次，开展 Twitter 营销这种 SNS 营销方式，能够为你的网站带来 SEO 推广以外的流量，增加网站流量多样化，降低网站运营风险，同时还能够为网站带来社区的互动和口碑，增近目标用户对于网站的信任度，进而提升网站总体的转化率。

第十三章　速卖通客服

第一节　客服基本素养

客户服务工作的好与坏代表着一个企业的文化修养、整体形象和综合素质，与企业利益直接挂钩；能否赢得价值客户，不仅是企业的产品质量、产品标准、产品价格等方面的问题，客户服务也是一个关键环节。同样，速卖通的平台的服务工作会涉及产品的销售和推广。

在社会发展逐步深入，产品竞争日益激烈，当产品标准在同一层次的时候，客户服务工作将首当其冲。客户服务工作在很多知名企业都把它当作企业品牌来经营。速卖通的客户服务工作主要包括客户接待、客户投诉的反应、客户满意度、对待客户的态度、与客户交流的方式、售后服务等方面。

做好服务工作，需要做好以下几点：

（1）回复买家的邮件要及时、热情，要让买家感觉到卖家很重视这些问题和建议。当出现问题的时候，卖家主动与买家联系，最大程度减免店铺的问题。

（2）解决买家提出的问题时，理由要合理、恰当。

（3）与买家协商和处理问题时，不能推卸责任，推卸责任会引起买家的不满，加剧问题的严重性。

（4）通过表达技巧，卖家通过表达出愤怒、悲伤、遗憾，拉近与买家之间的关系。

（5）通过真诚的服务，与客户友好交流，若能与买家成为朋友，就不会有差评。

想要做好客户服务工作，客服人员需要具备以下基本素质：

（1）“处变不惊”的应变力，遇到各种问题的时候，不能慌乱，按照流程正常解决客户的问题。

（2）挫折打击的承受能力，遇到各种事情，要有承受能力，不能因为事情多或者事情严峻出现抵触情绪，降低工作效率。

（3）情绪的自我控制力，不能因为客户的态度或者语言影响自己的心情，从而影响服务态度。

（4）积极进取，永不言败的良好心态。

（5）具有良好的人际关系沟通能力、语言表达能力，思维的敏捷，具备客户活动心里的洞察力，具备专业熟练的客服电话接听技巧。流畅的语言表达和良好的沟通能力能快速解决客户的问题和投诉。

（6）丰富的行业知识及经验，专业的知识解答，增加客户对卖家的好感和认同感。

（7）熟练的专业技能，可以提高客服工作的效率。

（8）良好的倾听能力，解答客户问题和投诉时，学会倾听，尊重客户，提高客户对卖家的认可。

在客户服务的语言表达中，应尽量避免使用负面语言，这一点非常关键。客户服务语言中不应有负面语言。负面语言如我不能、我不会、我不愿意、我不可以等。

（1）在客户服务的语言中，没有“我不能”。

当客服说“我不能”的时候，买家的注意力就不会集中要解决的事情上，会集中在“为什么不能”和“凭什么不能”。

正确回答：“看看我们能够帮你做什么”，这样就避开了与客户说不行，不可以。

（2）在客户服务的语言中，没有“我不会做”。

客服说“我不会做”，买家会产生负面感觉，认为你在抵抗；而我们希望客户的注意力集中在客诉人员讲的内容，而不是注意力的转移。

正确回答：“我们能为你做的是……”

（3）在客户服务的语言中，没有“这不是我应该做的”。

买家会认为卖家认为他不配提出某种要求，从而不再听你解释。

正确回答：“我很愿意为你做”。

（4）在客户服务的语言中，没有“我想我做不了”。

当客服人员说“不”时，与买家的沟通会马上处于一种消极气氛中，无形中把买家的注意力转移到卖家不能做什么，或者不想做什么。

正确回答：告诉客户你能做什么，并且非常愿意帮助他们。

（5）在客户服务的语言中，没有“但是”。

你受过这样的赞美吗——“你穿的这件衣服真好看！但是……”，不论你前面讲得多好，如果后面出现了“但是”，就等于将前面对客户所说的话进行否定。

正确回答：只要不说“但是”，说什么都行！在客户服务的语言中，有一个“因为”。要让客户接受你的建议，应该告诉他理由，不能满足客户的要求时，要告诉他原因。

第二节　售前沟通技巧

当有买家进行询盘时，作为客服人员要做到以下三点：

（1）Quick（及时），及时回复能给客户留下好印象（黄金六秒）；我们可以事先设置好一些快捷回复，将客户分组。

（2）Care（热情），沟通的时候我们要注意：用词简单生硬影响客户体验，所以在沟通时我们可以加一些语气词；一切都为了让客户留得更久，我们可以先和客户闲聊，争取先交上朋友；我们要以专业的形象，取得客户的信任；建议搭配适当的表情，亲和力在沟通过程中也是比较重要的。

（3）Professional（专业），作为客服人员，要完全熟悉产品知识以及专业知识；能够回复所有提问，并且面面俱到，给出肯定答复；要简单介绍店铺和自己的产品，突出产品的差异化优势；针对不同地区客户的不同习惯及需求，做出有针对性的回复（关注点是美观还是质量）；要持续跟进，了解客户购买体验。

美国、巴西和俄罗斯注重的点不一样，主要区别如下：

美国：最关心的首先是产品的质量，其次是包装，最后才是价格，因此产品质量的优劣是进入美国市场的关键。

巴西：以棕色为主，紫色标示悲伤，黄色表示绝望。在巴西，曾有过这样失败的例子：日本向巴西出口的钟表，因在钟表盒上配有紫色的饰带，由于紫色被认为是不吉利的颜色，因而不受欢迎。在巴西，回话和行文时使用当地语言会更便利和亲切，使用名片应有当地通用文字，产品说明应有当地文字对照。

俄罗斯：俄罗斯人认为产品质量的好坏及用途是最重要的，买卖那些能够吸引和满足广大消费者一般购买力的产品是很好的生财之道。

第三节　售后回复技巧及常用模板

无论什么平台，只要店铺订单达到一定量，售后问题就是不可避免的。有些问题是有原因的，有些问题却是莫名其妙的，不管哪种情况，先查找出这些问题的原因，然后有针对性地去解决。店铺的纠纷和差评产生的原因总结起来主要有以下几方面：客人期望值过高，产品没有达到他们的期望值是纠纷和差评的根源。物流速度是造成客户满意度下降的元凶。沟通不够让不满演变成纠纷或差评。产品质量不过关，包装破损。找到客人提纠纷或留差评给我们的原因，那么解决起来也就没那么难了。卖家不要一味的美化产品和图片，如果有瑕疵和不足的，要在照片中体现，产品描述清晰简洁详尽。

1. 处理差评的方法和步骤

接连收到的差评都是因为客人没有注意到尺寸想当然的买了下来，结果货到了觉得小了，不经过任何沟通，直接差评。遇到这样的客人，我们一般可以按下面几个步骤来做：

（1）通过站内信和邮件和客户进行沟通，请求修改评价，一部分客人很容易沟通直接就改了，一部分客人没有任何回应；这样一周之后还有一次通过邮件沟通的机会，再没反应就和买家商量通过一些物质回报改评价，如返3美元或者下次给5%折扣，态度要诚恳；还没反应就每天跟吃饭一样给他站内信留言，用“诚心”感动他们。

（2）对于物流速度问题，大家都很清楚，发出去的货就像泼出去的水，我们是控制不到的，可是客人着急了还是会找我们，就和我们在淘宝网买东西一样，快递的问题最终还是会转移到卖家身上，对他们发泄，虽然我们也清楚他们是无能为力的。有两点我们可以做得更好，第一就是在发布产品的时候以表格的形式注明各个国家各种运输方式大致到达的时间，让卖家能够清楚，第二就是发货后要及时告知客人跟踪信息以及预计到达时间。做到以上两点，当物流有小的延迟的时候，客人也会表示理解的。

（3）及时的沟通，分为主动沟通和被动沟通。主动沟通即发货后的提醒买家留意物流信息；被动沟通即成交客人站内信和留言的回复要及时。其次建议卖家每个周末做总结，并对发出去的货物进行跟进，有异常的记录并及时告知客人，这样也能避免后面的纠纷。

（4）多买些包装辅助材料，如塑料袋，泡泡袋，泡泡膜，质量好一点的封箱胶，硬度好的纸箱，小投入大回报，值得投入。

（5）很多产品容易碎，这样我们一般提供备品，有时候碎的比备品多，就要和买家承认是卖家的过失，和卖家协商解决问题的办法。同时也要和物流公司进行沟通，多注意易碎物品的包装和运输。

2. 一些常见问题处理方法及回复技巧

（1）所有有质量问题的，买家一定要发给卖家图片，卖家根据图片进行核实，核实后确实是质量问题进行补发或者退款处理。若问题不严重、不影响使用的，可以给1～2美元退款或者给买家下一个订单一些折扣；问题严重到影响使用的，可以全额退款或者补发一件新的。

以有污渍为例回复：

Dear friend,

I am so sorry that it was stained. Can you try to wash it off? Through the photo, it seems it is a small spot, I think it will be easy to wash off. If you can't wash it off, can you take it to a laundry to wash it? I think they may have special way to clean it, you can check how much it will cost, we would like to pay for the cost, will that be ok?

Waiting to hear from you soon. Thank you very much in advance.

以补发为例回复

Dear friend,

I am so sorry that it was defective. It is our fault that we didn't check it carefully before send out. We would resend you a new one with good quality, will that be ok? Sincerely hope you could forgive us, we will check it very carefully before send out.

Waiting for your confirmation and then we will arrange to ship it for you soon.

Thank you.

（2）如果发错产品（款式、颜色、尺码），买家也要提供图片进行核实，可以让买家拍下收到的产品图片和袋子上贴的 SKU，确认是否 SKU 贴错了抑或是仓库发错货，解决问题后要找到相应的负责人。

如果卖家发错货的话，可以与买家沟通，是否留下发错的商品，或者通过货物的性价比和其他方面（物质补偿或者下次订单有折扣）游说买家留下商品。若买家坚持换货或者退货，卖家就要可以补发正确产品或者按照买家要求的退款金额退款。

Dear friend,

I am so sorry to sent you a wrong color/item/size.

Please can you do me a favour to take a photo for the sticker which was put on the bag like attached? Please don't worry, we will give you a good solution after find out the problem. Sometimes the workers may put wrong sticker on the bag so that our warehouse sent by mistake.

We will check who packed it and will give you a good solution for it, please don't worry.

Waiting to hear from you soon.

Thank you very much.

（3）当漏发、少发产品及配饰时，首先到通途里查看订单发货信息，是否有少发、漏发，可以通过对比产品数量和包裹重量（通途里有两个重量一个是订单估重，一个是通途重量，其中通途重量是包裹的实际重量）。如果真的少了的话，可以补发或者退款。

少发配饰的，如腰带漏发等，很难辨别，可以让买家再查看包裹中是不是遗漏在包裹的角落里了，如果实在找不到的话，可以补发或者退相应的钱。补发之前要先和产品小组确认是否有多余的配饰可以补发，没有多余的只能退点钱作为补偿。

Dear friend,

I am so sorry that you didn't receive the belt. Please can you double check the parcel? It was put separately. Please don't worry, if you can't find it, we will give you a good solution for you. Thank you.

当包裹物流信息显示妥投但客户却说未收到的，一律不可以退款，只能让买家联系物流公司或者查找其他丢失的原因，如别人代领。

Dear friend,

I am so sorry to hear that you haven't receipt your order.

I tracked your parcel found it has delivered to you on 11th Jan, 2016, attached is the tracking information, you can have a look.

If you still haven't got it, please kindly check with your family to see if anybody picked it or you can call your local postal office to see where and who they sent it to. Hope you will get it soon.

Thank you so much.

（4）物流方式与买家选择的不一致，这种情况很少发生，一般发生的话买家也不会找麻烦，除非因此买家被收取了额外的费用。如有因此产生额外的费用，我们可以适当退款作为补偿。海关偶尔会抽查包裹，这个不是我们可控的，一般我们不承担此费用。最多可以承担部分税费或者给买家下一个订单一点折扣以示补偿。

Dear friend,

We are so sorry that you were taxed. As you know, the customers always will check some of the parcels and may charge for it. This is out of our control. Hope you could understand. But we would like to give you a little discount for your next order. Thank you.

空包裹这个是不可能事件，如果买家说收到的是空包裹，基本上可以判定买家是个骗子（问题也有可能出现在海关人员身上），这种情况一概不退款、不补发。

Dear friend,

It is so regret to hear that it was empty bag, may I know was the parcel broken when you receipt? We never sent empty parcel, because if it is empty parcel, our postman even don't collect it and ship it for us. Hope you could check if your family or friend take out the item for you. Thank you.

注：物流查询网址：www. 17track. net

（5）所有以未收到货为由提纠纷的，要先看下承诺运达时间并到通途里查询包裹的物流状态。

承诺运达时间：可以看运费模板里面有我们设置的承诺运达时间或者询问速卖通客服。

承诺运达时间：是在速卖通平台原有“大小包 60 天未妥投纠纷退款规则”的基础

上，将设置物流时间的权力交给卖家，让有能力为买家提供更好物流服务、敢于对买家承诺物流服务的卖家优势得到突显，增强买家购物信心，提升买家购物后保障而推出的一项消费者保障服务。它是我们处理因物流原因未收到货的依据，原则上如果包裹未在承诺运达时间内妥投的话，我们应该退款给买家。

发中邮小包的：承诺运达时间为60天（巴西90天），一般20~40天可送达。

发E邮宝的：承诺运达时间为27天，一般5~15天送达。

（6）有时候某些产品可能断货了，我们一般会先更新物流单号，这个时候是查不到物流跟踪信息的（实际还未发出）：此时有客户问物流情况，可以跟买家说包裹丢了，我们可以给他补发；若买家不要了，让卖家申请退款，退款给买家。

Dear friend,

I am so sorry that you haven't receipt your order.

Just now I tracked the parcel found there is no tracking information, I called our postal office, they said it was lost on the way. We would arrange to resend you a new one. Please can you help us to cancel the dispute to wait for it? Please don't worry about your money, I have extended the protection time by 30 days for you. If you still can't receive it, you can open a new dispute.

And if you can't wait for it, we will refund you the money.

Waiting to hear your idea.

Thank you very much in advance.

（7）货物仍然在运输中，未到承诺运达时间，这种情况一律不可以退款，和买家沟先取消“退款申请”再等待一段时间；买家不愿意取消“退款申请”的，也只能等到到达承诺运达时间之后才可以退款。

Dear friend,

I am so sorry that you haven't receipt your order.

Usually it takes 20 –40 days for delivery, sometimes it maybe a little slow due to many factors, such as bad weather, busy shipping season, holidays and so on. And I tracked the parcel found it is in normal transit now, attached is the tracking information for your reference. Hope you could help us to cancel the dispute and wait for more days.

On the other hand, the promised delivery time is 60 days and there still have 25 days before the deadline, we can't refund now, sincerely hope you could cancel the dispute to wait for more days.

Please don't worry about your money, if you still can't receive it before the deadline, you can open a new dispute and we will full refund you by then.

Thank you very much for your kindly understanding.

（8）物流信息显示妥投但客户反馈未收到的，这种情况也一律不可以退款。有时可能是因为时间有延误，可以让买家再等等或者联系物流公司查询；或者提醒买家询问是否有人代收。

Dear friend,

I am so sorry to hear that you haven't receipt your order.

I tracked your parcel found it has delivered to you on 11th Jan, 2016, attached is the tracking information, you can have a look.

If you still haven't got it, please kindly call your local postal office or check with your family to see if anybody else picked it up for you.

If you will receive it soon, hope you can help us to cancel the dispute.

Thank you so much.

（9）超时未妥投，首先要确认包裹的物流状态，如果只是超时了几天的，查询超时的原因是由于天气还是节假日等的影响，可以与买家沟通再等一段时间，或者补发货物；若超时比较久的比如半个月以上的，可以根据买家提交的留言进行协商，买家实在不愿意等待，可以马上接受纠纷退款。

Dear friend,

I am so sorry that you haven't receipt your order.

Sometimes it will be a little slow due to many factors, such as bad weather, busy shipping season, holidays and so on. Please can you wait for a few days more?

And sometimes the tracking information may not updated on time. If you're convenient, please can you call your local postal office to check it? You can give them your tracking no. to check it.

Please don't worry about your money, if you can't receive it, we will refund you the money.

Thank you.

（10）包裹被退回这种情况可以退款或者补发。首先查看包裹被退回的原因，原因不明确的，就直接退款或者问买家愿不愿意补发；如果是地址错误或者买家超时未去领取的，若买家同意补寄，要跟买家再次核对地址并告知买家要及时去领取包裹。

Dear friend,

It is so regret that it was returned to us.

I am not sure what happened with it, is there any problem about your address?

And do you want us to resend it for you? If you agree with resend, hope you could help us to cancel the dispute, because we only could arrange our warehouse to resend the item after dispute be cancelled. If you can't wait for it, we will refund you the money.

Waiting to hear your idea. Thank you.

注： 所有需要补发的纠纷订单，都需要先取消纠纷才可以安排补发，补发前再次和买家确认好要补发的产品尺码以及买家地址。

3. 邮件的妙用

经过了一段时间的积累，要把所有客户资料按照不同的要求进行整理。整理数据是比速卖通后台系统里“历史客户统计与营销”更完善更清晰的分析手段。

邮件主要可以用在以下几方面：

（1）定期给客人推介新品。

（2）询问客人使用反馈。

（3）每年的节日祝福。

（4）发货后提醒。

（5）评价提醒。

（6）售后问题处理

（7）建立比 SMT 在线店铺更稳定的客户关系体系。

4. 常用邮件模板

（1）未付款订单：

Dear ××,

We have got your order of ××××××. But it seems that the order is still unpaid. If there's anything I can help with the price, size, etc., please feel free to contact me. After the payment is confirmed, I will process the order and ship it out as soon as possible. Thanks!

Best Regards

Name

译文： 我们已收到你的订单，但订单似乎未付款。如果在价格和尺寸上有什么能帮助的，请随时与我联系。当付款完成，我将立即备货并发货。谢谢！

提示： 请根据您产品自身特点对描述内容进行修改。

（2）已付款订单：

Dear ××,

Your payment for item ×××××××××××××× has been confirmed. We will ship your order out within ××× business days as promised. After doing so, we will send you an e-mail notifying you of the tracking number. If you have any other questions, please feel free to let me know. Thanks!

Best Regards

Name

译文： 您的订单编号为××××××××××××××的款项已收到，我们将在承诺的×××天内发货，发货后，我们将通知你货运单号。如果您有任何问题请随时联系我。谢谢！

（3）发货后：

Dear ××,

The item ×××××××××××××× you ordered has already been shipped out and the tracking number is ××××××××××××××. The shipping status is as follows: ××××××××××××××. You will get it soon.

Thanks for your support!

Best Regards

Name

译文：订单号为××××××××××××××的货物已经发货，发货单号是××××××××××××××，运输方式是××××××××××××××，订单状态是××××××××××××××。您将会很快收到货物，感谢您的支持和理解！

提示：请填写订单号、发货单号、运输方式和发货日期。

（4）询问是否收到货：

Dear ××,

According to the status shown on 17track website, your order has been received by you. If you have got the items, please confirm it on alie×press. com. If not, please let me know. Thanks!

Best Regards

Name

译文：EMS 网站显示您已收到货物。如果您已收到货物请到敦煌网确认，如果有问题请告知我。谢谢！

提示：可根据您货物的实际情况进行更改。

（5）客户投诉产品质量有问题：

Dear ××,

I am very sorry to hear about that. Since I did carefully check the order and the package to make sure everything was in good condition before shipping it out, I suppose that the damage might have happened during the transportation. But I' m still very sorry for the inconvenience this has brought you. I guarantee that I will give you more discounts to make this up ne×t time you buy from us. Thanks for your understanding.

Best Regards

Name

译文：很抱歉听到发给您的货物有残损，我在发货时再三确定了包装没有问题才给您发货的。残损可能发生在运输过程中，但我仍旧因为带给您的不便深表歉意。当您下次从我这购买时，我将会给您更多的折扣。感谢您的谅解。

提示：请根据投诉的实际情况进行更改。

（6）订单完成：

Dear ××,

I am very happy that you have received the order. Thanks for your support. I hope that you are satisfied with the items and look forward to doing more business with you in future. Thanks!

Best Regards

Name

译文：我很高兴地看到您已收到货，感谢您的支持。希望您满意，并期待着在将来与您做更多的生意。

（7）提醒买家给自己留评价：

Dear ××,

Thanks for your continuous support to our store, and we are striving to improve ourselves in terms of service, quality, sourcing, etc. It would be highly appreciated if you could leave us a positive feedback, which will be a great encouragement for us. If there's anything I can help with, don't hesitate to tell me.

Best Regards

Name

译文：感谢您继续支持我们，我们正在改善自身的服务、质量、采购等。如果您可以给我们一个积极的反馈，我们会非常感激，因为这对我们来说是一个很大的鼓励。如果有什么我可以帮助的，不要犹豫请告诉我。

客服邮件回复并没有固定的模板，我们要学会根据实际情况灵活运用，邮件回复要注意：简洁、专业、热情、礼貌。

第十四章　速卖通如何打造爆款

众所周知，爆款是占据免费流量入口的有利武器，能够提升店铺的自然流量，从而带动其他产品的销售，并且可以在新品初期前抢占流量，提升销量，提升品牌形象。可想而知，爆款对店铺的发展起着至关重要的作用，那么问题来了，我们该如何去选择潜力品？如何优化产品可以让流量和订单快速提升？竞争激烈的情况下怎么打造爆款？

爆款的定义：爆款是指在商品销售中，供不应求，销售量很高的商品。也就是我们通常所说的卖的很多、人气很高的商品。爆款一般是有一定的生命周期，尤其是电子产品更新换代的速度很快，所以我们需要不断地培养新的爆款才能让店铺一直保持优势。

爆款的生命周期如下：

（1）预备期：所谓预备期就是我们科学选品的过程，我们可以通过站内和站外等多种渠道进行。

（2）成长期：通过店铺自主营销，直通车以及站外营销进行全渠道的营销推广。

（3）成熟期：我们所选的产品订单和流量比较稳定，有一定的评价积累，此阶段可以通过关联营销等提升店铺的客单价，利用易引入的优质流量。

（4）保卫期：当我们打造出一款爆款后，我们的竞争对手也会学习去培养类似的产品，这时我们的竞争会增大，需要提升自己产品的竞争力来保证稳定的订单，可以适当地降低利润，提高价格优势。

（5）衰退期：这个阶段产品价格战非常严重，加上市场的需求降低和新产品的升级，我们的订单和流量会减少，这时需要重新选品进行优化。

了解爆款的重要性之后，面临的第一个问题就是到底该如何选择一款产品进行优化，打造成爆款，怎么知道自己选择的产品就是潜力品，就能被客户所接受呢，这里是有一定技巧的。

前期不知道该从何处入手的卖家，可以先参考下面的步骤：

（1）上传可能会有市场的产品，根据每个产品的特点对它们进行包装（一般产品优化）。

（2）一段时间内对这些产品给予平等的曝光机会（周期不要超过三个月）。

（3）观察买家对这些产品的反应（曝光量、点击率、加入购物车次数、购买率等），将最受欢迎的30个产品挑选出来。

（4）对选出来的产品进行精心的包装（精细产品优化），根据市场反应，给它们相应的营销投入（调整价格、开直通车、橱窗展示，等等）。

（5）根据买家的反映，挑出最受欢迎的10个产品（潜力爆款），对于市场反映较差的产品，不再让它们有任何的曝光（下架长期没有曝光的产品，可以提高转化率）。

（6）打造爆款（建议不要打价格战，要专注做小而美店铺）。

当我们对平台和店铺有了详细的了解后，选择潜在的爆款产品一定要用数据说话，科学选品，切勿想当然地去优化。一款好的产品一定是有特点、有特色的，具体可以从以下三个维度去归纳：

1. **产品角度**

从以下四个方面选择产品：

（1）差异化的产品。我们选择的爆款一定要有自己的特色，如果选择市场同质化非常严重的产品，价格竞争非常大，而且很多竞争对手都有一定的销量和评价积累，我们很难去打造成爆款。

（2）优质产品。爆款在销售的过程中，评价对于产品的搜索排序和客户下单转化起着至关重要的作用，而且纠纷率对我们的类目影响也非常大，所以我们一定要选择质量比较优质的产品才能持续提升我们的竞争力。

（3）快时尚的产品。爆款尽量选择买家搜索比较多、当下比较流行、市场主推的产品。

（4）品牌商品。现在平台主推品牌产品，品牌化的时代已经到来，所以我们要选择有品牌的产品进行推广。

2. **货源角度**

货源方面考虑以下几方面：

（1）库存充足，爆款的订单量会比较大，我们要把握好产品的库存。

（2）颜色、尺码、规格，要齐全，尽量满足客户的需求。

（3）提供免费样品，我们选定一款产品可以与供应商沟通发放一些免费样品，可以前期做一些达人营销积累好评，更有助于我们打造爆款。

3. **市场角度**

市场方面考虑产品、关键词、平台的设置。

（1）平台热销产品，可以选取平台热销的类似产品，但是切记不要打价格战，尽量做一些差异化产品。

（2）搜索关键词，可以通过后台的关键词分析筛选出买家热搜的词汇进行参考。

（3）其他平台热卖。

（4）零少词（蓝海行业）。

熟悉了爆款的特点后，就要学会通过数据分析、市场分析等手段来进行科学选品，还可以通过站内和站外来选品，当然站内营销是我们的主要流量，所以我们要重点掌握站内选品的方法，站内具体可以通过五个方面来科学选品：

（1）Aliexpress Best selling。

在速卖通的首页有 Beat selling 的快捷入口，Weekly Selling 和 Hot Products 是整个速卖通平台的热销产品，这些产品在主流国家的认可度高，我们可以参考这些产品选择类似的产品去作为爆款，在销量和评价上提升的速度会更多更快。

（2）Today's Deals。

Today's Deals 是我们比较熟悉的平台活动——全球场，全球场每一期展示的是行业小二筛选了很多卖家和产品后审核通过的比较优质的产品，行业小二对整个速卖通的市场趋势和客户需求分析的比较成熟，在选品上更贴合平台和客户的要求，所以全球场是我们选品很重要的一个参考因素，同时全球场活动数比较多，报名条件要求低，也是打造爆款的一个重要渠道。

（3）类目选品。

速卖通是一个针对全球客户的平台，每个国家的使用习惯也有很大的区别，很大一部分客户，尤其是新客户，在速卖通购物时，都会使用平台的类目导航去搜索想要的产品，根据后台的商铺流量进行来源分析和商品分析，我们也可以得知，类目浏览的流量占了很大一部分。

因此，平台的类目导航也是我们选品的一个重要渠道，通过长期的分析和总结，不难发现，平台的类目导航到每个三级类目下，产品的排序和关键词搜索界面的排序大致相同，所以类目浏览的流量越来越大，转化也很高，也可以更有针对性地去一些热销的三级类目进行选品。

（4）直通车选品。

直通车分为两种，快捷推广计划主要是用来进行测款，重点推广计划主要是用来打造爆款。

快捷推广计划测款思路：

①选 5 ~ 10 款相同类目的产品，做一个快捷推广计划，尽可能地把词加满，多加匹配流量词，让这些产品最大化的曝光。

②用 7 ~ 10 天的时间观察产品的数据变化，从商品的曝光、商品的点击率、商品的收藏、商品的销量以及转化率进行分析。

③挑出这些产品里表现最好的一款产品（高曝光、高点击、高收藏），加入重点推广计划。

重点推广计划思路：

①添加所有系统默认推荐的词。

②下载数据纵横搜索词分析里和商品匹配的词。

③酌情选择直通车关键词工具推荐的词。

④有些词需要通过创意标题进行良词推优。

⑤调整关键词的出价，保证爆款的曝光。

（5）数据纵横选品。

通过后台的数据纵横中的选品专家的筛选功能，我们可以清晰地了解到热销和热搜的三级类目，热销是卖家维度，需要理性看待，因为有些热销品的竞争会非常大，其他卖家积累了大量的销量和评价，我们打造爆款就非常难。热搜是买家维度，表示买家近期搜索量比较大，市场需求比较多的产品，我们要重点关注。

通过后台的数据纵横中的搜索词分析功能，能更清晰地分析出每个关键词的点击、转化、竞争指数等具体参数指标，我们可以下载最近 30 天的数据表格，筛选出一些高搜索、高转化的优质关键词作为选品的重要依据。搜索关键词分为热搜词、飙升词和零少词三个维度，热搜词是买家搜索高频率的词汇，代表着买家的需要，是选品的重要依据，飙升词代表近期搜索量增大的词汇，有一定市场趋势的指导作用，但是受到节日、季节等多维度的影响，需要理性地筛选。零少词分析可以选出一些蓝海行业，可以适当的关注。

我们选好了产品作为潜力爆款之后，除了需要进行全渠道的推广之外，最重要的是要对产品进行不断的优化，提升产品的搜索排序，让产品得到更高的曝光和更多的流量，才能真正打造一款爆款。爆款该如何去做好优化呢？具体可以从以下几个方面入手：

（1）标题。

标题的重要性不言而喻，是产品曝光和搜索排序的重要影响因素，标题的关键词和亮点展示也是影响客户点击的重要因素，所以，标题是我们爆款优化的重中之重，要多关注商品分析中的关键词分析，多分析排序靠前竞争对手的优质标题，同时爆款也需要优化好小语种标题。

（2）价格优化。

价格对转化率有直接影响，爆款要根据市场竞争度控制好定价，适当降低利润，提升价格优势，有助于吸引买家，提升转化，搜索排序权重增加，增加曝光。

（3）SKU（Stack Keeping Unit，单品）优化。

多颜色、多规格、多尺寸的产品，我们要尽量保证每个属性的准确和属性的完整，单属性的产品也可以增加一些组合销售增加客户的选择，提升客单价，降低单个属性缺货的风险。

（4）主图优化。

视觉营销是网店的核心环节，主图要适应外国的审美风格，要有冲击力，有点击的欲望，同时也要突出产品的信息。建议用白底的图片，不仅符合平台的要求，也更容易通过平台活动，左上角可以加上产品的品牌 Logo，提升产品的品质。

（5）属性优化。

必填属性保证产品权重：要保证必填属性的完整度（100%），保证必填属性的准确度。自定义属性增加额外的搜索曝光，可以补充必填属性，也可以通过添加一些热搜词和流量词增加产品的曝光。

（6）详情页优化。

①信息模块。尽量用自定义模块，美观大方，突出重点，提升购物体验和客单价，关联营销模块可放在详细描述尾端。

②产品描述和产品图片。外国人更倾向于阅读文字，所以详细的产品文字描述不仅增加权重，更有助于提升用户体验。产品图片要重点突出产品的整体和细节，科技产品可适当的增加一些特效图。

③优化产品功能和 Q&A（疑难解答）。在详细描述中提前用文字或图片描述一些经常询问的问题和客户的疑问，有助于提升客户体验和减少纠纷。

④添加好评信息。有些客单价比较高的产品，客户比较注重产品的评价，在详细描述里添加一些好评信息可以让客户产生信赖心理，提升产品转化。

⑤添加公司和供货的实力。在详细描述的尾部添加一些公司或工厂的图片，可以增加我们的供货能力，提升产品在客户心中的品质。

下面结合实际例子来介绍产品优化的一些小技巧。

（1）如何撰写优质标题。

产品标题是吸引买家进入产品详情页的重要因素，但不是任何一个产品标题都能让产品从搜索页面上万的优质产品中脱颖而出。产品标题的字数不宜过多，因此产品标题应尽量准确、完整、简洁，优质的产品标题应该包含买家最关注的产品属性，能够突出产品的卖点，一般由品牌 + 产品材质/特点 + 产品名称 + 物流运费 + 服务 + 销售方式构成。

例如，在速卖通平台热销的一条 H&Q 品牌的标题："H&Q New Fashion V Neck Slim Sexy Asymmetrical Backless Floor – Length Summer Club Party Women Dress 4 Color Size S – L Free Shipping 01 – 232"（H&Q 新款时尚 V 领、纤细性感、不对称露背、女士夏季及地长裙，适合在俱乐部、社交聚会场合穿着，四种颜色，S ~ L 码，免运费，产品编号为 01 – 232），这个标题包含了产品的品牌、领型、轮廓外形、裙长、适合穿着场合、颜色、尺码、物流运费、型号等多项信息，并用 Dress 来作为核心词，因体现了买家可能搜索到的关键信息，有利于产品曝光，是一个优质标题范例。

又如一款销量排名靠前的凉鞋的标题描述："New 2015 Camel men sandals genuine leather cowhide sandals outdoor casual men summer leather shoes for men"（2015 年牌夏季

新款户外休闲男士牛皮凉鞋）。这个标题包含了鞋子的品牌、材质、风格、适合人群，全面体现了买家搜索时可能关注的信息。其中 men sandals（男士凉鞋）、genuine leather（真皮）、summer leather shoes（夏款皮鞋）为买家搜索的高频词，这三个核心词汇的使用，增强了标题与买家搜索的相关性，有利于提高产品的排名和曝光率。

再来看速卖通平台上一块销量不佳的手表的标题："Free Shipping Watch for men"（男士手表，免运费），该标题除了运输免费、产品名称、适用人群之外，缺少品牌、型号、颜色、功能特征等产品详细信息，产品信息量过少，不利于产品的排名和曝光。通过对产品特征综合分析和业务判断，笔者认为可以改写为更专业的表达方式：2017 AESOP 3 colors Stainless Steel Strap Analog Date 30m Waterproof Men Quartz Watch Business Watch Men Wristwatch free shipping。

这样表述的优点有：

①2017 字段明确表述出此款产品为 2017 年新品。

②AESOP 表述了这款手表的品牌。

③colors 字段表述了这款手表有 3 种颜色。

④Stainless Steel Strap 字段表述了这款手表表带材质为不锈钢。

⑤Analog Date 字段表述了这款手表可显示日历。

⑥30m Waterproof 字段表述了这款手表具有 30 米防水功能。

⑦Men 字段表述了这款手表所适用人群。

⑧Quartz 字段表述了这款手表为石英机芯，还有免运费等。显然，精练而细微的标题描述可以详细体现出产品特性，更能贴近买家搜索需求，故应避免过于简式的标题设置。

（2）如何精选热销关键词。

速卖通产品发布，系统设定可以填写三个关键词，一个必填，两个选题，建议卖家填写完整，充分增加产品的曝光率。关键词直接影响买家的搜索结果，贴近买家搜索需求的关键词能帮助提升产品的排名和曝光。作为卖家可以通过数据纵横来搜索受买家青睐的热销词。

数据纵横是速卖通基于平台大量数据打造的便于卖家优化产品信息的数据分析工具。卖家进入数据纵横里的"搜索词分析"模块，可以选定行业类目和时间范围来查看某种产品对应的买家热门搜索词，根据搜索结果去优化关键词设置。具体操作为：卖家进入"我的速卖通"界面，点击"数据纵横"标签，然后在左侧导航处点击"搜索词分析"链接。假定我们搜索 Dress（连衣裙），在搜索词对话框内进行三级目录选择"服装/服饰配件—连衣裙"，查看最近 30 天的热搜词。搜索结果显示，排在前面的搜索词，其"搜索人气"和"搜索指数"都相对较高，说明这些搜索词是买家热搜的。卖家可以直接引用此信息，将"Summer Style（夏季款式）""Dress（连衣裙）"

"Summer Dress（夏款连衣裙）"这三个排在前面的热搜词作为关键词设置的参考。

在"搜索词分析"这一模块，除了列有每一个热搜关键词的"搜索人气"和"搜索指数"，还可看出其对应的"竞争指数"。如若是新手卖家，建议选用竞争指数相对小一点的搜索词来作为关键词，因为该数值越大，同行竞争就越激烈；反之，则越小。竞争指数数值比较大，说明平台上有较多的卖家选择了这个词来做关键词，如果新手卖家也选用了这个词，则会因为不敌那些拥有知名名牌、好评率高、销量大等综合实力强的大卖家而导致排名靠后，使得产品最终无法被买家搜索到。

以一家主营厨房用具的店铺为例，全球速卖通名为"Abby store"（艾米小店）的店主介绍，目前店铺销量最高的产品是一款沥水架。店铺运营之初，由于缺乏经验，店主对关键词的理解就是单个词，且应该是搜索指数、搜索人气和竞争指数高的词，由此选择"Rack"（支架），"Holder"（支撑物），"Shelf"（架子）这些业内所称的"大词"作为产品关键词。但产品发布之后，曝光量、浏览量、访客数始终很低，几乎没有订单。后经多方咨询、学习，认识到这些"大词"范围广，竞争性强，不利于新手卖家的产品曝光。

弄清楚了缘由，店主利用平台上数据纵横里的信息，选取"搜索指数""搜索人气"相对较高，"竞争指数"相对较低的词汇，再融入产品的用途、适用范围等信息，将关键词设置为"Kitchen Sink Drain Rack（厨房水槽沥水支架）"，"Bowls Storage Holder（碗栏支架）"，"Cutlery Shelf Fruit Vegetable Dish Rack Set（刀具、餐盘摆放支架）"，这样一来，将关键词范围细化，相应就缩小了同一关键词下共同竞争的店铺数量，同时更为贴近买家的搜索需求，产品的曝光率随之提高，订单量也逐步增加。

除了从卖家后台通过数据纵横搜索热销关键词，在速卖通首页搜索也可以捕捉到好的关键词。例如，在全球速卖通首页产品搜索框输入"鼠标"的英文"Mouse"，在搜索框下拉列表出现了很多与该产品相关联的词，如："Wireless Mouse（无线鼠标）、Gaming Mouse（游戏鼠标）、Bluetooth Mouse（蓝牙鼠标）"，这些词也是买家热搜词，卖家可以根据自身产品特点进行选择，作为关键词设置的参考。

（3）如何合理定义产品属性。

完整且正确的产品属性设置有助于提高产品曝光率。详细准确填写产品属性，可以方便买家更精准地搜索到卖家发布的产品，提高产品曝光机会，更重要的是让买家清晰地了解产品的属性特征，减少买家的顾虑和沟通的成本，提升交易成功的概率。

速卖通产品发布页面的产品属性栏目分为系统推荐属性和自定义属性两个部分。通过数据分析发现大部分成交量大的卖家其系统推荐属性填写率达85%以上，有的甚至为100%。有些新手卖家对系统推荐属性的填写不以为然，认为只要能发布成功，少填几项也没有关系，但事实上某些属性的缺失会严重影响产品的曝光。

比如，发布一个手提包，系统推荐属性需要选择手提包类型，下拉的选项有：

Shoulder Bags（肩包）、Totes（手提袋）、Wristlets（手环袋）、Day Clutches（手拿包）及 Evening Bags（晚宴包），如果所售产品为手提袋，最好选中“Totes（手提袋）”，如果没有做出选择，这个商品就不会被“Totes（手提袋）”类目所收录，当买家搜索“Totes（手提袋）”这个类目时就无法看到卖家上传的这个产品，这会大大削弱产品的曝光率。

在系统推荐属性的填写上颇有难度的是“品牌”这一栏目。速卖通平台有严格的知识产权保护规则，如果卖家未获得某品牌授权，却在产品描述中出现了与该品牌有关的字眼，将被判定为侵权，会受到平台的违规处罚，故应避免填写未经授权的品牌。另外，国内许多速卖通卖家所售产品没有英文品牌，如果将“品牌”一栏留空则会降低属性填写率，这种情况下建议填写产品的相关关键词。比如，发布蕾丝连衣裙，在没有英文品牌的情况下，可在品牌栏填写“Lace Dress”（蕾丝连衣裙），这样既可以提高属性填写率，又可以增加产品详情页关键词密度，提高产品信息描述质量。

产品的属性描述越详细，产品曝光率越高。除了尽可能地将系统推荐的属性填写完整，有经验的卖家还会主动添加了一些自定义属性，而且只有填写了对应属性的产品，才会在买家点击筛选条件后被搜索出来，才会有效提高产品的曝光率。例如，发布一个鼠标，除了将系统推荐的属性栏目：品牌、型号、类型、接口类型等填写完整，还可再添 Color（颜色）、Size（尺寸）、Cable Length（线缆长度）等可能被买家搜索的属性，当买家键入的关键词与自定义的产品属性相符时，系统就会将产品显示出来，有利于提高产品的曝光率。

（4）如何有效增加产品发布量。

除了在标题、关键词和产品属性的编辑上下功夫，在平台对卖家发布数量的限额规定内尽可能多地上传产品（目前速卖通平台对“淘代销”卖家按等级不同设有不同的数量权限标准），客观上也能起到提高产品曝光率的作用。平台数据统计显示，当卖家产品数量达到 150 个的时候，出单比率将提升至 50%，产品达到 200 个以上卖家获得曝光的机会，是产品在 200 个以下卖家的 1 ~ 3 倍，这说明店铺产品数量越多，成交的概率也就越大。目前速卖通平台卖家的平均产品数已经超过 500 个，随着卖家的大量涌入，产品数量还将持续增长。

在卖家都广泛注重大量铺货的情况下，尽可能多地发布产品是为产品赢取曝光率的有效途径，同时也是趋势所在。大量上传产品但不能重复，如果上传的产品被平台判定为重复铺货，则会受到排名降权的处罚。速卖通平台规定以下两种情况将被视作重复铺货：

①商品主图完全相同，且标题、属性雷同，视为重复信息。

②商品主图不同（比如，主图为同件商品不同角度拍摄的图片），但标题、属性、价格高度雷同，视为重复信息，也就是说，发布产品过程中切勿将同一产品发布多次。

对于不同的产品，在发布时不能直接引用已有产品的主图或者直接拷贝已有产品的标题和属性等关键信息，必须在产品的标题、属性、详细描述、图片等各方面体现产品的不同，否则将被判定为重复铺货。

不同的产品，除了在主图上体现差异外，需要同时在标题、属性两方面填写产品的不同关键信息，以区别于其他产品。具体来说，如销售 Tie（领带），对于材质、规格、图案不同的情况下，可在产品属性的图案类型下选择不同的图案类型以示区分，根据图案不同可选择 Dot（圆点）、Floral（花朵）、Geometric（几何）、Plaid（格子）、Print（印花）、Solid（纯色）、Striped（条纹），并分别在产品标题里体现。

如以下三个标题：Formal Business Wedding Fashion Necktie Polyester Handmade Dot Mens Tie TP1（适用于正式、商务、婚宴场合穿戴的手工制作涤纶面料圆点图案男士领带，产品编号为 TP1）；Formal Business Wedding Fashion Necktie Polyester Handmade Floral Mens Tie TP2（适用于正式、商务、婚宴场合穿戴的手工制作花朵图案涤纶面料男士领带，产品编号为 TP2）；Formal Business Wedding Fashion Necktie Polyester Handmade Geometric Mens Tie TP3（适用于正式、商务、婚宴场合穿戴的手工制作几何图案涤纶面料男士领带，产品编号为 TP3），依此类推，改变标题中领带的图案类型，并在末尾加上不同的编号以示区别。

总之，随着市场环境及平台规则的不断变化，速卖通卖家需要不断探索、不断实践、不断总结，才能找到更多有效提高产品曝光率的方法，进而增加订单成交量、提高网络营销效率。

爆款是店铺营业额和各项指标提升的重要保证，我们要时刻关注爆款的搜索排序，定期的优化，同时寻找新的潜力产品，才能打造出各类关键词的爆款。

附录　电商相关名词解释

【基础统计类】

1. 浏览量（PV）：店铺各页面被查看的次数。用户多次打开或刷新同一个页面，该指标值累加。

2. 访客数（UV）：全店各页面的访问人数。所选时间段内，同一访客多次访问会进行去重计算。

3. 收藏量：用户访问店铺页面过程中，添加收藏的总次数（包括首页、分类页和宝贝页的收藏次数）。

4. 浏览回头客：指前 6 天内访问过店铺当日又来访问的用户数，所选时间段内会进行去重计算。

5. 浏览回头率：浏览回头客占店铺总访客数的百分比。

6. 平均访问深度：访问深度，是指用户一次连续访问的店铺页面数（即每次会话浏览的页面数），平均访问深度即用户平均每次连续访问浏览的店铺页面数。

7. 跳失率：表示顾客通过相应入口进入，只访问了一个页面就离开的访问次数占该入口总访问次数的比例。

8. 人均店内停留时间（秒）：所有访客的访问过程中，平均每次连续访问店铺的停留时间。

9. 产品页浏览量：店铺产品页面被查看的次数，用户每打开或刷新一个产品页面，该指标就会增加。

10. 产品页访客数：店铺产品页面的访问人数。所选时间段内，同一访客多次访问会进行去重计算。

11. 产品页收藏量：用户访问产品页面添加收藏的总次数。

12. 入店页面：单个用户每次浏览店铺时查看的第一个页面为入店页面。

13. 出店页面：单个用户每次浏览店铺时所查看的最后一个页面为出店页面。

14. 入店人次：指从该页面进入店铺的人次。

15. 出店人次：指从该页面离开店铺的人次。

16. 进店时间：用户打开该页面的时间点，如果用户刷新页面，也会记录下来。

17. 停留时间：用户打开本店最后一个页面的时间点减去打开本店第一个页面的时

间点（只访问一页的顾客停留时间暂无法获取，这种情况不统计在内，显示为“—”）。

18. 到达页浏览量：到达店铺入口页面的浏览量。

19. 平均访问时间：打开该产品页面到打开下一个产品页面的平均时间间隔（用户访问该产品页后，未点击该页其他链接的情况不统计在内，显示为“—”）。

20. 全店产品查看总人次：指全部产品的查看人次之和。

21. 搜索次数：在店内搜索关键词或价格区间的次数。

【销售分析类】

1. 拍下件数：产品被拍下的总件数。

2. 拍下笔数：产品被拍下的总次数（一次拍下多件产品，算拍下一笔）。

3. 拍下总金额：产品被拍下的总金额。

4. 成交用户数：成功拍下并完成支付宝付款的人数。所选时间段内同一用户发生多笔成交会进行去重计算。

5. 成交回头客：曾在店铺发生过交易，再次发生交易的用户称为成交回头客。所选时间段内会进行去重计算。

6. 支付宝成交件数：通过支付宝付款的产品总件数。

7. 支付宝成交笔数：通过支付宝付款的交易总次数（一次交易多件产品，算成交一笔）。

8. 支付宝成交金额：通过支付宝付款的金额。

9. 人均成交件数：平均每用户购买的产品件数，即人均成交件数 = 支付宝成交件数/成交用户数。

10. 人均成交笔数：平均每用户购买的交易次数，即人均成交笔数 = 支付宝成交笔数/成交用户数。

11. 当日拍下 - 付款件数：当日拍下、且当日通过支付宝付款的产品件数。

12. 当日拍下 - 付款笔数：当日拍下、且当日通过支付宝付款的交易次数。

13. 当日拍下 - 付款金额：当日拍下、且当日通过支付宝付款的金额。

14. 客单价：客单价 = 支付宝成交金额/成交用户数。单日“客单价”指单日每成交用户产生的成交金额。

15. 客单价均值：指所选择的某个时间段，客单价日数据的平均值。

16. 支付率：支付宝成交笔数占拍下笔数的百分比，即支付率 = 支付宝成交笔数/拍下笔数。

17. 成交回头率：成交回头客占成交用户数的百分比。即成交回头率 = 成交回头客/成交用户数。

18. 全店成交转化率：全店成交转化率 = 成交用户数/访客数。单日“全店成交转化率”指单日成交用户数占访客数的百分比。

19. 全店转化率均值：所选择的某个时间段，全店成交转化率日数据的平均值。

20. 促销成交用户数：参与产品促销活动的成交用户数。

21. 产品页（促销）成交转化率：参与产品促销活动的成交用户数占产品页访客数的百分比。“按月”、“按周”查看报表时，该指标是所选时间段内日数据的平均值。

【直通车数据类】

1. 展现量：推广产品在直通车展示位上被买家看到的次数，不包括自然搜索。

2. 点击量：推广产品在淘宝直通车展示位上被点击的次数。

3. 点击率（CTR）：推广产品展现后的被点击比率（点击率 = 点击量/展现量）。

4. 花费：推广产品被点击所花费用。

5. 平均点击花费：推广产品每次被点击所花的平均费用（平均点击花费 = 花费/点击量）。

6. 平均展现排名：推广产品每次被展现的平均排名（平均展现排名 = 每次展现排名的加总/展现量）。

7. 每次行为成本（CPA）：Cost Per Action，这个行动可以是注册、咨询、放入购物车等。

8. 转化率（CVR）：Click Value Rate，是衡量 CPA 广告效果的指标。

9. 投资回报率（ROI）：Return On Investment，值越大，说明推广效果越好。

【来源分析类】

1. 访客数（UV）：店铺各页面的访问人数。所选时间段内，同一访客多次访问会进行去重计算。

2. 到达页浏览量：通过该来源给店铺入口页面带来的查看次数。

3. 到达页浏览量占比：该来源的到达页浏览量占所有来源的到达页浏览量总和的比例。

4. 浏览量（PV）：店铺各页面被查看的次数。用户多次打开或刷新同一个页面，该值累加。

5. 浏览量占比：该来源的浏览量占所有来源的浏览量总和的比例。

6. 入店访问深度：该来源带来的访客每次入店后在店铺内的平均访问页面数。

7. 入店跳失率：该来源带来的访客入店后只访问了该店铺 1 个页面就离开的次数占该来源访客总入店次数的比例。

8. 新访客数：该来源在选定时间段内带来的访问人数中在前 6 天从未访问过店铺的用户数。

9. 新访客占比：该来源带来的新访客占该来源总访客数的比例。